Vos premiers pas avec SAP S/4HANA®

Sebastian Brunner,
Martin Munzel,
Philipp Reichhardt

Merci d'avoir acheté ce livre d'Espresso Tutorials !

Telle une tasse de café, un expresso bien sûr, les livres sur SAP d'Espresso Tutorials sont concentrés et agissent sur la performance. Nous comprenons que le temps vous est compté et mettons ainsi à votre disposition, avec concision et simplicité, ce qu'il vous faut savoir. Nos lecteurs n'ont besoin que de peu de temps pour absorber les concepts de SAP. Nos livres sont reconnus par nos pairs pour leur pédagogie de type tutoriel et leurs vidéos démontrant pas à pas comment bien manier SAP.

Suivez notre chaine YouTube et regardez nos vidéos à l'adresse suivante : *https://www.youtube.com/user/EspressoTutorials*.

Sélection d'ouvrages similaires d'Espresso Tutorials :

- Tom King :
  La valorisation des stocks et le ledger articles dans SAP S/4HANA®
  http://5476.espresso-tutorials.com

- Kees van Westerop :
  La Nouvelle Comptabilité des immobilisations dans SAP S4/HANA®
  http://5478.espresso-tutorials.com

- Karlheinz Weber :
  Vos premiers pas avec la comptabilité financière (FI) dans SAP S/4HANA®
  http://5510.espresso-tutorials.de

- Robin Schneider :
  Guide pratique Partenaire SAP® **(Business Partner) : Fonctions et intégration à SAP S/4HANA**®
  http://5504.espresso-tutorials.com

- Jörg Weißmann :
  Guide pratique : Administration des ventes (SD) dans SAP S/4HANA®
  http://5511.espresso-tutorials.com

- Dmitry Kuznetsov :
  Vos premiers pas avec SAP S/4HANA® **Embedded Analytics**
  http://5534.espresso-tutorials.de

Formez efficacement votre équipe sur SAP

sans occasionner de frais de déplacement ni avoir recours à des formateurs externes.

▹ Plus de 800+ ebooks et vidéos en français, anglais, allemand, portugais et japonais

▹ De nouveaux titres sont régulièrement ajoutés

▹ Accédez-y par navigateur ou appli (iOS / Android)

▹ Nos tarifs sont modulables en fonction du nombre d'utilisateurs

Notre plateforme :
https://et.training

Faites un essai gratuit de 7 jours, sans obligation d'achat :
http://free.espresso-tutorials.com

Demandez-nous dès aujourd'hui un devis pour votre équipe :
http://company.espresso-tutorials.com

Sebastian Brunner, Martin Munzel, Philipp Reichhardt
Vos premiers pas avec SAP S/4HANA®
(Traduit de l'allemand)

ISBN :   978-3-94517-054-0

Révision du texte français :   Sylvie Pons

Révision du texte allemand :   Petra Schweitzer

Relecture du texte allemand : Marina Pittsik

Couverture :   Philip Esch

Photo de couverture :   © kutaytanir | N° 157581875–istockphoto.com

PAO :   Johann-Christian Hanke

Commentaires
Nous vous serions reconnaissants de nous adresser vos commentaires sur ce livre. Merci de nous écrire à : *info@espresso-tutorials.com*.

Table des matières

Avant-propos

Avec la toute nouvelle version du produit S/4HANA, SAP a entièrement renouvelé son produit de base précédent, SAP ERP. La base de données HANA qui, grâce à sa rapidité, permet d'intégrer des applications innovantes, en est le fondement. L'interface utilisateur SAP Fiori, qui offre un aspect et une sensation fondamentalement différents de ceux de l'interface graphique SAP, déjà quelque peu dépassée, est également entièrement nouvelle.

Ce livre vous offre une vue d'ensemble du périmètre fonctionnel de SAP S/4HANA. Il s'adresse aussi bien à ceux qui connaissent déjà SAP ERP qu'aux utilisateurs travaillant pour la première fois avec le logiciel SAP.

Dans le chapitre 1, nous vous présenterons le monde de SAP, retracerons l'histoire de l'entreprise de logiciels la plus prospère d'Allemagne et décrirons l'évolution des systèmes ERP de SAP.

Dans le chapitre 2, nous vous expliquerons ce qui se cache derrière les termes ERP, HANA et S/4HANA. Nous décrirons les différentes versions de S/4HANA (On-Premise et Cloud) et vous présenterons la stratégie de lancement de S/4HANA. La majeure partie du chapitre sera consacrée à une introduction à la nouvelle interface utilisateur SAP Fiori.

Les chapitres suivants nous permettront de vous présenter brièvement les différents modules de SAP S/4HANA. Nous commencerons par un point sur les entités organisationnelles et les données de base les plus importantes des modules individuels, puis aborderons brièvement les fonctions sélectionnées pour la gestion des données de base. Les premiers modules concernent la logistique : le chapitre 3 traitera de la gestion des articles, tandis que le chapitre 4 couvrira l'administration des ventes et le chapitre 5 la production. Enfin, le chapitre 6 vous présentera la comptabilité financière, et le chapitre 7 le contrôle de gestion.

Les trois derniers chapitres constitueront la partie principale du livre. À l'aide d'études de cas, nous vous présenterons le flux intégratif des trois processus de bout en bout les plus importants dans SAP S/4HANA : la gestion des commandes, de la vente d'un produit jusqu'à l'encaissement, dans le chapitre 8 ; Purchase-to-Pay (de la commande de marchandises jusqu'au paiement) dans le chapitre 9 ; et Forecast-to-Fulfill dans le chapitre 10 (il s'agit ici du processus allant de la planification des besoins en composants à l'achèvement de la production).

> ### ▶ Accès aux tutoriels vidéo
>
> Pour accompagner notre livre, nous avons créé quelques tuto-riels vidéo auxquels nous renvoyons aux endroits appropriés. Si vous êtes déjà client de notre plate-forme d'apprentissage en ligne *https://et.training*, vous trouverez ces vidéos directement aux URL sui-vantes :
>
> - Vos premiers pas avec SAP Fiori :
>   *https://et.training/dashboard/product/video/786*
>
> - Processus dans SAP S/4HANA :
>   *https://et.training/dashboard/product/video/806*
>
> Si vous n'êtes pas client de notre plateforme d'apprentissage, veuil-lez vous inscrire gratuitement et sans engagement à l'URL suivante pour pouvoir accéder à ces vidéos : *https://et.training/landing/742-806*.

Dédicaces personnelles

Sebastian Brunner

Ce sont les périodes turbulentes et mouvementées de l'année dernière qui ont rendu ce livre possible. L'optimisme voit le bon côté des choses. Je veux qu'il en soit ainsi pour ce livre également. Plusieurs reports ou annulations de rendez-vous, d'ordre privé ou professionnel, ont alimenté mon intérêt pour un projet de livre. En rencontrant Martin Munzel, j'ai également trouvé un partenaire fiable et ouvert qui m'a fait découvrir le monde d'Espresso Tutorials.

Par conséquent, je dédie ce livre non pas à une personne, mais à l'optimisme. Et à mon espoir de voir cette attitude perdurer chez nous tous.

Martin Munzel

Je tiens à remercier sincèrement mes deux co-auteurs, Sebastian Brunner et Philipp Reichhardt, qui ont enrichi ce livre d'une expertise toute nouvelle, et sans lesquels ce travail n'aurait pas été possible.

Il est toujours bon de remercier son conjoint lors de la dédicace d'un livre. Je remercie ainsi une fois encore ma femme, Renata Munzel.

Je dédie ce livre à mon fils Philip, âgé maintenant de 14 ans, qui ne comprend toujours pas ce que je fais toute la journée, mais qui veut quand même faire son stage en entreprise chez Espresso Tutorials.

Philip Reichhardt

« On récolte ce que l'on sème ! » Le fait de travailler tard et le week-end porte maintenant ses fruits. Mes remerciements vont à Sebastian Brunner ainsi qu'à Martin Munzel pour cette collaboration productive. Je tiens également à remercier toute l'équipe d'Espresso Tutorials pour son soutien.

Je dédie ce livre à mon père, qui a été un moteur décisif pour la réalisation de ce livre.

Nous avons ajouté quelques icônes pour vous permettre d'identifier les informations importantes. En voici quelques-unes :

> **☞ Conseil**
>
> Dans la rubrique des conseils, certaines informations sont mises en évidence, notamment des détails importants sur le sujet décrit et/ ou d'autres informations de caractère général.

> **📌 Exemple**
>
> Les exemples permettent de mieux illustrer un certain point en le reliant à des situations réelles.

> **! Mise en garde**
>
> Les mises en garde attirent l'attention sur des informations dont il vous faut tenir compte lorsque vous lisez les exemples proposés dans cet ouvrage en autonomie.

> **▶ Vidéo**
>
> Les vidéos permettent de voir le déroulement d'un processus ou d'une activité pas à pas dans SAP.

Dernièrement, une remarque concernant les droits d'auteur : toute capture d'écran publiée dans ce livre est la propriété de SAP SE. Tous les droits sont réservés par SAP SE. Les droits d'auteur s'étendent à toute image SAP dans cette publication. Dans un but de simplification, nous ne mentionnerons pas spécifiquement ces droits sous chaque capture d'écran.

1 Introduction au monde de SAP

Dans ce chapitre, vous apprendrez tout d'abord ce que signifient les trois lettres « SAP », à quel type de système SAP S/4HANA correspond, et à quoi il sert. Ensuite, nous examinerons l'évolution des différents systèmes logiciels de SAP, ainsi que les spécificités de HANA et S/4HANA.

1.1 Qu'est-ce que SAP ?

SAP SE est la plus grande entreprise européenne de logiciels dont le siège social se situe à Walldorf, en Allemagne. Le sigle « SAP » signifie « Systèmes, Applications et Produits de traitement des données ». L'entreprise, fondée en 1972, est pionnière en matière de développement de systèmes ERP.

1.2 Qu'est-ce qu'un système ERP ?

Un *système ERP* est un système logiciel qui couvre toutes les fonctions commerciales généralement requises dans une grande ou moyenne entreprise, telles que :

- la comptabilité financière (reporting externe) ;
- le contrôle de gestion (gestion comptable interne) ;
- la gestion des articles (achats, gestion des emplacements de magasin, traitement des entrées de marchandises) ;
- l'administration des ventes (offres, commandes client, expédition, facturation) ;
- la planification de la production ;
- la maintenance ;
- la gestion des ressources humaines.

Les principales fonctions d'un système ERP intégré sont les suivantes :

- **L'intégralité** : toutes les fonctions de base nécessaires à une entreprise sont disponibles dans un seul progiciel.

- ▶ **Le traitement en temps réel** : chaque transaction dans le système est exécutée en temps réel, de sorte que les utilisateurs peuvent se fier à des informations toujours exactes et actualisées.

- ▶ **L'intégration** : toutes les fonctions des différentes divisions d'une entreprise sont étroitement liées, de sorte que les mêmes informations n'ont pas à être saisies plusieurs fois. Par exemple, lorsque des marchandises sont expédiées à un client, cette information est mise à jour simultanément dans la gestion des articles et dans la comptabilité financière. De plus, les informations générales concernant le client (numéro de client, adresse, coordonnées) ne sont enregistrées qu'une seule fois dans le système et sont ensuite disponibles à la fois pour l'administration des ventes et la comptabilité.

- ▶ **Un flux de données ininterrompu** : grâce à l'intégration, aucune interface logicielle n'est nécessaire entre les différentes fonctions. Une interface entraîne généralement un effort de maintenance supplémentaire et donc des coûts plus élevés, ainsi qu'une plus grande complexité dans l'échange de données.

- ▶ **La standardisation** : les systèmes ERP peuvent être utilisés dans différents secteurs, tels que l'industrie, la vente au détail ou la banque. La configuration des fonctions du système permet de les adapter aux besoins individuels des entreprises, ce qui ne nécessite généralement aucune compétence en programmation.

1.3   L'évolution des systèmes SAP

SAP lance son premier système ERP commercialisable, R/2, en 1979 (voir Figure 1.1). À l'époque, il fonctionne sur un ordinateur central (appelé en anglais « mainframe ») qui n'est abordable que pour les grandes entreprises étant donné son coût d'acquisition élevé.

Au début des années 1990, un concept de hardware basé sur plusieurs ordinateurs, plus petits, plus facilement modulables et moins coûteux, s'impose sur le marché grâce à la technologie client-serveur. Les coûts pour ce matériel sont ainsi ramenés à une fraction de ceux d'un ordinateur central, permettant à pratiquement toutes les entreprises d'accéder à cette technologie peu coûteuse. SAP lance le système ERP R/3 basé sur cette technologie client-serveur au bon moment, ce qui lui vaut de gagner un nombre considérable de nouveaux clients. Vous pouvez voir sur la Figure 1.2 SAP GUI, qui est l'interface utilisateur de R/3.

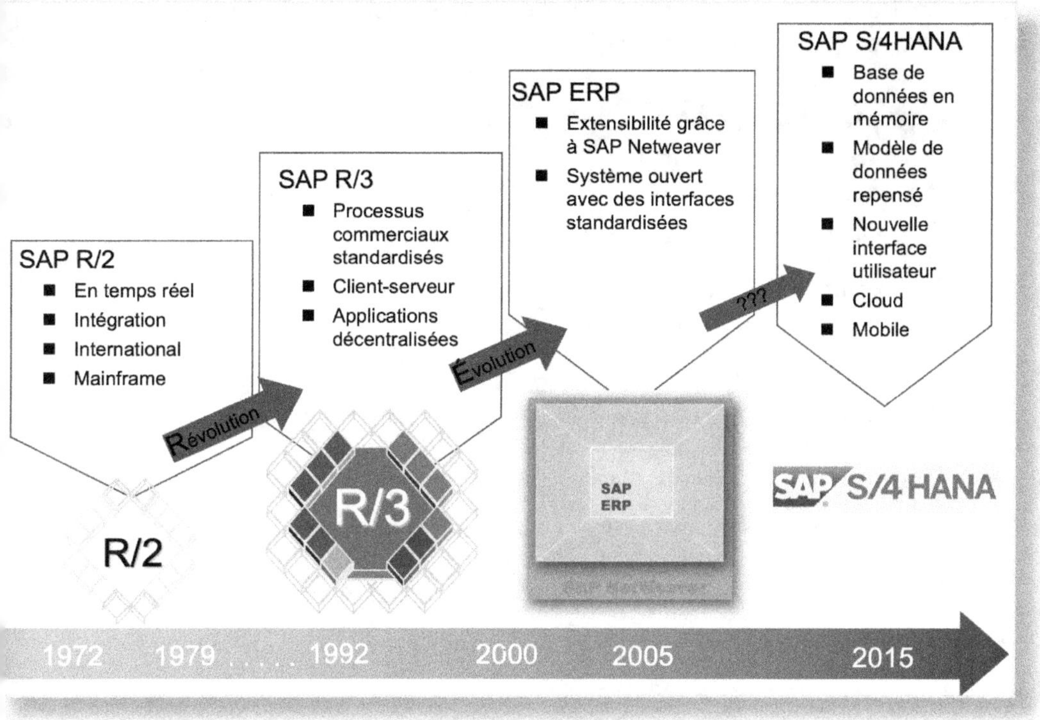

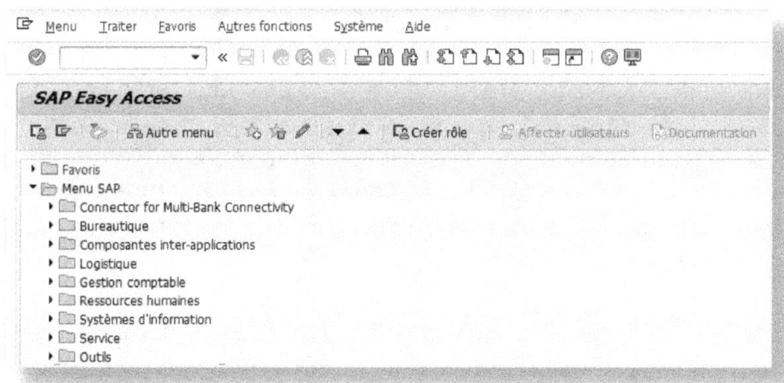

Figure 1.1 : Les systèmes SAP au fil des années

Figure 1.2 : SAP GUI

En 2005, SAP renouvelle la plateforme technologique de R/3 et l'appelle *NetWeaver* (voir Figure 1.3) afin de rendre le système plus ouvert et pouvoir le connecter à d'autres, notamment des systèmes tiers. Sur le plan fonctionnel et en termes d'interface utilisateur, le système change peu, mais SAP le rebaptise tout de même *ERP*.

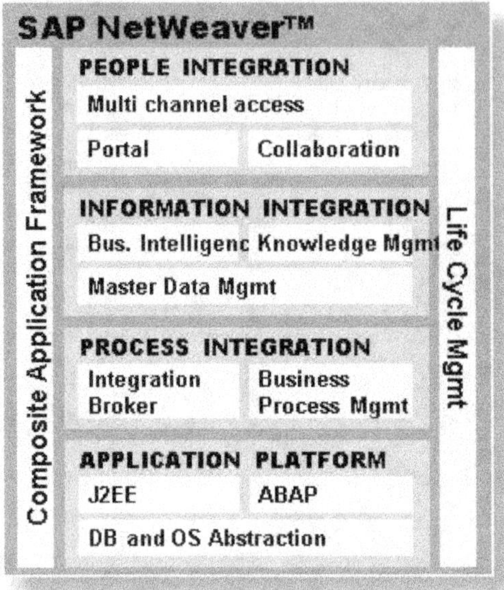

Figure 1.3 : L'architecture NetWeaver

SAP lance ensuite, en 2015, un nouveau type de base de données appelé *HANA*. Alors que les bases de données traditionnelles étaient jusqu'alors toujours stockées sur le disque dur d'un serveur, HANA est une base de données dite « in-memory » qui est entièrement conservée dans la mémoire de travail du serveur. L'accès à cette mémoire étant bien plus rapide qu'avec un disque dur, HANA offre d'énormes avantages en termes de rapidité par rapport aux bases de données disponibles sur le marché. Toutefois, il convient de noter que HANA n'est plus rapide que pour la lecture des données de la base de données, le traitement des données et l'écriture prenant toujours autant de temps qu'auparavant.

Pour tirer pleinement parti de la rapidité de HANA, SAP a poursuivi le développement de son système ERP traditionnel et l'a optimisé pour la nouvelle architecture de base de données. Ce nouveau système ERP s'appelle *S/4HANA* ; nous vous le présenterons plus en détail dans les chapitres suivants.

2   Les bases de SAP S/4HANA

Dans la première partie, nous vous présentons le nouveau système S/4HANA et passons en revue les changements que vous pouvez attendre de l'ERP, les différences entre les variantes On-Premise et Cloud, ainsi que la stratégie de lancement de SAP. Dans la deuxième partie du chapitre, nous expliquerons comment travailler avec la nouvelle interface utilisateur Fiori.

2.1   Le passage de l'ERP à S/4HANA

Comme nous l'avons brièvement évoqué dans le chapitre précédent, la nouvelle base de données HANA est nettement supérieure aux bases de données classiques en termes de vitesse, notamment pour la lecture des données. SAP s'est ensuite attelé à faire fonctionner le système ERP existant sur HANA en plusieurs étapes d'innovation.

Vous pouvez voir sur la Figure 2.1 le schéma de la transition de l'ERP à S/4HANA. La première étape ici a été d'exécuter un ERP traditionnel sur la base de données HANA ❶. Cependant, comme le système n'était pas aligné sur la nouvelle architecture, il n'offrait des avantages en termes de rapidité que lorsque les analyses étaient longues. Le reste du système, notamment les transactions d'écriture, a dû faire l'objet d'un nouveau développement pour tirer le meilleur parti de la base de données HANA.

Au sein de SAP, des travaux ont ensuite été menés séparément pour développer davantage les fonctions de finance et de contrôle de gestion, d'une part, et de logistique, d'autre part. Les fonctions du domaine financier étaient prêtes à être livrées aux clients plus rapidement que celles du domaine de la logistique, ce qui explique l'existence de deux produits intermédiaires. Tout d'abord, *SAP Simple Finance* est apparu : l'équivalent d'un système ERP, il fonctionne toutefois sur une base de données HANA. Déjà équipé de la nouvelle fonctionnalité pour la finance, quelques limitations techniques se présentaient toutefois. L'étape suivante fut *SAP S/4HANA Finance*, un nouveau système dans lequel la fonctionnalité mise à jour est entièrement développée dans la comptabilité financière ❷, tandis que la logistique est identique à celle de l'ERP.

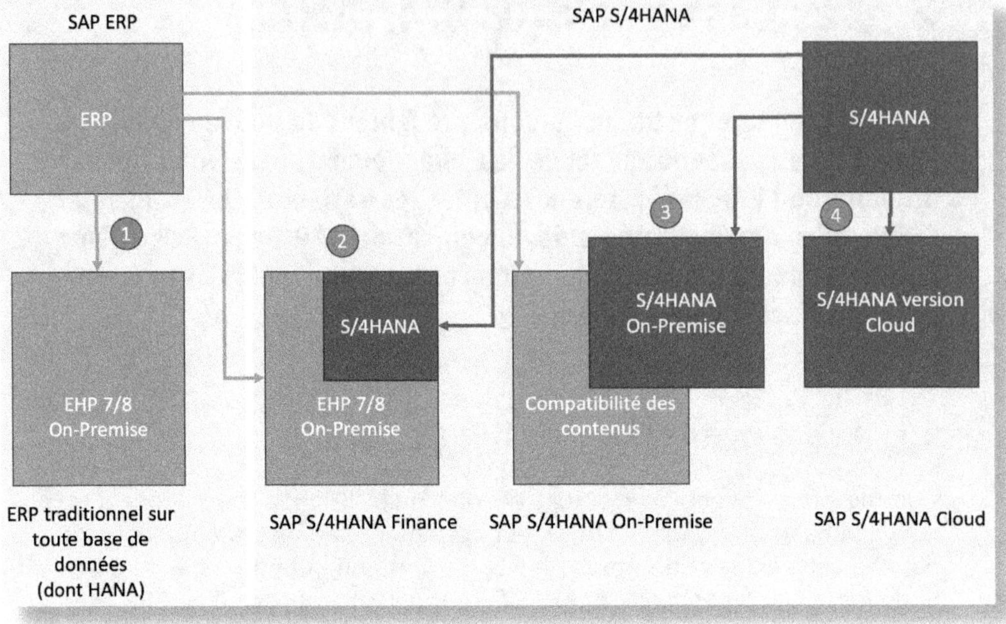

Figure 2.1 : Le passage de l'ERP à S/4HANA

> **❗ SAP S/4HANA Finance vs. SAP S/4HANA**
>
> SAP Simple Finance, S/4HANA Finance et S/4HANA sont des produits différents en termes de fonctionnalités, de stratégie de lancement et de licences. Si votre entreprise utilise Simple Finance ou S/4HANA Finance, vous devez procéder à une migration afin d'exécuter S/4HANA.

L'étape suivante a été consacrée à la logistique, avec la création du nouveau système ERP SAP S/4HANA ❸, optimisé pour la base de données HANA, tant pour la logistique que pour la comptabilité financière. Certaines fonctionnalités de l'ancien ERP subsistent (ce que l'on appelle « le périmètre de compatibilité »), rendant ainsi une migration de l'ERP vers S/4HANA possible. Vous pouvez ainsi transformer votre système ERP existant en un système S/4HANA par une conversion purement technique, en remplaçant d'abord votre ancienne base de données par HANA, puis en convertissant votre ERP en S/4HANA. Toutes vos données et tous vos processus de gestion resteront inchangés. Cette approche de migration est également appelée *Brownfield*, par opposition à *Greenfield*, où vous mettez en place un système S/4HANA vide, en partant de zéro, et redéfinissez tous les processus.

> **☞ S/4HANA n'est pas le successeur légal de l'ERP**
>
> Pour plusieurs raisons, il est important de souligner que d'un point de vue juridique, S/4HANA n'est pas le successeur de l'ERP. SAP insiste toujours clairement sur ce point : le fournisseur de logiciels s'assure ainsi de ne pas être tenu de garantir une compatibilité descendante fonctionnelle avec l'ERP, ni, plus important encore, de faire en sorte que S/4HANA puisse fonctionner sur les mêmes bases de données que l'ERP.

Le nouveau système S/4HANA se décline également en deux versions (que SAP appelle des options de *déploiement*) : *On-Premise* et *Cloud* ❹. Nous vous expliquerons dans la partie 2.3 les différences entre les deux.

2.2   Quelles sont les nouveautés de SAP S/4HANA ?

Quelles sont donc les différences fonctionnelles entre SAP ERP et SAP S/4HANA ? Comme vous pouvez le voir sur la Figure 2.2, l'étendue de S/4HANA a quelque peu changé. SAP ERP fait partie de ce qu'on appelle la Business Suite, qui comprend non seulement le système ERP lui-même, mais aussi d'autres systèmes spécialisés dans les fonctions de gestion, notamment CRM (Customer Relationship Management), APO (Advanced Planner and Optimizer) ou GTS (Global Trade Services). Certains de ces systèmes ont été intégrés dans la fonctionnalité de base de S/4HANA, tandis que la partie restante continue d'être proposée séparément, dans certains cas également enrichie de nouvelles fonctionnalités, et peut faire l'objet de licences supplémentaires.

SAP a profité de l'occasion pour nettoyer en profondeur le nouveau système, en apportant des modifications importantes à l'architecture des données. Le changement le plus significatif dans la comptabilité financière est la simplification du modèle de données (voir Figure 2.3). Tous les modules de la gestion comptable y ont été regroupés dans une seule table. En tant qu'utilisateur, vous ne ressentirez pas vraiment ce changement au début ; toutefois, cette mesure vous permet, par exemple, d'avoir moins de données de base à gérer et d'exécuter des analyses plus souples.

Certaines fonctions peu utilisées dans l'ERP ont été complètement éliminées, comme les hiérarchies de supports de coûts dans le contrôle de gestion, ou quelques fonctions dans l'Activity-Based Costing.

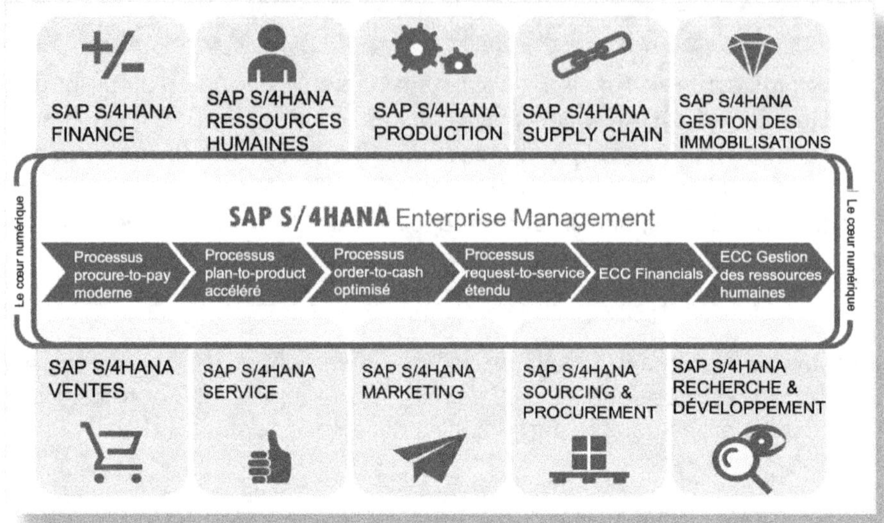

Figure 2.2 : Solutions centrales et fonctionnelles de SAP S/4HANA

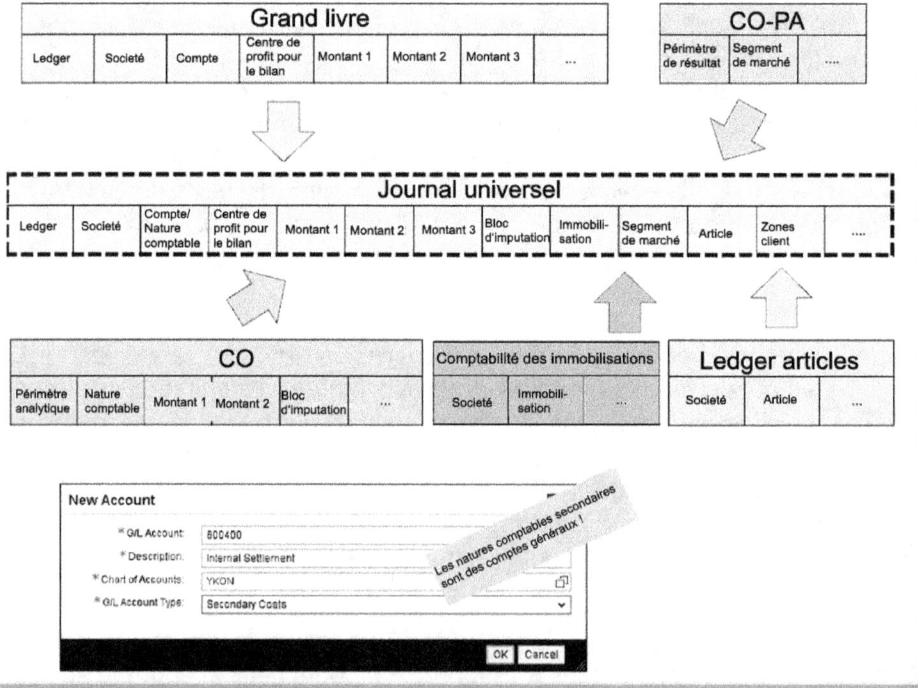

Figure 2.3 : Le modèle de données simplifié dans la comptabilité financière

Dans d'autres domaines, SAP a optimisé le code du programme et abandonné les développements parallèles. Par exemple, le Ledger articles dans le contrôle de gestion est toujours actif dans S/4HANA et l'ancienne gestion des emplacements magasin (WM) a été remplacée par la nouvelle Extended Warehouse Management (EWM), qui était alors proposée en option dans l'ERP.

Certaines fonctionnalités ont été modernisées ou nouvellement développées, comme la nouvelle comptabilité des immobilisations dans la comptabilité financière, les contrats de conditions dans l'administration des ventes, ou la configuration des variantes dans la production.

Enfin, la nouvelle interface utilisateur *Fiori* offre certaines options rendant les applications plus conviviales, et fournit des cockpits et des fonctions d'analyse supplémentaires.

Cependant, plusieurs autres innovations ont également eu lieu dans les applications en dehors du système central S/4HANA et font alors l'objet de licences distinctes.

Après cet aperçu des fonctionnalités, examinons maintenant la différence entre les versions On-Premise et Cloud.

2.3 Les différences entre On-Premise et Cloud

Les différences entre On-Premise et Cloud sont, d'une part, le logiciel que vous utilisez et, d'autre part, l'emplacement où il est mis à disposition (voir Figure 2.4).

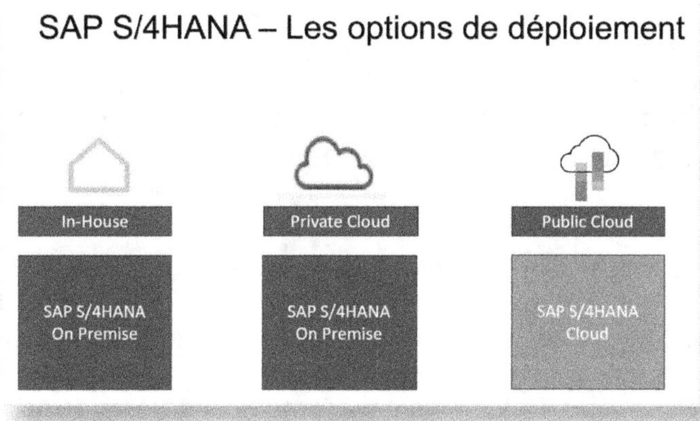

Figure 2.4 : Les options de déploiement pour S/4HANA

In-House signifie que vous exploitez vous-même un système dans votre entreprise. Vous vous procurez donc le matériel nécessaire pour le serveur, vous y installez le système d'exploitation, la base de données HANA ainsi que S/4HANA lui-même. Vous êtes ensuite vous-même responsable du fonctionnement, de la disponibilité et des mises à jour ultérieures du système. Pour ce faire, vous utilisez le logiciel *SAP S/4HANA On-Premise*. Cela correspond essentiellement à l'étendue fonctionnelle de l'ERP SAP habituel, à laquelle s'ajoute toutes les innovations développées en plus pour S/4HANA.

Vous pouvez également confier l'exploitation de S/4HANA On-Premise à un partenaire. Dans ce cas, celui-ci fournit le matériel nécessaire et assure la disponibilité du logiciel. Vous accédez ensuite au système via l'Internet. Cette approche n'est pas nouvelle : à l'époque de l'ERP, ce concept s'appelait l'*hébergement*. SAP voulant toutefois être le fournisseur principal de logiciels Cloud, cette forme d'exploitation a été rebaptisée *Cloud privé*. À ce stade, il est important de comprendre que le Cloud privé utilise également le logiciel S/4HANA On-Premise, avec la même gamme de fonctions que l'approche In-House.

👉 Le Cloud par-dessus tout ?

SAP est connu, et tristement célèbre, pour son habitude de renommer fréquemment ses produits et, le cas échéant, de leur redonner ensuite leur ancienne dénomination. D'un point de vue critique, on pourrait dire que l'intention est de feindre un certain dynamisme. Cela est particulièrement vrai lorsque la direction de l'entreprise définit une nouvelle orientation stratégique ; les produits et les initiatives sont alors souvent renommés pour mieux correspondre à cette orientation. Pour donner l'impression d'être le fournisseur principal de logiciels Cloud, d'ingénieux spécialistes du marketing ont même essayé de rebaptiser le mode d'exploitation « On-Premise » en « Enterprise Cloud ». Nous ne pouvons actuellement pas prédire si ce terme existera toujours au moment où ce livre sera mis sous presse.

Une toute nouvelle approche de l'exécution de S/4HANA est le scénario du *Cloud public*. Dans ce cas, SAP exploite lui-même le matériel nécessaire et met le logiciel S/4HANA à votre disposition via un accès Internet. Contrairement au Cloud privé, cependant, un logiciel différent est utilisé dans ce cas, à savoir *S/4HANA Cloud*. Il s'agit d'une variante du logiciel S/4HANA qui est beaucoup plus standardisée. Par rapport à On-Premise, Cloud offre beaucoup moins d'options de personnalisation et de configuration, et ses fonctionnalités ont une portée limitée. Nous ne pouvons pas nommer plus spécifiquement les différences ici car la version Cloud est soumise à des cycles de développement de trois mois, et l'étendue de ses fonctionnalités change donc fréquemment.

Par ailleurs, l'interface utilisateur présente aussi des différences entre les deux versions. Alors que vous pouvez utiliser à la fois l'interface utilisateur graphique (GUI) SAP et Fiori pour la version On-Premise, seul Fiori est disponible pour celle du Cloud.

Il est également important de noter la manière dont les mises à jour du système fonctionnent dans la version Cloud. Avec On-Premise, tout reste identique à SAP ERP, tel que vous le connaissez peut-être déjà : SAP publie régulièrement des mises à jour, et votre service informatique décide quand les appliquer au système. Chaque mise à jour nécessite des tests approfondis car les processus peuvent être affectés par les modifications apportées au programme. Avec la version Cloud, en revanche, SAP détermine quand les mises à jour doivent être appliquées. Elles ont lieu tous les trois mois, toujours peu après leur publication. Tous les clients de la solution Cloud bénéficient alors de mises à jour automatiques, sans pour autant pouvoir choisir le moment de leur exécution.

Passons maintenant à la stratégie de lancement de SAP pour S/4HANA, que nous aborderons dans la partie suivante.

2.4   La stratégie de lancement de SAP pour S/4HANA

Les versions de SAP S/4HANA étaient initialement nommées d'après l'année et le mois de leur sortie : ainsi, la version 1709 est sortie en septembre 2017, par exemple. Les produits intermédiaires Simple Finance et S/4HANA Finance ont été lancés en 2015 et 2016 et portent, par conséquent, les numéros de version 1503 et 1605 (voir Figure 2.5). La première version de S/4HANA, 1511, a été publiée en novembre 2015. Son successeur, 1610, est apparu dès octobre 2016, et depuis 2017 SAP sort de nouvelles versions de On-Premise en septembre de chaque année (1709, 1809, 1909).

Cependant, avec celle sortie en 2020, SAP a abandonné cette convention de dénomination pour la version On-Premise ; le numéro 2009 aurait pu laisser penser qu'elle avait déjà 11 ans. L'actuelle, au moment de l'écriture de ce livre, s'appelle désormais 2020. Pour Cloud, la nomenclature précédente a cependant été conservée.

Système	2019	2020			
	T4	T1	T2	T3	T4
S/4HANA Cloud	Version 1911	2002	2005	2008	2011
S/4HANA On-Premise	Version 1909	FP01	FP02	SP03	
Version 1809	SP03		SP04		SP05
Version 1709	SP05		SP06		SP07
Version 1610	SP07		SP08		SP09
Version 1511	SP09		SP10		SP11
S/4HANA Finance 1605	SP14		SP15		
Simple Finance 1503	SP12		SP13		

Figure 2.5 : Les versions de S/4HANA

La solution Cloud est renouvelée tous les trois mois, chaque nouvelle version étant nommée d'après le même schéma (1911, 2002, 2005, etc.).

Toutes les versions sont mises à jour régulièrement, sous la forme de Service Packs (SP) ou de Functional Packs (FP). Un Service Pack contient des corrections de bogues ou des modifications nécessaires du logiciel par rapport aux exigences légales, tandis que les Functional Packs apportent également des améliorations fonctionnelles. SAP développe d'abord des innovations dans sa solution Cloud, puis les transmet à la version suivante de On-Premise. Après la sortie d'une nouvelle version On-Premise suivent généralement, chaque trimestre, deux packs fonctionnels contenant de nouvelles innovations transférées depuis celle du Cloud, et ce jusqu'à la sortie de la nouvelle On-Premise. Les versions plus anciennes ne bénéficient de Service Packs que tous les six mois.

Passons désormais à la nouvelle interface utilisateur Fiori.

2.5 La nouvelle interface utilisateur Fiori

Comme nous venons de le voir dans la partie précédente, l'un des principaux changements dans SAP S/4HANA est la nouvelle interface utilisateur Fiori.

Dans ce qui suit, nous souhaitons traiter de cette nouvelle interface utilisateur, expliquer ce qui se cache derrière le nom Fiori, très à la mode, et les avantages de cette technologie.

Jusqu'à présent, *SAP GUI* (de « Graphical User Interface » en anglais) était considérée comme une interface graphique permettant à l'utilisateur et au système d'interagir. Cependant, SAP GUI fait également référence à l'application elle-même, installée localement sur l'ordinateur de l'utilisateur. Cette interface permet de naviguer principalement à l'aide de *transactions* et/ou du menu sous forme de structure de dossiers (voir Figure 2.6). Vous pouvez utiliser un code de transaction pour appeler l'interaction voulue. Le code de transaction correspondant est saisi dans la zone de saisie, puis exécuté avec `Entrée`.

> **📌 Code de transaction**
>
> En supposant qu'un employé de la comptabilité veuille saisir une pièce, il peut ouvrir l'écran de saisie correspondant à l'aide de la transaction *FB01*, puis cliquer dans la structure de dossiers et rechercher la transaction concernée.

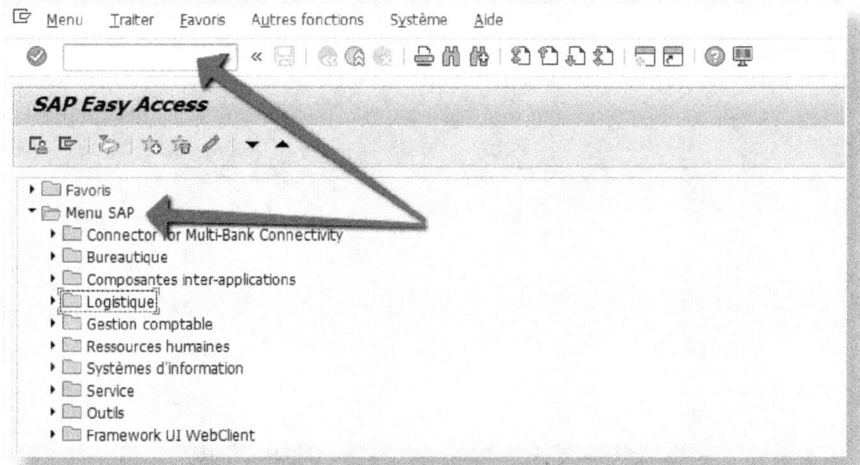

Figure 2.6 : SAP GUI

Ce petit exemple montre à lui seul que l'ancienne interface utilisateur SAP ne semble pas très intuitive aux débutants. C'est l'une des raisons pour lesquelles SAP GUI est progressivement remplacée et que l'accent est de plus en plus mis sur SAP Fiori, notamment pour les utilisateurs finaux. Mais que se cache-t-il derrière le terme « Fiori » ?

Fiori est un concept de design centré sur l'utilisateur, qui sera utilisé à l'avenir comme nouvelle interface utilisateur centrale (expérience utilisateur [UX]) pour tous les produits SAP. Grâce à des principes de conception modernes, Fiori offre une expérience utilisateur comparable à celle des applications pour smartphones, et est également indépendant de l'appareil utilisé.

La nouvelle interface a été introduite pour la première fois en 2013, et ne disposait à l'époque que de peu d'*applications SAP Fiori*. Au fil des ans, elle a été régulièrement améliorée et de nouvelles applications Fiori s'y sont ajoutées. Deux ans après ses débuts, la version perfectionnée Fiori 2.0 a été introduite. Cette mise à jour s'est accompagnée, entre autres, de l'harmonisation de son aspect sous la forme du *thème SAP Belize* (voir Figure 2.7). Des nouvelles options y ont été ajoutées au niveau de la palette de couleurs, la mise en page, la police, la typographie et des icônes. Cette conception uniforme de l'interface utilisateur s'applique à toutes les applications SAP et est également disponible pour SAP GUI classique. Un autre changement majeur a été l'introduction du *concept de fenêtre*, qui divise la barre de lancement de Fiori en trois parties : la zone personnelle *Me Area*, la zone principale *Main Area* et la zone de notification *Notification Area* (voir Figure 2.7).

Figure 2.7 : Aperçu du concept de fenêtre

- La zone **Me Area** représente un menu utilisateur étendu, dans lequel vous trouverez des OPTIONS générales, le CHERCHEUR D'APPLIS et la possibilité de personnaliser l'écran d'accueil. En outre, les applications utilisées récemment et fréquemment peuvent y être visualisées et sélectionnées. En plus du nom d'utilisateur, vous pouvez également ajouter une photo de profil.

- La zone principale **Main Area** est le point d'accès central, contenant les *vignettes* et les groupes de vignettes spécifiques à l'utilisateur. Depuis Fiori 2.0, il est également possible de naviguer via des groupes de vignettes, ce que l'on appelle la *navigation par Tab bar* (ou navigation par barre d'onglets).

- La zone de notification **Notification Area** peut être activée pour chaque utilisateur à l'aide d'un rôle. Les notifications peuvent être basées sur SAP Workflow ou SAP Notification Framework, et offrent la possibilité d'accéder directement à une application ou d'exécuter des actions rapides.

Enfin, en septembre 2019, Fiori 3.0 a été introduit avec la version 1909 de SAP S/4HANA. SAP poursuit son développement en se concentrant sur l'expansion de l'interface utilisateur uniforme. Les principales innovations par rapport à la version 2.0 sont le nouveau *thème SAP Quartz* (voir Figure 2.12), l'introduction de *cartes* et la nouvelle *Shell Bar* qui remplace le concept de fenêtre. Shell Bar est le nom donné à la barre supérieure dans la barre de lancement Fiori. La zone Me Area est maintenant entièrement remplacée par le bouton Utilisateur ⊠. En cliquant dessus, un menu déroulant contenant les autres sous-rubriques s'ouvre. En plus des vignettes, il est désormais possible d'intégrer des cartes (Cards) dans la barre de lancement Fiori. L'avantage est que ces cartes peuvent être personnalisées davantage et qu'elles permettent d'obtenir rapidement de nombreuses informations. Les interfaces utilisateur de certains modules complémentaires tels que SAP Ariba ou SAP SuccessFactors, qui diffèrent en partie, ont également été harmonisées sous Fiori 3.0. Pour plus de clarté, les termes les plus importants relatifs à Fiori ont été définis dans le Tableau 2.1.

Terme spécifique	Description
Barre de lancement SAP Fiori	Point d'accès central pour toutes les applications relatives à SAP. L'accès se fait via des vignettes, chaque vignette correspondant à une opération commerciale donnée. La configuration de la barre de lancement est basée sur les rôles. Le rôle d'autorisation définit donc le contenu disponible de la barre de lancement Fiori.
Rôle d'autorisation	Regroupement des catalogues de vignettes et des groupes de vignettes pour un groupe d'utilisateurs spécifique.
Catalogue de vignettes	Ensemble des applications pertinentes pour un groupe d'utilisateurs donné.
Groupe de vignettes	Sous-ensemble d'un ou plusieurs catalogues de vignettes ; utilisé pour le regroupement dans la barre de lancement Fiori.
Vignette	L'objet visible sur la page d'accueil de la barre de lancement Fiori ; renvoie à une application Fiori cachée derrière cette vignette.
Application Fiori	Une application liée à SAP ayant été créée selon le concept de design Fiori.
SAPUI5	Le cadre de développement interne pour les applications Web qui utilise les principes de conception Fiori.
SAP Fiori	Principes de conception pour les interfaces utilisateur SAP basées sur le Web.
Chercheur d'applis	Possibilité de parcourir tous les catalogues de vignettes disponibles et, en particulier, d'exécuter directement des applications rarement utilisées qui ne figurent pas sur la page d'accueil.
Fiori Launchpad Designer	Possibilité de gérer et d'ajuster les catalogues de vignettes, les groupes de vignettes et les vignettes, c'est-à-dire d'ajouter ou de supprimer vos propres vignettes, par exemple.

Tableau 2.1 : Définitions de termes relatifs à Fiori

2.6 Introduction à la barre de lancement SAP Fiori

Avant d'entrer dans de plus amples détails et dans les options de personnalisation de la barre de lancement Fiori, voyons d'abord comment utiliser Fiori et/ou comment accéder à la barre de lancement Fiori.

Fiori est une interface utilisateur basée sur le Web, accessible à partir de n'importe quel navigateur classique. Comme nous l'avons spécifié plus tôt, Fiori peut être utilisé aussi bien sur le bureau que sur un smartphone ou une tablette. Le point d'accès central de SAP Fiori est la *barre de lancement Fiori* (FLP de « Fiori Launchpad » en anglais) (voir Figure 2.9), qui permet d'uniformiser l'interface pour différents processus de gestion. Différentes applications peuvent être regroupées en un processus de gestion continu à l'aide d'un rôle utilisateur. Ainsi, il est possible de créer une page d'accueil personnalisée, adaptée aux besoins de l'utilisateur ou du domaine concerné. Le travail quotidien de l'utilisateur ou de l'utilisateur final en est simplifié grâce à une infrastructure de système hétérogène, puisque plusieurs systèmes peuvent désormais être appelés via le point d'accès central de la barre de lancement Fiori. Les différentes interfaces utilisateur des diverses solutions SAP y sont également regroupées de manière uniforme.

> 👉 **Adresse de la barre de lancement Fiori**
>
> L'adresse (URL) de votre barre de lancement Fiori vous sera communiquée par votre équipe de SAP Basis. L'adresse Web doit ressembler à ceci : https://<host>:<port>/sap/bc/ui2/flp?sap-client=850&sap-language=FR.
> Sachez que vous devez entrer votre hôte, votre port et le bon mandant dans le lien ci-dessus.

Vous pouvez ouvrir l'adresse donnée ci-dessus dans le navigateur de votre choix. Une fois cela fait, vous devriez voir la page de connexion de la barre de lancement Fiori (voir Figure 2.8). Saisissez-y alors vos données de connexion personnelles.

Figure 2.8 : Page de connexion de la barre de lancement Fiori

Une fois que vous êtes connecté, la barre de lancement Fiori s'ouvre. Celle-ci présente déjà un contenu (voir Figure 2.9) si un *rôle* a été affecté à votre utilisateur. Si tel n'est pas le cas, votre page d'accueil sera vide.

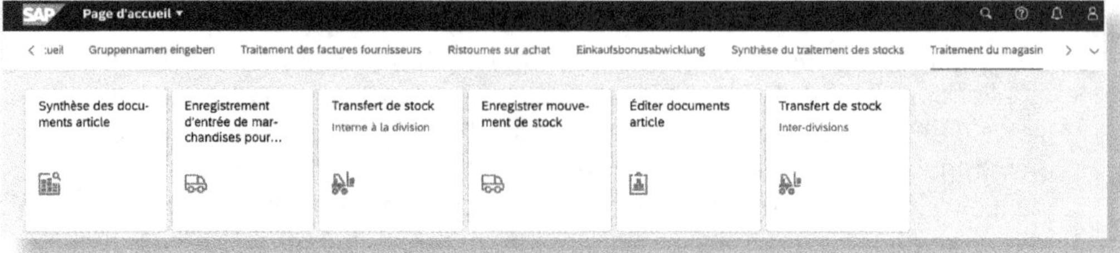

Figure 2.9 : Aperçu de la barre de lancement Fiori

La barre de lancement Fiori offre diverses options ayant pour but de faciliter le travail quotidien de l'utilisateur. En fonction des rôles qui lui sont attribués, il voit s'afficher certaines vignettes ou cartes, qui sont elles-mêmes organisées en groupes de vignettes. Nous aborderons plus en détail les thèmes des vignettes, groupes de vignettes et la création de vignettes dans la partie 2.8.

Tout d'abord, nous souhaitons vous familiariser avec la barre de lancement Fiori elle-même. Les explications suivantes font référence à Fiori 3.0.

> **⏵ Introduction à SAP Fiori**
>
> Dans la collection de vidéos « Vos premiers pas avec SAP Fiori », à laquelle vous pouvez accéder via l'espace libre accès de notre plateforme d'apprentissage SAP, et dans la première partie « Barre de lancement Fiori, catalogues de vignettes et rôles », vous aurez un aperçu de la navigation dans SAP Fiori. Nous expliquons dans la préface de ce livre comment accéder aux vidéos.

La barre de lancement Fiori sert de page d'accueil pour les applications ERP, chaque vignette pouvant représenter un processus de gestion ou un de ces sous-domaines. La barre d'en-tête, comme nous l'avons mentionné précédemment, s'appelle la *Shell Bar*, et ressemble aux barres de menu des sites Web traditionnels. En plus d'un logo, la Shell Bar comprend, sur la gauche, un bouton de retour ⟨ dès que vous êtes dans une application. Le titre de l'application ouverte s'affiche également. Cliquez sur le titre pour ouvrir un menu pop-up qui permet de naviguer rapidement dans l'application ou de revenir à la page d'accueil. Sous la Shell Bar se trouve la barre de navigation Tap Bar, qui permet de naviguer entre les différents groupes.

Un autre élément important de la barre de lancement Fiori est la fonction de recherche, efficace et complète, à laquelle vous pouvez également accéder via la Shell Bar (voir Figure 2.10). Cette fonction performante s'appelle chez SAP *Fiori Enterprise Search* et se caractérise par une recherche plein texte, des options de navigation et de filtrage. Cliquez sur la loupe $\mathcal{Q}$ pour ouvrir une zone de saisie dans laquelle vous pouvez entrer l'objet de votre recherche.

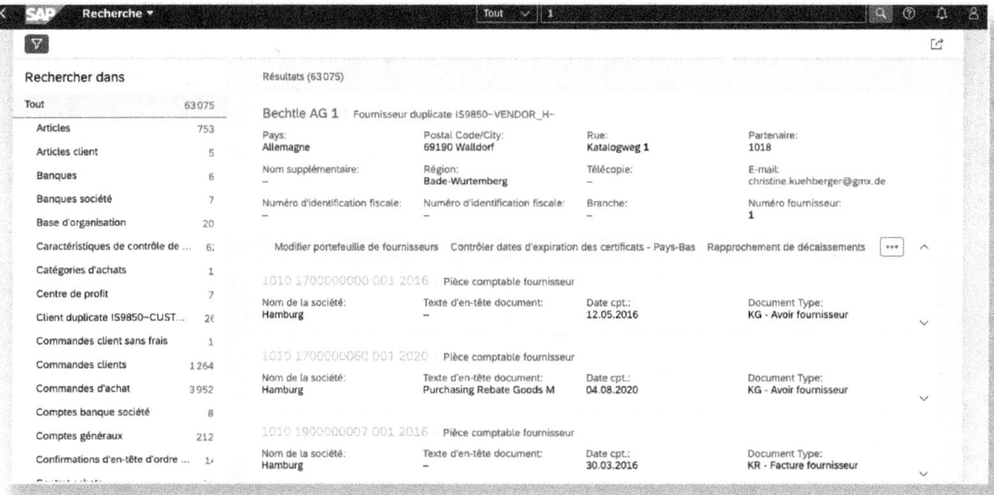

Figure 2.10 : Fiori Enterprise Search

La liste déroulante permet de limiter la recherche à certains objets. En outre, la recherche peut être étendue par ce que l'on appelle des *opérateurs*, que nous développons brièvement dans le Tableau 2.2.

Symbole	Exemple	Explication
Aucune indication	Document 123	Si plusieurs mots sont saisis dans la recherche, les résultats de toutes les combinaisons des mots saisis s'affichent.
OR	Document OR 123	Affiche les résultats de l'un des deux termes.
-	Document -123	Seules les occurrences contenant le premier terme doivent être recherchées. Le signe « − » exclut le second terme de manière explicite.

| * | 123* | Tous les résultats de recherche commençant par « 123 » s'affichent, ce qui est pratique pour rechercher des documents. |
| " " | *Client FR 1* | Affiche les résultats de recherche correspondant exactement à la séquence saisie. |

Tableau 2.2 : Opérateurs de recherche

Le résultat de la recherche s'affiche sur une nouvelle page et peut s'affiner davantage à l'aide de filtres. Il est également possible d'exporter un résultat de recherche complet directement sous forme de tableau. En cliquant sur le bouton ⭳ , vous ouvrez une fenêtre pop-up qui permet de sauvegarder localement le résultat. Si vous recherchez régulièrement les mêmes valeurs, il est judicieux de sauvegarder ce que vous avez prédéfini sous forme de vignette. Pour ce faire, cliquez sur le bouton ⧉ , puis sur l'option SAUVEGARDER COMME VIGNETTE.

À côté de la loupe de la fonction de recherche se trouve le bouton Utilisateur 🧑, qui permet d'appeler le menu utilisateur. Un menu pop-up s'ouvre avec plusieurs sous-rubriques (voir Figure 2.11).

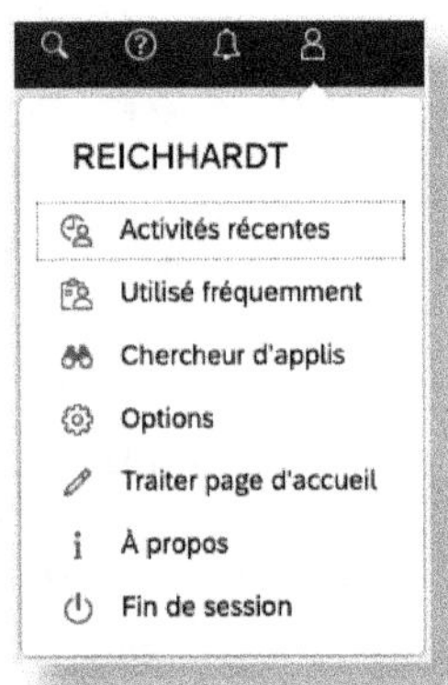

Figure 2.11 : Barre de lancement SAP Fiori – Menu utilisateur

Un élément important du menu utilisateur est le *Chercheur d'applis*, qui permet de lister toutes les applications disponibles et de les exécuter directement. Via le chercheur d'applis, vous pouvez bien entendu ajouter sur votre page d'accueil les applications accessibles, si elles n'y figurent pas déjà. Il est important de souligner que le chercheur d'applis ne contient que les applications pour lesquelles vous disposez d'une autorisation. Si vous n'y trouvez pas l'application voulue, vous devez d'abord accorder l'autorisation correspondante à votre utilisateur.

Pour accéder à la *fonction d'aide* de la barre de lancement Fiori, passez par le point d'interrogation situé en haut à droite, ou autrement via la touche F1. Dans Fiori 2.0, une zone d'aide s'ouvre en bas de l'écran, qui contient diverses vignettes. Si vous utilisez déjà Fiori 3.0, cette zone s'ouvre sur le côté droit de l'écran. En outre, des bulles de référence s'affichent, lesquelles renvoient à des éléments clés de l'application. Si vous sélectionnez une vignette d'aide ou une bulle de référence, un encadré informatif contenant plus d'informations sur la fonction s'ouvre.

> **☞ Activation de la fonction d'aide**
>
> La fonction d'aide doit être activée par l'équipe de SAP Basis. Les contenus peuvent être personnalisés et/ou vous pouvez entrer votre propre contenu.

Vous pouvez utiliser la touche de raccourci F6 pour sauter vers le bas dans la barre de lancement Fiori.

Combinée avec la touche ⇧, il est possible de sauter vers le haut. Vous pouvez également passer par la touche de tabulation pour parcourir les éléments dans l'ordre. Dans les groupes de vignettes, les touches fléchées peuvent servir à se déplacer vers la gauche et la droite. Affichez la liste des raccourcis clavier disponibles en appuyant sur Ctrl + F1.

2.7 Personnaliser la barre de lancement Fiori

Maintenant que nous nous sommes familiarisés avec les fonctions de base et un premier aperçu de la barre de lancement Fiori, nous allons nous plonger dans ses différents domaines.

> **▶ Fiori : personnalisation**
>
> Dans la collection de vidéos « Vos premiers pas avec SAP Fiori » (à laquelle vous pouvez accéder via l'espace libre accès de notre plateforme d'apprentissage SAP), vous en apprendrez plus sur la personnalisation dans les deuxième et troisième parties « Launchpad Designer » et « Personnalisation de la barre de lancement Fiori ». Nous expliquons dans la préface de ce livre comment accéder aux vidéos.

Tout d'abord, intéressons-nous aux options de paramétrage. Après avoir cliqué sur le bouton 🔲, situé à droite de l'en-tête (Shell Bar), un petit menu de sélection apparaît. Ici, nous sélectionnons l'élément OPTIONS. Une fenêtre pop-up devrait s'ouvrir avec différentes rubriques, comme vous pouvez le voir dans la partie gauche de la Figure 2.12.

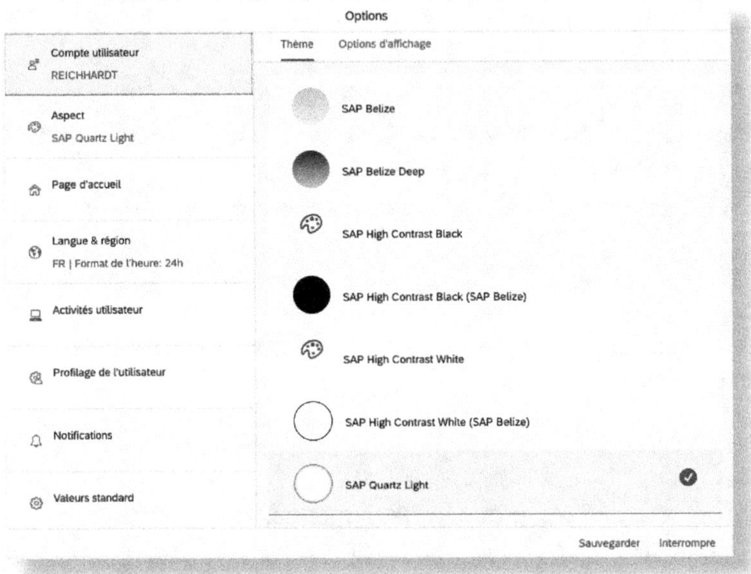

Figure 2.12 : Options de la barre de lancement Fiori

Dans la rubrique ASPECT, vous pouvez sélectionner l'un des thèmes prédéfinis. Si vous utilisez la barre de lancement Fiori sur un appareil mobile avec fonction tactile, il est recommandé d'activer l'optimisation pour la saisie tactile dans les OPTIONS D'AFFICHAGE. En outre, il est possible de paramétrer le COMPTE UTILISATEUR ainsi que la LANGUE & RÉGION, y compris le FORMAT DE L'HEURE. Pour pouvoir utiliser les options « Activités récentes » et « Utilisé fréquemment », il vous faudra activer les activités utilisateur dans les paramètres. Pour cela, il suffit d'accéder à la rubrique ACTIVITÉS UTILISATEUR et de positionner le curseur SUIVI DES APPLICATIONS MES ACTIVITÉS RÉCENTES ET UTILISÉ(E) FRÉQUEMMENT UTILISÉES sur *Oui*. De même, l'historique sauvegardé peut y être réinitialisé avec RÉINITIALISER. Dans la section PROFILAGE DE L'UTILISATEUR, vous pouvez activer l'option RECHERCHE PERSONNALISÉE, qui permettra d'obtenir des résultats de recherche améliorés et plus personnalisés. Si vous souhaitez que les notifications de haute priorité apparaissent automatiquement, vous devez positionner le curseur AFFICHER LES NOTIFICATIONS AVEC UNE HAUTE PRIORITÉ sur *Oui*. Ce paramètre se définit dans les NOTIFICATIONS.

> ☛ **Amélioration des performances**
>
> Vous pouvez améliorer les performances de la barre de lancement Fiori en sélectionnant la valeur « minimale » pour l'animation dans les OPTIONS D'AFFICHAGE. De plus, vous devrez activer « Afficher un groupe à la fois » dans la PAGE D'ACCUEIL. Le rafraîchissement de l'écran sera ainsi plus rapide.

Pour éviter la saisie répétée de valeurs standards (périmètre analytique, société, etc.), vous pouvez les définir de manière permanente dans les paramètres. Si vous ouvrez maintenant une vignette, les valeurs standards s'enregistrent automatiquement dans les filtres et vous n'aurez pas à les saisir de nouveau à chaque fois. Elles peuvent être saisies sous VALEURS STANDARD pour les différents domaines (voir Figure 2.13).

Figure 2.13 : Gérer les valeurs standards

> ☛ **Autre possibilité pour la gestion des valeurs standards**
>
> Vous pouvez également gérer les valeurs standards dans les paramètres SET/GET. Pour cela, veuillez vous référer à la note SAP 2519765.

Maintenant que nous avons vu les paramètres les plus importants, intéressons-nous aux options de personnalisation de la page d'accueil. Pour ce faire, nous cliquons à nouveau sur le bouton Utilisateur, puis sélectionnons TRAITER PAGE D'ACCUEIL. Une vue s'ouvre, comme celle présentée sur la Figure 2.14.

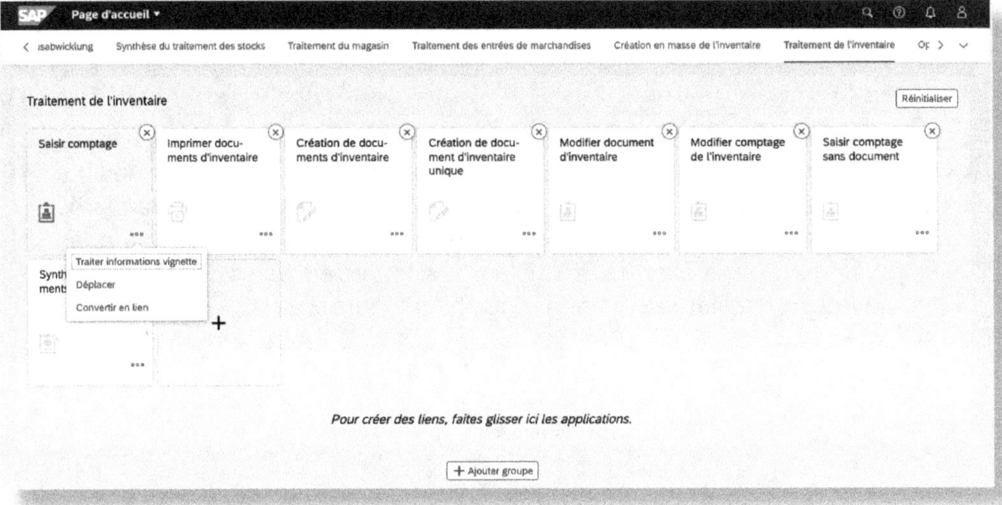

Figure 2.14 : Personnaliser la page d'accueil en mode de traitement

La page d'accueil est maintenant en mode de traitement, ce qui permet de modifier ou supprimer des vignettes. Vous pouvez également en déplacer comme vous le souhaitez grâce à la fonction glisser-déplacer. En cliquant sur les trois points en bas à droite d'une vignette, vous ouvrez un petit menu de sélection proposant d'autres options de traitement. Si nous sélectionnons maintenant TRAITER INFORMATIONS VIGNETTE, une fenêtre pop-up s'ouvre avec un aperçu des options possibles (voir Figure 2.15).

Depuis Fiori 3.0, il est possible d'insérer une barre de liens sous chaque groupe de vignettes pour que la page d'accueil soit plus lisible. Une vignette peut alors s'afficher soit directement dans le groupe de vignettes, soit comme lien dans la barre de liens (voir Figure 2.16). Pour intégrer une vignette dans la barre de liens, vous pouvez utiliser la fonction glisser-déplacer, ou, comme le montre la figure, sélectionner CONVERTIR EN LIEN dans le menu de sélection.

Figure 2.15 : Traiter les informations d'une vignette

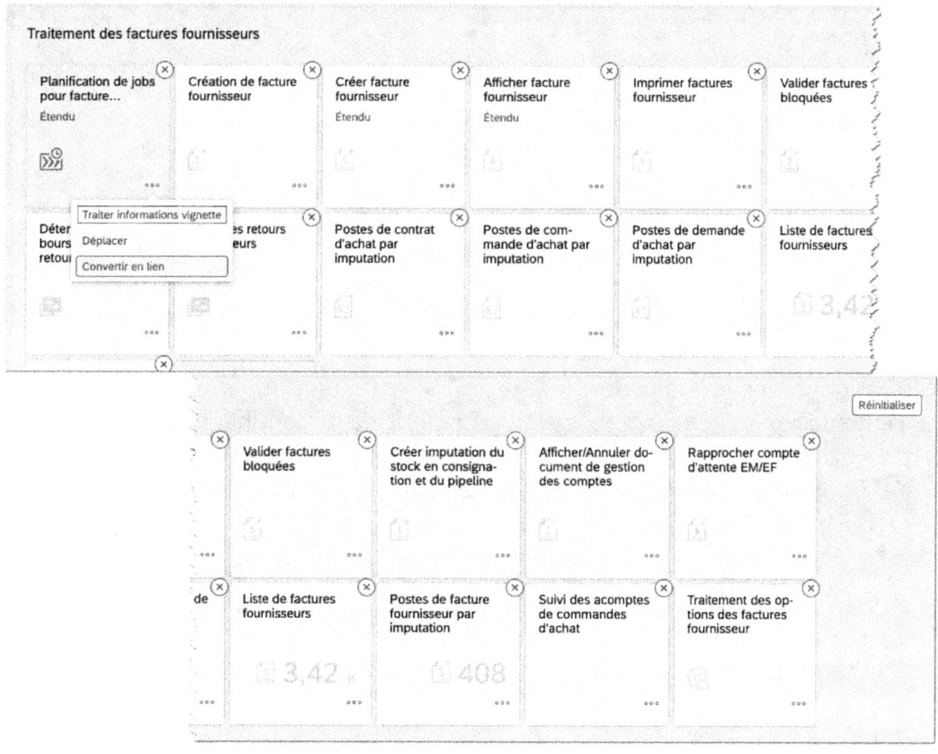

Figure 2.16 : Traiter la barre de liens

Le mode de traitement vous permet en outre de créer en quelques clics vos propres groupes de vignettes ou de nouveaux groupes, et/ou d'ajouter des vignettes supplémentaires à un groupe existant. Vous trouverez le bouton AJOUTER GROUPE sous tous les groupes existants. En cliquant sur ce bouton, un nouveau groupe de vignettes se crée automatiquement. Le nom du groupe peut être personnalisé en cliquant sur ENTRER NOM DE GROUPE. Ce nouveau groupe créé est bien sûr vide, mais vous pouvez l'alimenter en cliquant sur le symbole + ou en déplaçant des vignettes depuis d'autres groupes. Avec la première option (le symbole +), vous accédez automatiquement au chercheur d'applis (voir Figure 2.17). Dans la partie gauche, vous verrez les catalogues de vignettes qui vous ont été affectés ou qui sont disponibles, et dans la zone principale, les vignettes du catalogue correspondant. Dans la partie inférieure, un bouton avec le symbole d'une épingle est visible sur chaque vignette. Il vous permet d'affecter directement la vignette correspondante à votre groupe de vignettes.

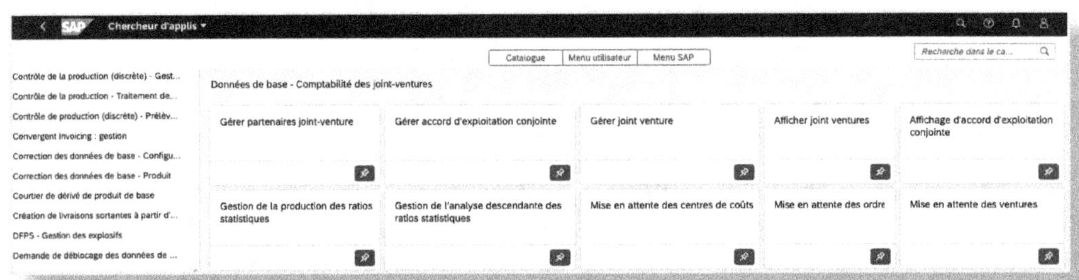

Figure 2.17 : Chercheur d'applis

En suivant la même logique, vous pouvez ajouter une autre vignette à un groupe existant.

Pour traiter les groupes de vignettes ou affecter des vignettes à un groupe, il est aussi possible de procéder directement via le chercheur d'applis. Vous pouvez l'ouvrir via le menu de sélection, en cliquant sur le bouton Utilisateur. Dans ce cas, cliquez sur l'épingle, ce qui ouvrira une fenêtre de sélection (voir Figure 2.18).

Vous pouvez maintenant sélectionner un ou plusieurs groupes de vignettes et y épingler la vignette souhaitée. Bien entendu, la procédure fonctionne également dans l'autre sens, pour supprimer des vignettes individuelles d'un groupe.

Vous pouvez supprimer vos propres groupes en un clic dans le mode de traitement. S'il s'agit d'un groupe standard SAP, vous ne pouvez que le réinitialiser. Si vous réinitialisez un groupe de vignettes par erreur, ces vignettes

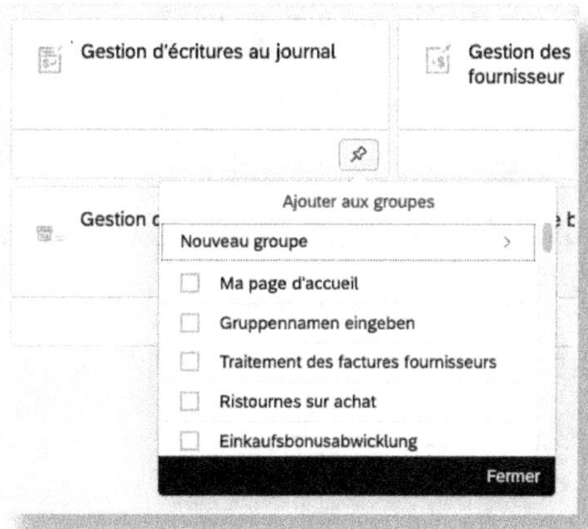

Figure 2.18 : Affecter une vignette à un groupe

ne sont pas supprimées définitivement et vous pourrez à tout moment les épingler à nouveau au groupe. Outre cette fonction, un groupe peut également être « caché » pour nettoyer la page d'accueil.

Une autre option permettant de personnaliser la page d'accueil consiste à sauvegarder les résultats de recherche sous forme de vignettes. Par exemple, si nous avons trouvé un ordre interne particulier via la recherche, nous pouvons sauvegarder la page d'information de cet ordre sous forme de vignette. Cela permet d'y accéder rapidement à tout moment (voir Figure 2.19).

Figure 2.19 : Sauvegarder l'objet de la recherche comme vignette

Le mode de traitement peut être fermé de deux façons. D'une part, sélectionnez l'option QUITTER LE MODE DE TRAITEMENT via la zone Me Area, et d'autre part, vous pouvez cliquer sur le bouton FERMER situé en bas à droite. Dans les deux cas, le message « Vos modifications ont été sauvegardées » confirme que vous avez quitté le mode de traitement.

2.8 Les rôles, autorisations et la création de vignettes

Nous avons déjà vu les termes « vignette » et « application » dans les parties précédentes. Nous allons à présent nous intéresser brièvement à la différence entre ces deux termes, puis créer notre propre vignette dans la barre de lancement Fiori en nous aidant d'un exemple. Nous apprendrons également ce que signifient les *rôles* et *autorisations*.

Le terme *vignette* se réfère à l'objet visible dans la barre de lancement Fiori, qui renvoie à une application cachée derrière cette vignette. Afin d'obtenir un design uniforme, les transactions conventionnelles (voir partie 2.5) sont intégrées dans la barre de lancement Fiori sous forme de vignettes visibles. En revanche, une *application Fiori* est une application qui a été créée selon le concept de design Fiori. Nous distinguons trois types de vignettes différents.

► Les domaines de gestion complexes sont représentés de manière graphique et claire à l'aide de ratios grâce aux *vignettes dynamiques*. En cliquant sur la vignette correspondante, il est possible d'obtenir des informations supplémentaires sur le ratio qui nous intéresse.

► Les *vignettes d'actualité* affichent des nouvelles et des informations basées sur des flux RSS. Il est également possible d'y inclure des informations internes à l'entreprise (provenant notamment de l'Intranet).

► Derrière une *vignette statique* peut se trouver, par exemple, une transaction bien connue. La vignette statique affiche un titre et une icône de votre choix.

Pour simplifier, nous pouvons dire que la seule tâche d'une vignette est de rendre accessible à l'utilisateur une application qui se cache derrière elle.

Les applications Fiori peuvent également être classées en différentes catégories. Nous distinguons ici les catégories d'applications suivantes :

► Les *applications transactionnelles* sont liées à des tâches structurées de la même manière qu'une transaction classique en termes de gamme de fonctions, ou qui mappent une ancienne transaction pour laquelle il n'existe pas encore d'application Fiori distincte. Dans ces applications, vous pouvez saisir et traiter les données de l'entreprise.

► Les *applications analytiques* servent à évaluer facilement des éléments et des données complexes. On y a recours, par exemple, lorsqu'il s'agit d'analyser plus précisément des ratios spécifiques à l'entreprise. Il est possible de passer directement de l'application aux documents individuels pertinents pour l'évaluation (analyse descendante).

▶ Si des informations importantes sur un objet doivent être affichées ou si des rapports sur des objets connectés sont utilisés dans le cadre de transactions commerciales, nous travaillons alors avec ce que l'on appelle des *infos-clés*. À partir d'une application de type infos-clés, vous pouvez effectuer une analyse descendante de la même manière que pour les applications analytiques.

Voyons maintenant comment intégrer votre propre vignette sur la page d'accueil de Fiori. Pour cela, définissons d'abord les termes « catalogue de vignettes », « groupe de vignettes » et « rôles ». Le *catalogue de vignettes* est une collection d'applications pertinentes pour un groupe d'utilisateurs donné. L'utilisateur peut parcourir les catalogues associés à son rôle. Le *groupe de vignettes* est un sous-ensemble d'un ou plusieurs catalogues de vignettes, et sert à les regrouper dans la barre de lancement Fiori. Un *rôle d'autorisation* contient les catalogues et groupes de vignettes devant être disponibles pour un groupe d'utilisateurs spécifique.

📌 Interaction entre catalogue, groupe et rôle

Pour mieux comprendre les termes ci-dessus, prenons un exemple.

Un nouvel employé doit être embauché pour le domaine Contrôle de gestion. Au cours des premières semaines, il devra pouvoir traiter et évaluer uniquement les centres de coûts. Pour cela, un rôle d'autorisation distinct portant le nom « Z_CO_Employé_Centre de coûts » est créé. Ce rôle d'autorisation contient le catalogue de vignettes « Z_CO_BC_Comptabilité_frais_généraux », qui comprend les applications dont l'employé a besoin pour ses tâches quotidiennes. Enfin, nous définissons les groupes de vignettes correspondants qui s'afficheront directement dans la barre de lancement Fiori de l'employé. Les groupes de vignettes « Z_CO_BCG_Traiter_Centre de coûts » et « Z_CO_BCG_Évaluer_Centre de coûts » sont créés. Ces groupes contiennent les vignettes dont le nouvel employé a besoin pour son activité opérationnelle. Avant son premier jour de travail, un utilisateur est créé pour lui, qui se voit affecter le rôle « Z_CO_Employé_Centre de coûts ». Lorsque la nouvelle recrue ouvre la barre de lancement Fiori dès son premier jour, les vignettes qui la concernent s'affichent immédiatement. Dorénavant, si un autre employé est embauché pour ce domaine, il se verra simplement affecter le même rôle.

Comme expliqué dans l'exemple ci-dessus, nous créons d'abord notre propre catalogue de vignettes. Pour ce faire, nous devons ouvrir le *Fiori Launchpad Designer*. Celui-ci fait office de zone d'administration de la barre de lancement Fiori, puisque les catalogues de vignettes, les groupes de vignettes et les vignettes elles-mêmes peuvent y être traités (voir Figure 2.20).

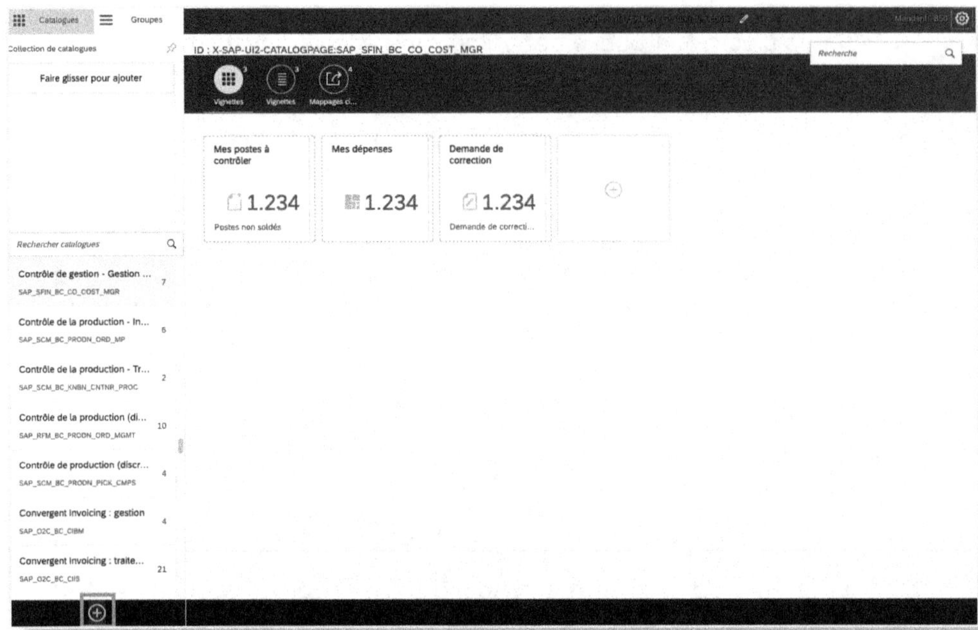

Figure 2.20 : Fiori Launchpad Designer

👉 Fiori Launchpad Designer

Pour pouvoir traiter la barre de lancement Fiori, vous devez appeler le Fiori Launchpad Designer. Cela peut se faire à l'aide des transactions suivantes :

▸ UI2/FLPD_CONF (indépendant du mandant) ;

▸ UI2/FLPD_CUST (dépendant du mandant).

La condition préalable est que vous disposiez des autorisations nécessaires pour les traiter. Pour plus d'informations, contactez votre gestionnaire des autorisations ou le service SAP Basis.

2.8.1 Créer un catalogue de vignettes

Vous pouvez utiliser le bouton ⊕ pour ajouter un nouveau catalogue de vignettes dans le Fiori Launchpad Designer. À ce stade, il est important de noter lequel des deux onglets (CATALOGUES et GROUPES) est sélectionné, en haut à gauche. Comme vous pouvez le voir sur la Figure 2.20, l'onglet CATALOGUES est sélectionné ici et peut donc être traité. Une fenêtre pop-up s'ouvre (voir Figure 2.21), dans laquelle nous devons renseigner les zones TITRE et ID. Le titre peut être choisi librement. Nous nous basons ici sur notre exemple et saisissons *Comptabilité frais généraux*.

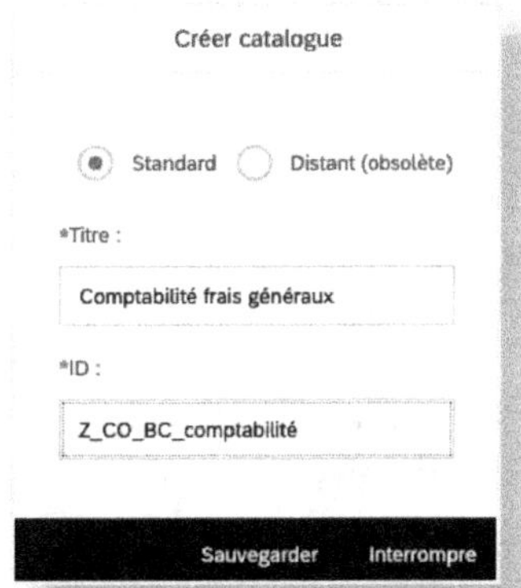

Figure 2.21 : Créer un catalogue de vignettes

> ☛ **Nomenclature pour catalogue et groupe de vignettes**
>
> La nomenclature de l'ID de notre exemple se compose comme suit : « Z » représente l'espace nom client. Il est suivi du nom du module et de la distinction entre le catalogue de vignettes et le groupe de vignettes. Ceci est représenté par les sigles « BC » ou « BCG », le premier signifiant « Business Catalog » et le second « Business Catalog Group ». Vous pouvez enfin ajouter le sous-domaine pour lequel le catalogue ou le groupe a été créé.

La nomenclature ne doit pas nécessairement être celle spécifiée ci-dessus. Cependant, il est conseillé d'adopter une procédure cohérente ici. En cliquant sur SAUVEGARDER, nous créons le catalogue de vignettes.

Maintenant, nous devons le remplir avec les vignettes correspondantes. Le moyen le plus simple d'y parvenir est de faire référence aux applications standards SAP existantes. En outre, vous aurez la garantie que les ajustements apportés par SAP aux applications existantes se retrouveront également dans le catalogue de vignettes. Dans ce contexte, nous tenons à souligner une fois de plus la différence entre une vignette et une application : nous intégrons notre propre vignette dans notre catalogue de vignettes, mais ce faisant, nous référençons une application SAP existante. Ceci dit, quel est le meilleur moyen de trouver les vignettes que nous voulons ajouter à notre catalogue ?

2.8.2   Créer une vignette comme référence

> **☛ Bibliothèque de référence des applications Fiori**
>
> La bibliothèque de référence des applications Fiori, créée avec l'introduction de SAP Fiori, aide l'utilisateur à trouver l'application adaptée à son domaine ou à son processus de gestion. Elle est régulièrement mise à jour et contient actuellement près de 13 000 applications. Cependant, la bibliothèque n'étant disponible qu'en anglais, la fonction de recherche ne peut être utilisée qu'avec des termes de recherche anglais. Vous pouvez accéder à la bibliothèque de référence des applications SAP Fiori via le lien suivant :
>
> *https://fioriappslibrary.hana.ondemand.com.*

Nous disposons maintenant de plusieurs options pour créer une référence à une application. La première consiste à rechercher l'application qui nous intéresse dans la bibliothèque de référence des applications SAP Fiori, et à sélectionner les informations nécessaires sous l'onglet IMPLEMENTATION INFORMATION (voir Figure 2.22). Nous pouvons, d'une part, consulter ici le catalogue de vignettes correspondant sous BUSINESS CATALOG(S), qui contient l'application spécifique. D'autre part, SAP propose également un rôle prêt à l'emploi (BUSINESS ROLE(S), ou rôle de gestion) que nous pouvons affecter à notre utilisateur. Ces rôles d'utilisateur prédéfinis contiennent les catalogues de vignettes, les groupes de vignettes et les autorisations rattachés qui sont requis pour l'application voulue. Dans le cas présenté, il s'agit d'un rôle utilisateur pour un « Cash Manager » (gestionnaire de trésorerie).

Business Catalog(s)

	Catalog Name	Catalog Description
☐	SAP_SFIN_BC_CM_CASH_OPS	Cash Management - Cash Operations

Business Group(s)

Business Group	Group Description
SAP_SFIN_BCG_CASH_OPS	Cash Operations

Business Role(s)

	Role Name	Role Description
☐	SAP_BR_CASH_MANAGER	Cash Manager
☐	SAP_BR_CASH_SPECIALIST	Cash Management Specialist

Figure 2.22 : Bibliothèque de référence des applications SAP Fiori

Une autre option consiste à rechercher un catalogue de vignettes SAP existant, puis à y rattacher notre catalogue nouvellement créé. L'avantage est que nous n'avons pas à rechercher chaque application individuellement dans la bibliothèque de référence et que les informations y sont disponibles en français. Pour ce faire, nous ouvrons à nouveau le Fiori Launchpad Designer, puis entrons le terme *Comptabilité des frais généraux* dans la zone de recherche. Nous obtenons comme résultat divers catalogues de vignettes qui renvoient au terme de recherche saisi. Nous pouvons maintenant sélectionner, à partir de ces catalogues, les applications dont nous avons besoin pour notre exemple.

Ensuite, nous sélectionnons le catalogue COMPTABILITÉ DES FRAIS GÉNÉRAUX – DONNÉES DE BASE CENTRE DE COÛTS, cliquons sur l'affichage de liste , sélectionnons la première ligne avant de cliquer sur Créer référence en bas (voir Figure 2.23). Après cela, nous devons spécifier le catalogue de vignettes dans lequel nous voulons créer la référence de la vignette. Après avoir cliqué sur CRÉER RÉFÉRENCE, une fenêtre pop-up s'ouvre. Nous recherchons à présent notre catalogue de vignettes précédemment créé, nommé « Z_CO_ BC_Comptabilité_frais_ généraux », et le sélectionnons.

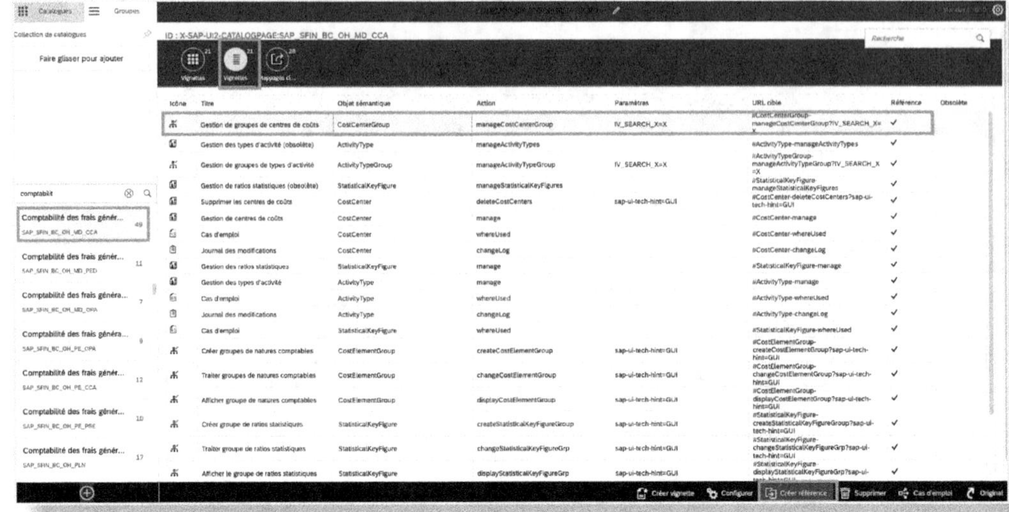

Figure 2.23 : Créer une vignette comme référence

De ce fait, une vignette est créée comme référence dans notre catalogue de vignettes (voir Figure 2.24).

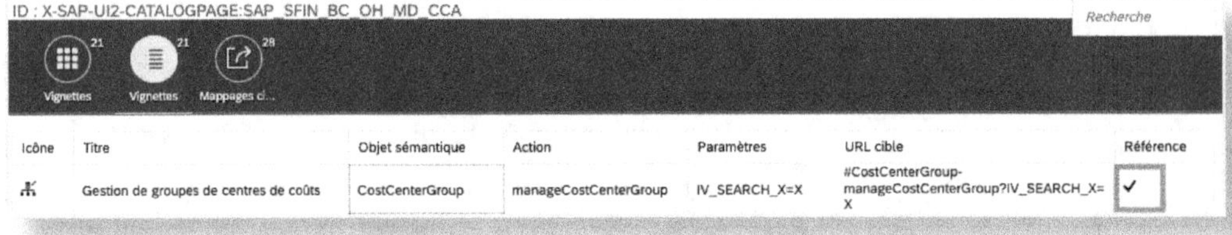

Figure 2.24 : Référence dans votre propre catalogue de vignettes

Il est également possible de déclencher le processus avec la fonction glisser-déplacer. Pour ce faire, nous cliquons sur la vignette de notre choix et, tout en la maintenant enfoncée, nous la faisons glisser vers le haut de l'écran. Deux nouvelles zones apparaissent, comme illustré sur la Figure 2.25. Il suffit de faire glisser la vignette sur la zone bleue : CRÉER RÉFÉRENCE. La fenêtre pop-up avec la demande de confirmation du catalogue de vignettes s'ouvre également. Nous pouvons maintenant répéter ce processus avec toutes les vignettes dont nous avons besoin pour notre propre catalogue de vignettes.

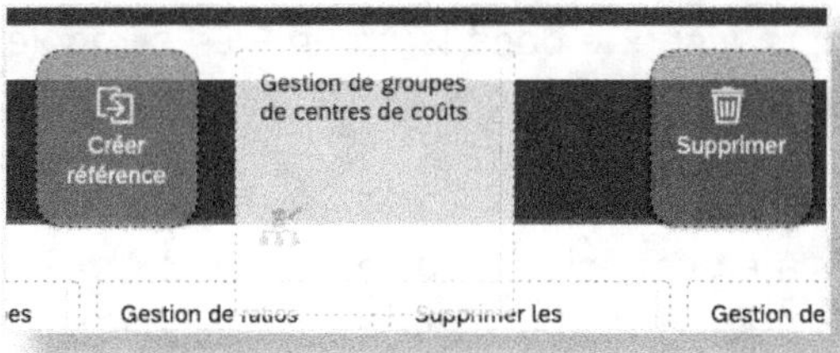

Figure 2.25 : Création d'une référence par glisser-déplacer

Maintenant que nous avons créé notre catalogue de vignettes et que nous y avons ajouté notre contenu, nous pouvons nous intéresser à nos groupes de vignettes. Nous pouvons les utiliser pour caractériser les vignettes spécifiques de chaque employé.

2.8.3 Créer un groupe de vignettes

Comme décrit dans l'exemple ci-dessus « Interaction entre catalogue, groupe et rôle », créons les groupes de vignettes « Traiter centres de coûts » et « Évaluer centres de coûts ».

Dans la colonne de gauche du Fiori Launchpad Designer, nous changeons la vue en cliquant en haut à droite sur ≡ Groupes . L'onglet est désormais grisé. Tout comme nous avons procédé pour créer un catalogue de vignettes, nous créons un nouveau groupe de vignettes à l'aide du symbole ⊕. Une fenêtre pop-up s'ouvre. Nous y saisissons à nouveau le TITRE et l'ID, puis sauvegardons. Notre groupe est maintenant créé, mais il n'a encore aucun contenu. Pour ajouter une vignette au nouveau groupe, nous cliquons sur ⊕. Une nouvelle fenêtre s'ouvre ; nous y recherchons et sélectionnons notre catalogue de vignettes « Comptabilité des frais généraux ». Vous pouvez voir le résultat sur la Figure 2.26.

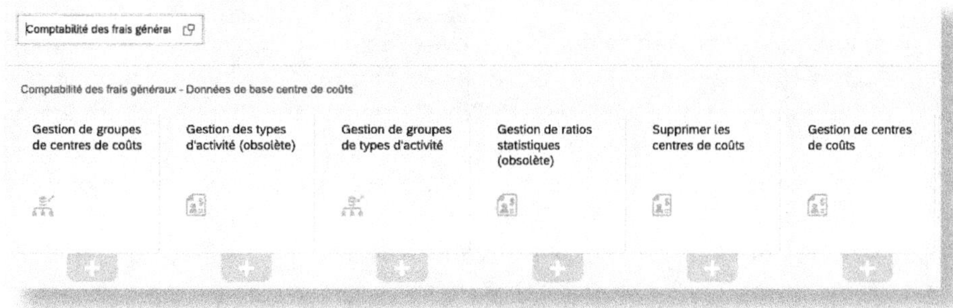

Figure 2.26 : Épingler une vignette

Le bouton **+** permet d'épingler la vignette dans le groupe. Le symbole « plus » se transforme en une coche lorsque la vignette est ajoutée correctement.

Nous procédons maintenant de la même manière pour le deuxième groupe de vignettes « Évaluer centres de coûts ». Nous venons donc de terminer notre travail dans le Fiori Launchpad Designer. Nous disposons maintenant de deux nouveaux groupes de vignettes qui permettent d'accéder à notre propre catalogue de vignettes. Comme mentionné plus tôt, ces paramètres sont déterminés dans le rôle précédemment défini. Enfin, il suffit d'affecter le rôle à l'utilisateur correspondant, et la barre de lancement Fiori de l'utilisateur correspondant sera complétée et inclura les groupes de vignettes qui viennent d'être créés.

> **▶ Définir vos propres vignettes**
>
> Dans la collection de vidéos « Vos premiers pas avec SAP Fiori », à laquelle vous pouvez accéder via l'espace libre accès de notre plateforme d'apprentissage SAP, la quatrième partie, « Fiori Launchpad Designer – Définition d'une vignette » vous apprendra à créer vos propres vignettes. Vous pouvez vous référer à la préface de ce livre pour savoir comment accéder aux vidéos.

2.9 Conseils et astuces concernant Fiori

Pour conclure ce chapitre, nous souhaitons vous donner quelques conseils sur la façon d'utiliser et de configurer la barre de lancement Fiori. Il est important, notamment pour éviter les problèmes de performance, de considérer quelques points durant vos tâches quotidiennes lorsque vous utilisez la barre de lancement Fiori.

Limitez-vous aux vignettes dont vous avez réellement besoin au jour le jour. Une barre de lancement Fiori encombrée entraîne des temps de chargement prolongés et perturbe ainsi le flux de travail. Plus le nombre de catalogues et de groupes affectés à votre rôle utilisateur est élevé, plus la page d'accueil mettra du temps à charger. Supprimez du groupe correspondant les vignettes dont vous n'avez pas (ou plus) besoin, et masquez les groupes de vignettes de la page d'accueil si vous ne souhaitez pas les voir affichés en permanence (voir la partie 2.7).

Comme décrit également dans la partie 2.7, vous devez régler les animations au niveau minimum et activer en plus l'affichage de groupe individuel. En associant la navigation Tab Bar, vous pouvez naviguer entre les différents groupes en un seul clic. Seules les vignettes du groupe actuellement sélectionné se chargent.

Les vignettes et les cartes dynamiques en particulier, avec leurs affichages étendus et leurs indicateurs clés de performance, requièrent des performances système et une bande passante nettement supérieures. Par conséquent, limitez le plus possible le nombre de vignettes dynamiques par groupe.

Enregistrez les **valeurs par défaut** les plus importantes dans les paramètres, comme le périmètre analytique ou la société. Vous gagnerez ainsi du temps et les informations qui vous concernent seront immédiatement filtrées.

Enfin, assurez-vous que votre navigateur est correctement configuré et que vous utilisez des certificats SSL valides.

☛ Paramètres du navigateur

Pour plus d'informations sur les paramètres du navigateur, consultez la note SAP 2447857.

Nous allons maintenant examiner les différents modules de SAP S/4HANA, en commençant par la gestion des articles.

3 La gestion des articles – Module MM

Ce chapitre vous offre un aperçu des différentes fonctions du module de gestion des articles, de l'extension du noyau numérique de SAP S/4HANA ainsi que des informations sur les objets de données de base utilisés.

Le module SAP Gestion des articles combine toutes les fonctionnalités pertinentes pour l'approvisionnement et la gestion des stocks d'une entreprise. Le sigle MM, souvent utilisé dans l'environnement SAP, est dérivé du terme anglais « Material Management ».

3.1 La synthèse des composantes MM

Le domaine de la gestion des articles couvre un large éventail de processus et de besoins commerciaux. Depuis les versions précédentes, SAP a réparti ces besoins en sous-paquets spécifiques. Les tâches centrales ci-après sont rattachées à différentes composantes du module MM :

- ▶ Achats (MM-PUR) ;
- ▶ Gestion des stocks et inventaire (MM-IM) ;
- ▶ Base de données articles (MM-MD) ;
- ▶ Contrôle des factures logistique (MM-IV) ;
- ▶ Service (MM-SRV).

Le domaine des *achats* gère un processus de bout en bout, allant du déclenchement des demandes d'achat (DA) à l'entrée de marchandises et à l'enregistrement de la facture fournisseur, en passant par la détermination des sources d'approvisionnement et la création de la commande d'achat.

La *gestion des stocks* et la *gestion des stocks magasin* prennent en compte la planification et la détermination des besoins pour les divisions concernées. Les stocks physiques sont enregistrés dans la gestion des articles en temps réel, au fur et à mesure de l'enregistrement des processus de gestion, ce qui permet d'avoir une vue d'ensemble des types de stock et des quantités utilisées.

L'intégration du répertoire des articles dans la comptabilité mappe la composante de la *valorisation des stocks*. Les stocks des articles sont ici calculés et mis à jour selon les méthodes de valorisation définies.

La composante *Contrôle des factures* est utilisée au terme des processus de gestion de la logistique du côté des achats. Les factures des fournisseurs sont vérifiées pour s'assurer qu'elles sont complètes et correctes avant d'être enregistrées. Le système S/4HANA utilise ici des interfaces intégratives avec la comptabilité financière, tant pour les mises à jour des stocks et des comptes de charges que pour l'intégration dans la comptabilité fournisseur et la gestion des paiements.

Bien que le *comptage des articles* ne soit pas, d'un point de vue technique, une composante distincte de la gestion des stocks, il est mentionné séparément en raison de son importance particulière pour les clôtures de période logistiques. Le système SAP prend en compte différentes procédures pour équilibrer les stocks, y compris les stocks propres ou spéciaux.

3.2 Ariba

Comme nous l'avons expliqué dans la partie 2.1, avec S/4HANA, SAP ne se contente pas de remplacer une ancienne version du système, il crée également un changement de paradigme. Cela devient évident lorsque l'on examine les processus de bout en bout et surtout le noyau du logiciel ERP.

Dans le langage SAP, le module de gestion des articles MM constitue le *noyau numérique* du système ERP pour tous les processus liés aux achats et à la gestion des stocks. SAP enrichit ce noyau grâce à de nombreuses applications supplémentaires. Par exemple, le module SAP ERP pour la gestion de la chaîne logistique dans le domaine des achats peut être étendu en y ajoutant le produit Ariba. *SAP Ariba* est un outil autonome destiné à la transformation numérique du processus d'approvisionnement au sein de la chaîne logistique. Les solutions SAP Ariba comprennent la détermination des sources d'approvisionnement, l'approvisionnement et le paiement.

Pour permettre aux employés d'autres services, non liés aux achats, de commander des biens et services pour leurs propres besoins, SAP a initialement développé un Employee Self-Service pour ce que l'on appelle le *Business-to-Business Procurement* (BBP, ou approvisionnement interentreprises). Ce module a évolué pour devenir, vers 2004, le module SRM (Supplier Relationship Management, ou Gestion de la relation fournisseurs) (voir

Figure 3.1). En 2015, SAP a racheté Ariba, qui avait déjà développé tout un portefeuille de produits pour l'approvisionnement interentreprises.

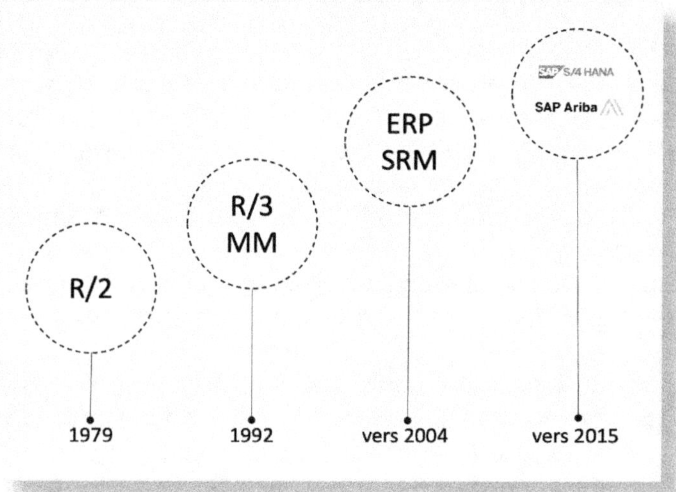

Figure 3.1 : Étapes de l'évolution de SAP Ariba

Ariba offre un large éventail de fonctionnalités visant à centraliser et numériser davantage le processus des achats des entreprises. Il inclut, entre autres, les fonctions suivantes :

Gestion des sources d'approvisionnement

- ▶ SAP Ariba Sourcing

- ▶ SAP Ariba Contract Management

- ▶ SAP Ariba Supplier Lifecycle & Performance

- ▶ SAP Ariba Supplier Risk Management

Aide aux achats

- ▶ SAP Ariba Buying et Guided Buying

- ▶ SAP Ariba Catalog

- ▶ SAP Ariba Spot Buy

- ▶ SAP Ariba Supply Chain Collaboration.

L'aide aux achats représente une amélioration de l'Employee Self-Service évoqué ci-dessus. Elle permet aux services de l'entreprise d'acheter des biens et services avec l'aide du système sans avoir obligatoirement à impliquer le domaine des achats. Ce que les services peuvent commander, et auprès de qui, est défini dans des catalogues gérés par le domaine des achats.

L'un des éléments centraux de Ariba est le réseau appelé *Ariba Network*, auquel tout acheteur et vendeur peut se connecter. Il fonctionne comme une place de marché numérique sur laquelle les acheteurs peuvent, par exemple, faire des appels d'offres et publier des enchères auxquels les vendeurs peuvent ensuite répondre. Les acheteurs et vendeurs échangent ainsi des données de manière numérique et automatisée (à l'aide des commandes, offres, factures, etc.) sans avoir à établir au préalable des formats d'échange de données avec chaque partenaire commercial potentiel.

SAP Ariba n'est désormais plus disponible que sous forme de système Cloud. D'une part, vous pouvez y relier individuellement chacun de vos systèmes ERP via la passerelle d'intégration *SAP Cloud Integration Gateway* (voir Figure 3.2). D'autre part, vous pouvez également centraliser vos achats en regroupant les besoins de plusieurs systèmes ERP et en gérant de manière centralisée les sources d'approvisionnement. Pour ce faire, vous utilisez le système S/4HANA comme ce que l'on appelle un *Central Procurement Hub* (plateforme centrale d'approvisionnement) sur lequel vous connectez tous les autres systèmes ERP. Cette plateforme est ensuite connectée à SAP Ariba. Elle sert de plateforme d'accès pour les utilisateurs chargés des achats, ainsi que de plaque tournante centrale pour différents systèmes ERP.

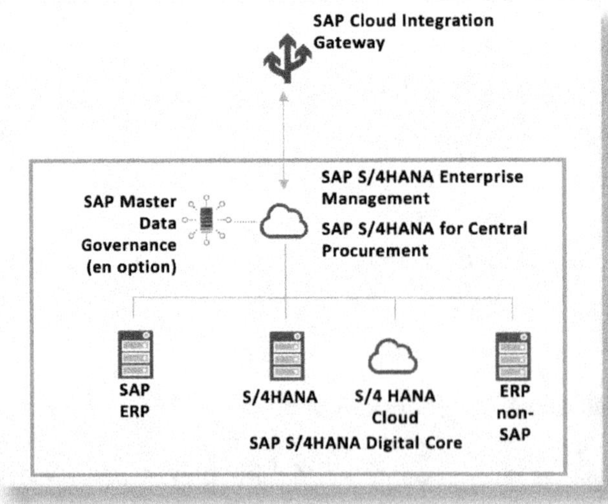

Figure 3.2 : Intégration de Ariba

3.3   Les données organisationnelles dans SAP MM

Revenons maintenant à la gestion des articles dans SAP S/4HANA. Ces données organisationnelles sont utilisées dans SAP MM :

- ▶ la société,
- ▶ la division,
- ▶ le magasin,
- ▶ l'organisation d'achats,
- ▶ le groupe d'acheteurs.

Toutes les données de base créées dans le système SAP se réfèrent aux données organisationnelles. Vous trouverez ainsi ci-après un bref aperçu des données organisationnelles utilisées dans le cadre de la gestion des articles.

Nous reviendrons plus en détail sur la *société* dans la partie 6.3. Lorsque nous l'examinons du point de vue de la gestion des articles et des achats, il est important de noter que la société est une unité indépendante au sein de la gestion comptable. Toutes les écritures financières sont gérées au sein de cette entité organisationnelle.

La *division* est l'entité organisationnelle centrale et la plus importante des modules logistiques. La production, l'approvisionnement et la planification des besoins sont gérés dans la division. Elle peut servir à mapper un site de production, le siège d'une entreprise, ou même un site de maintenance. Pour couvrir les besoins de la comptabilité, la division est associée, sur le plan organisationnel, à une société.

Le *magasin* permet de subdiviser et d'identifier les stocks articles au sein d'une division. Une division peut avoir plusieurs magasins, chacun d'entre eux identifiant un sous-domaine. Plus les magasins suivent une classification précise, plus il est facile d'identifier les stocks.

L'*organisation d'achats* est utilisée dans le processus d'approvisionnement. Elle représente le niveau supérieur pour la gestion des données relatives à l'approvisionnement. Toutes les données dépendant des achats sont gérées au sein d'une organisation d'achats. Elle peut comprendre une ou plusieurs divisions, négocier et définir des prix ou d'autres conditions d'achat pour celles-ci.

Le *groupe d'acheteurs* représente et regroupe les acheteurs.

3.4 Les données de base dans SAP MM

Dans cette partie, nous décrivons les objets de données de base les plus importants dans le domaine du module de gestion des articles.

3.4.1 Le partenaire

L'objet de données de base du fournisseur, central dans SAP ERP, a été remplacé dans SAP S/4HANA par l'objet *partenaire SAP*. Celui-ci offre davantage de possibilités pour gérer de manière centralisée une organisation, une personne ou un groupe d'organisations, ainsi qu'enregistrer leurs caractéristiques via les différentes transactions commerciales.

> **☛ Le partenaire comme condition dans S/4HANA**
>
> Avec le passage à un système S/4HANA, les objets « fournisseur » et « client », connus de SAP ERP, doivent être migrés vers des partenaires.

Comme le partenaire joue un rôle essentiel dans S/4HANA, voyons brièvement ses éléments de base.

Avec le partenaire, les concepts suivants s'appliquent :

- la catégorie de partenaire,
- le rôle partenaire,
- la relation partenaire,
- la hiérarchie de groupes de partenaires.

> **☛ Le partenaire SAP**
>
> Pour de nombreux clients de SAP, le partenaire représente une grande nouveauté et un grand changement. Pour cette raison, chez Espresso Tutorials, nous avons consacré plusieurs livres à ce sujet, dont un en français : *Guide pratique Partenaire SAP (Business Partner) – Fonctions et intégration à SAP S/4HANA* de Robin Schneider.

La catégorie de partenaire

SAP fournit cet élément par défaut sous trois formes :

- les personnes physiques (particuliers) ;

- les organisations (telles que les entreprises, les unités commerciales au sein d'une entreprise, etc.) ;

- les groupes (SAP mentionne les couples mariés ou les appartements en colocation comme exemples).

Comme vous pouvez le constater sur la Figure 3.3, notre fournisseur Wheelie LLC correspond à la CATÉGORIE DE PARTENAIRE : ORGANISATION.

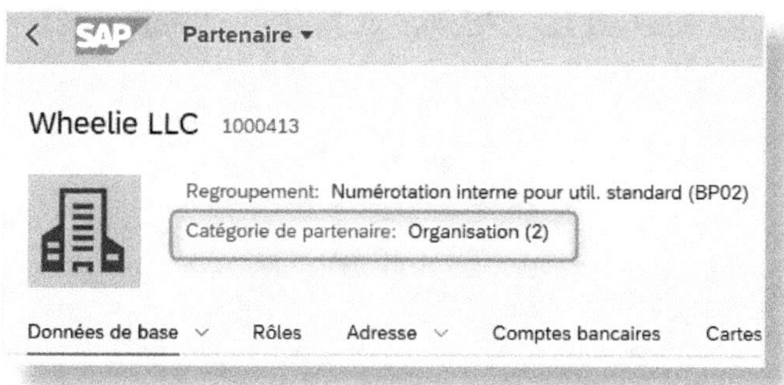

Figure 3.3 : Catégorie de partenaire « Organisation »

À l'heure actuelle, il n'est pas prévu de créer de catégories de partenaires supplémentaires pour couvrir les exigences de systèmes spécifiques aux clients. Il n'est pas non plus possible de modifier ultérieurement la catégorie du partenaire (BP) une fois que ce dernier a été créé et sauvegardé.

> **⊙ Définition du partenaire**
>
> Dans la collection de vidéos « Processus dans SAP S/4HANA », à laquelle vous pouvez accéder via la zone en libre accès de notre plateforme de formation SAP, nous vous montrons comment créer un partenaire dans SAP S/4HANA. Nous expliquons dans la préface de ce livre comment accéder aux vidéos.

Le rôle partenaire

Le *rôle partenaire* comprend les caractéristiques commerciales qu'un partenaire assume dans les processus de gestion correspondants.

Parmi les rôles fréquemment utilisés dans le domaine des achats, nous pouvons citer le fournisseur de marchandises, l'auteur de la facture ou le destinataire du paiement. Les caractéristiques d'un partenaire pertinentes pour les ventes sont également regroupées dans des rôles partenaire. Il s'agit par exemple du donneur d'ordre, du réceptionnaire, du destinataire de la facture et du payeur.

Un ou plusieurs rôles peuvent être créés pour un partenaire. La modularité du concept de partenaire permet de n'avoir à stocker les informations centrales sur le partenaire qu'une seule fois dans le système, notamment l'adresse ou les coordonnées bancaires.

Sur la Figure 3.4, vous pouvez voir que deux rôles sont actuellement attribués à notre partenaire Wheelie LLC : FOURNISSEUR (CF) et FOURNISSEUR (MM).

Figure 3.4 : Rôles partenaire

S/4HANA offre un large éventail de configurations et d'extensions permettant d'adapter la gestion des partenaires aux besoins de chaque situation d'entreprise.

Le rôle partenaire *Fournisseur* est l'un des plus importants dans le système S/4HANA. Le fournisseur est un objet de données de base central pour les processus logistiques et financiers. Les données qui y sont stockées sont réparties en trois niveaux :

- ▶ les données générales ;
- ▶ les données comptables ;
- ▶ les données achats.

Alors que les données générales sont valables dans tout le groupe (pour tous les clients), les données comptables ne le sont que pour les sociétés concernées. Les données achats se gèrent au niveau des organisations d'achats, et peuvent également être étendues de manière spécifique à la division, si nécessaire.

Sur la Figure 3.5, vous voyez l'application permettant de modifier le fournisseur. Certains niveaux de données y sont encadrés. Les INFORMATIONS GÉNÉRALES sont valables pour l'ensemble du client, les DONNÉES ENTREPRISE indiquent la SOCIÉTÉ et l'ORGANISATION D'ACHATS pour lesquelles le partenaire Wheelie LLC est créé.

Figure 3.5 : Fournisseur – Synthèse

La relation partenaire

La *relation partenaire* reflète le lien entre deux partenaires. Elle indique la manière dont deux partenaires sont liés l'un à l'autre. Elle peut être nécessaire pour représenter la fonction des personnes au sein d'une entreprise.

La *catégorie de relation partenaire* fournit des informations plus détaillées sur la nature de la relation. L'affectation d'employés à des entreprises ou le lien entre les contacts et les fournisseurs sont des exemples fréquemment utilisés de catégories de relations.

La catégorie de relation assignée à notre partenaire Wheelie LLC (1000413) est actuellement À L'ASSOCIÉ. Vous pouvez voir sur la Figure 3.6 qu'un autre partenaire, PETRA MUELLER, y a été associé. Cela nous indique que Mme Mueller, qui a été créée dans le système comme partenaire de la catégorie « Personne », détient la fonction d'associée dans la société Wheelie LLC. Si les coordonnées de Mme Mueller changent, ces ajustements peuvent s'effectuer directement dans l'objet de la personne Petra Mueller.

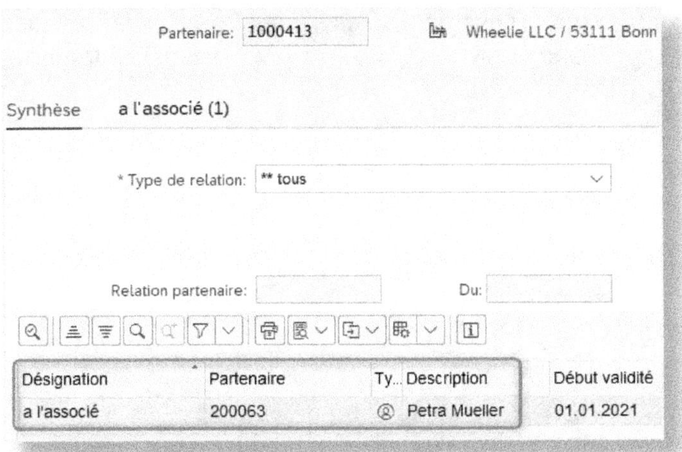

Figure 3.6 : Catégorie de relation partenaire

La hiérarchie de groupes de partenaires

La *hiérarchie de groupes* est l'outil technique du système pouvant être utilisé pour mapper les structures organisationnelles. Un classement est alors créé à l'aide de nœuds de hiérarchie. Chaque nœud est caractérisé par une description et une période de validité. La structure des groupes peut être à plusieurs niveaux afin de représenter des hiérarchies plus importantes, ce qui sert principalement pour des structures de sociétés plus complexes.

Les hiérarchies de groupes permettent, de ce fait, de stocker également dans SAP S/4HANA des structures régionales, telles que des communautés d'achat ou des structures commerciales.

3.4.2 La base de données articles

La base de données articles est l'emplacement central pour stocker et organiser les données spécifiques aux articles. Cet objet de données de base est d'une grande importance pour toutes les composantes logistiques du système S/4HANA. La structure de données de la base de données articles est conçue de manière à ce que l'objet puisse être intégré dans une ou plusieurs entités organisationnelles. Le concept de vues et de niveaux organisationnels utilisé permet de délimiter clairement les données tout en les sauvegardant de manière centralisée dans un seul objet.

Les vues de la base de données articles

La base de données articles est divisée en plusieurs vues, qui peuvent être gérées par différents domaines en fonction des processus. Chaque domaine dispose alors de son propre aperçu (sa propre vue) de la base de données articles. Ainsi, les données valables au niveau central, telles que le poids, sont gérées dans les DONNÉES DE BASE, les informations nécessaires au processus de commande sont gérées dans la vue ACHATS et les paramètres qui contrôlent le bilan sont gérés dans la vue COMPTABILITÉ. Les vues encadrées en rouge sur la Figure 3.7 seront probablement familières aux lecteurs qui ont déjà travaillé sur le logiciel SAP. Dans l'affichage horizontal, nous voyons (en fonction de la largeur de l'écran) les vues, à commencer par les DONNÉES DE BASE et les données ADV, puis les autres vues logistiques PLANIF. DES BESOINS et PLANIF. ÉTENDUE apparaissant (dans notre cas sur le côté droit de l'écran) lorsque nous étendons l'affichage.

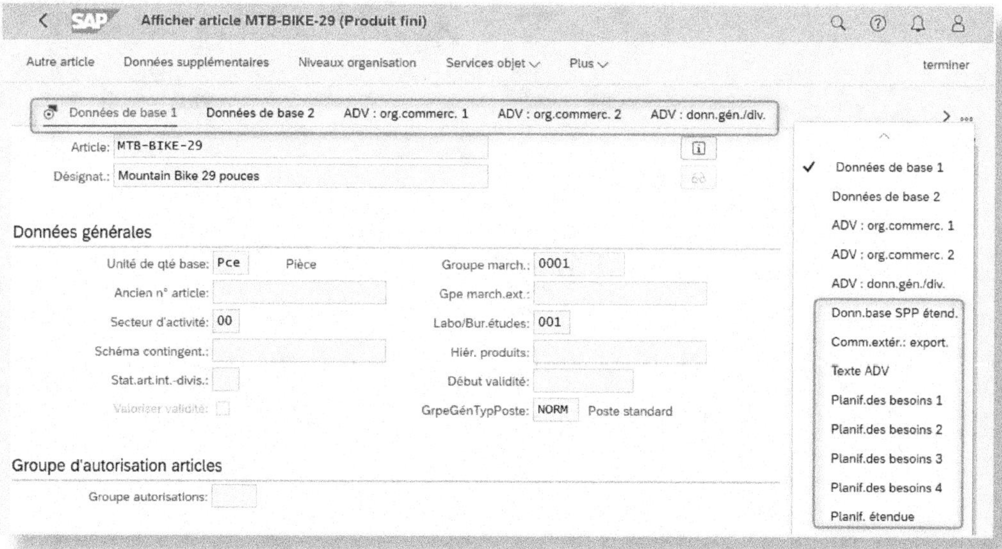

Figure 3.7 : Affichage de la base de données articles – Affichage des vues article

> ### ● Définition de la base de données articles
>
> Dans la collection de vidéos « Processus dans SAP S/4HANA », à laquelle vous pouvez accéder via l'espace libre accès de notre plateforme d'apprentissage SAP, nous montrons comment créer une base de données articles dans SAP S/4HANA. Nous expliquons dans la préface de ce livre comment accéder aux vidéos.

Vous pouvez voir une synthèse complète des vues pertinentes de la base de données articles sur la Figure 3.8. Des modules qui ne sont pas décrits en détail dans ce livre y sont également inclus comme, par exemple, la gestion des emplacements de magasin (*SAP WM* ou *SAP EWM*) ou la *gestion de la qualité*.

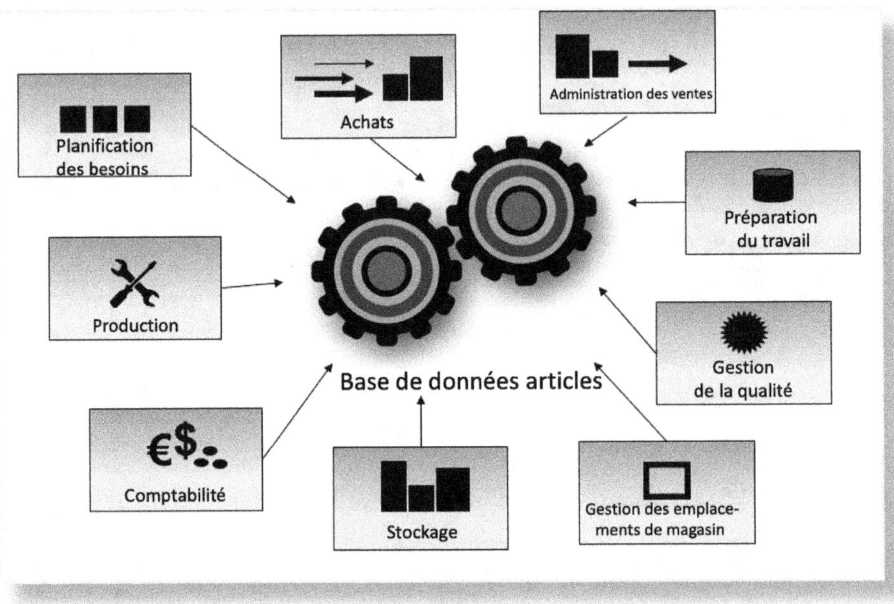

Figure 3.8 : Base de données articles – Synthèse des modules et des vues

Les applications de gestion de la base de données articles se trouvent dans le groupe DONNÉES DE BASE PRODUIT du menu Fiori (voir Figure 3.9).

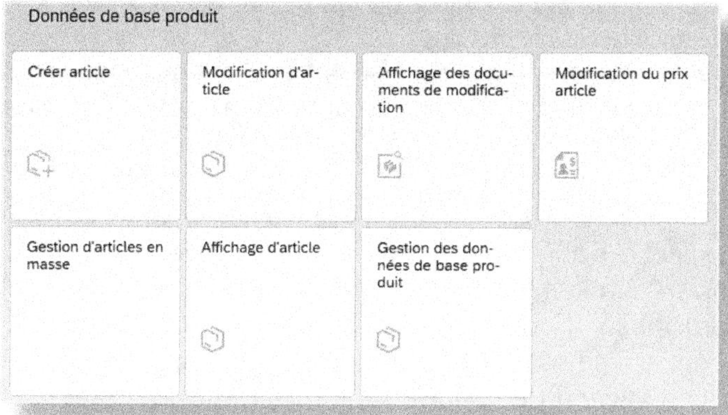

Figure 3.9 : Données de base produit – Menu Fiori pour la gestion de la base de données articles

L'application Fiori présentée sur la Figure 3.10 regroupe les informations du produit en fonction des différents domaines fonctionnels. Elle comprend également de nombreuses options de saut vers les niveaux organisationnels.

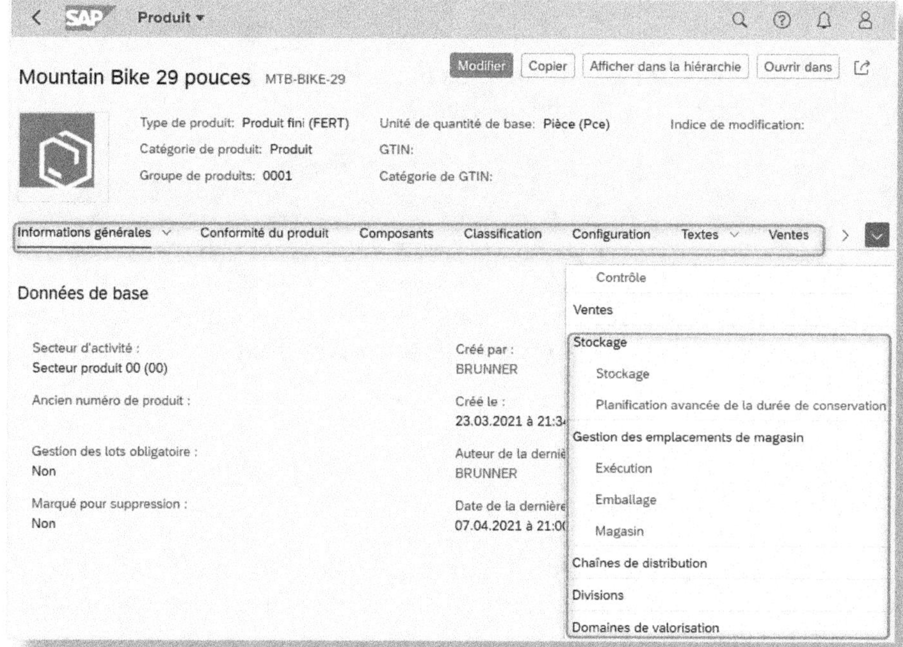

Figure 3.10 : Affichage des données de base produit – Affichage des vues de l'article (nouveau)

Les niveaux organisationnels dans la base de données articles

En plus des vues, les niveaux organisationnels sont également nécessaires pour structurer les données dans la base de données articles. Certaines données fondamentales, notamment les désignations ou les dimensions, qui s'appliquent à l'article dans l'ensemble du système (pour tout le client), sont également gérées de manière centralisée au niveau supérieur, comme pour les vues. En revanche, d'autres informations, telles que les paramètres de planification, doivent être gérées au niveau des divisions. L'entité organisationnelle de l'organisation commerciale est également déterminante pour gérer les données dans l'administration des ventes. Vous pouvez voir, sur la Figure 3.11, une section des données de base article propres à la division.

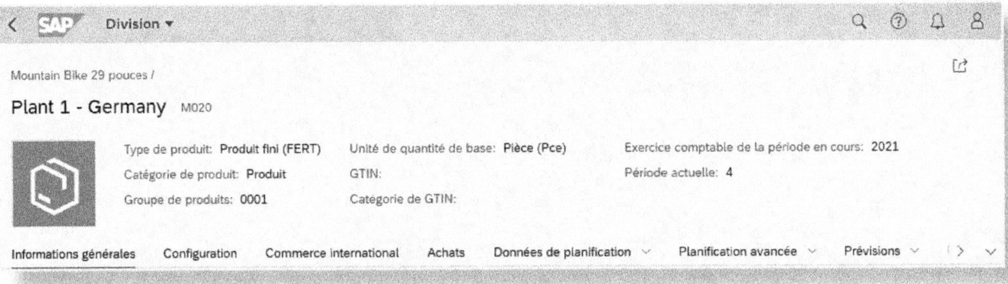

Figure 3.11 : Affichage des données de base produit – Affichage des vues de l'article propres à la division (nouveau)

👆 Tables de la base de données articles

Au cours de la mise à niveau de la version de SAP ERP à S/4HANA, certaines tables de base de données liées à la base de données articles ont été simplifiées. Notamment, dans S/4HANA, les tables d'historique et d'agrégation de la base de données articles ne sont plus mises à jour.

3.4.3   La fiche infos-achats

Les *fiches infos-achats* constituent un autre élément important dans le domaine des données de base relatives aux achats. Elles associent des données spécifiques aux articles à un fournisseur défini. Par conséquent, vous pouvez gérer des informations qui s'appliquent à un article exclusivement en rapport avec ce fournisseur. Il s'agit notamment de certaines données de livraison (dont le délai prévisionnel de livraison) ainsi que des prix et des conditions.

Comme dans la base de données articles, les fiches infos-achats sont divisées en plusieurs domaines : de manière générale, les informations communes à l'élément combiné article-fournisseur sont gérées au niveau du client ; les données qui dépendent de l'organisation d'achats sont sauvegardées au niveau des achats ; enfin, vous gérez les données propres à la division au niveau le plus bas, à savoir la fiche infos-achats, l'organisation d'achats et la division combinées.

Figure 3.12 : Fiche infos-achats – Synthèse

Sur la Figure 3.12, vous pouvez voir les différentes vues de données d'une fiche infos-achats. Ces informations constituent une base importante pour la prise de décision dans le processus des achats. Elles facilitent non seulement la création de documents d'achat au moyen de valeurs par défaut, mais elles sont également intégrées dans le domaine des processus de planification du système S/4HANA.

3.4.4   Le répertoire des sources d'approvisionnement

Le *répertoire des sources d'approvisionnement* est un objet de données de base central pour la *gestion des sources d'approvisionnement* dans SAP S/4HANA. Il permet d'afficher les sources d'approvisionnement possibles pour un article dans une période de validité donnée. Il peut également servir à énumérer explicitement les sources d'approvisionnement qui ne sont pas autorisées.

> **👉 Répertoire des sources d'approvisionnement pour le blocage de sources d'approvisionnement d'un article**
>
> Si un fournisseur donné ne doit plus recevoir de commandes pour des articles définis pendant une période donnée, cela peut être indiqué à l'aide d'une fiche du répertoire des sources d'approvisionnement. La détermination des sources d'approvisionnement n'émet alors plus de recommandation d'approvisionnement, pour les éléments article/division/fournisseur combinés.

L'application Fiori pour la gestion des répertoires des sources d'approvisionnement sur la Figure 3.13 nous montre les fiches du répertoire des sources d'approvisionnement actuellement disponibles pour l'article 201 dans la division 1010. Comme nous pouvons le voir dans la colonne encadrée, STATUT, la première fiche est actuellement bloquée pour l'approvisionnement.

Figure 3.13 : Application « Gestion des répertoires des sources d'approvisionnement »

En cliquant sur le répertoire des sources d'approvisionnement voulu, nous accédons à sa vue détaillée. Sur la Figure 3.14, nous pouvons voir de plus amples informations sur le statut des fiches des répertoires des sources d'approvisionnement.

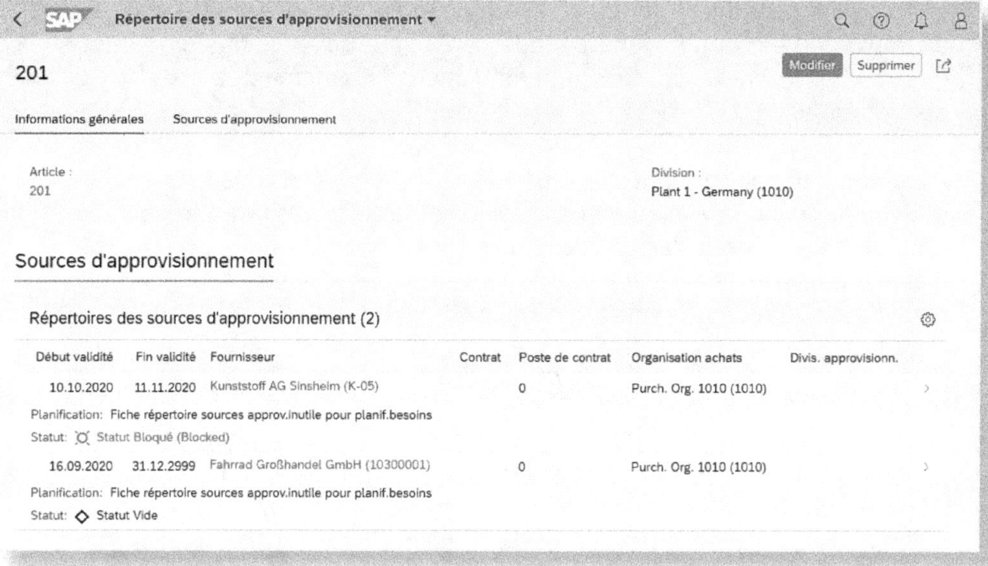

*Figure 3.14 : Application « Répertoires des sources d'approvisionnement » –
Vue détaillée*

> **! Modification concernant la détermination des sources d'approvisionnement dans S/4HANA**
>
> Avec l'introduction de S/4HANA, SAP a modifié le comportement du système en matière de détermination des sources d'approvisionnement. Avec S/4HANA, aucune fiche du répertoire des sources d'approvisionnement n'est nécessaire pour prendre en compte une source d'approvisionnement dans la planification des besoins en composant, comme c'était le cas dans la version précédente du système SAP ECC. Pour plus d'informations sur cette modification, consultez la note SAP 2268069 – S4TWL – Détermination des sources d'approvisionnement simplifiée.

3.4.5 La répartition des quotas

La *répartition des quotas* permet de gérer les sources d'approvisionnement. Chaque source d'approvisionnement possible peut ainsi être stockée dans S/4HANA avec un quota. Cela est nécessaire lorsque l'approvisionnement d'un article s'effectue auprès de différentes sources et que les parts respectives doivent être enregistrées dans le système. La répartition des quotas régit la manière dont l'approvisionnement doit être réparti entre les sources. Elle est dotée d'une période de validité qui est prise en compte lors de la détermination des sources d'approvisionnement, à partir de la date de livraison.

Il est également important de noter que les *besoins* individuels ne sont jamais répartis par le système, même si vous utilisez la répartition des quotas. Le système considère un besoin comme une unité indissociable pour laquelle une source d'approvisionnement confirmée est sélectionnée lors de la détermination des sources d'approvisionnement.

> ## 📌 Répartition des quotas
>
> Supposons que nous nous procurions notre article 201 auprès de deux fournisseurs différents, répartis selon le principe 50/50. Si un besoin de 100 pièces est ensuite saisi dans le système, même la répartition des quotas ne peut pas générer de division 50 pièces/50 pièces. Par conséquent, l'approvisionnement pour la totalité des 100 pièces (dans la mesure où elles ne sont pas déjà en stock) serait déclenché auprès du premier fournisseur.

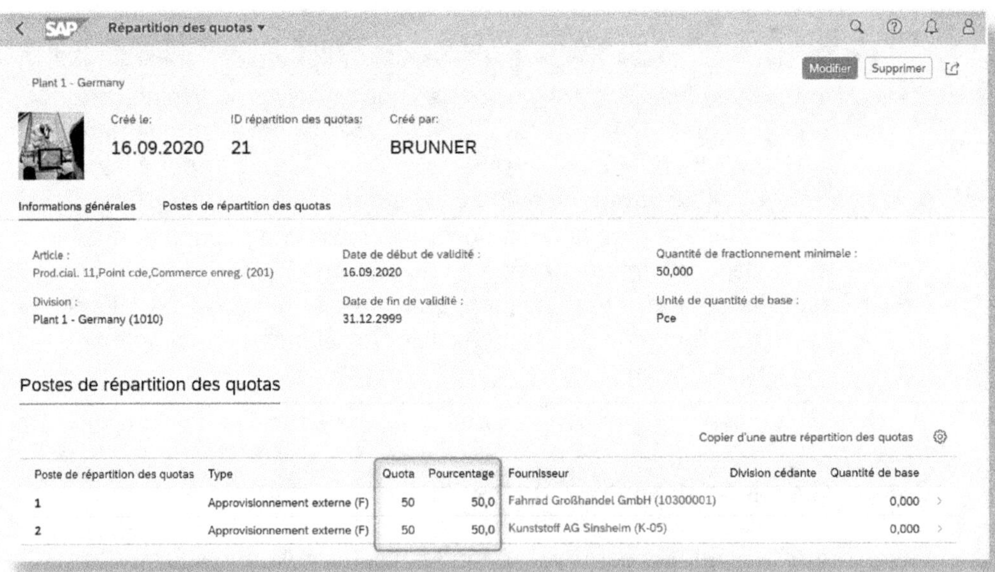

Figure 3.15 : Application « Gérer la répartition des quotas »

Sur la Figure 3.15, vous pouvez voir que notre article fictif PROD.CIAL. 11,POINT CDE,COMMERCE ENREG. (201) doit être réparti entre deux fournisseurs selon un rapport 50/50.

Ce chapitre vous a donné un aperçu des fonctions les plus importantes de la gestion des articles. Intéressons-nous maintenant à l'administration des ventes dans SAP S/4HANA.

4 L'administration des ventes – Module SD

Dans le chapitre Administration des ventes, nous allons décrire les fonctions de base du module SD de SAP. De plus, nous aborderons également les objets de données de base utilisés dans SAP SD.

Le module de l'administration des ventes comprend toutes les fonctionnalités pertinentes du noyau numérique de S/4HANA dans le domaine des processus de vente et d'expédition. Le sigle « SD » utilisé ici provient du nom anglais du module : « Sales and Delivery ».

Le module SAP SD peut être décrit à l'aide des domaines d'activité suivants :

- ▶ la gestion des commandes pour les demandes d'offre client, les offres, les commandes client et les réclamations ;
- ▶ l'expédition et le transport ;
- ▶ la facturation ;
- ▶ la gestion des crédits ;
- ▶ les préparations pour le commerce extérieur et les douanes.

> **❗ Commerce extérieur et douanes dans S/4HANA**
>
> Dans le domaine des données du commerce extérieur, la sortie de S/4HANA a modifié certaines fonctionnalités de base. Contrairement à SAP ERP, les fonctions du module de commerce extérieur « Foreign Trade » (SD-FT) ne sont plus prises en charge. Vous devez en tenir compte, notamment lors du passage à S/4HANA.

4.1 La synthèse des composantes SD

Dans la plupart des interprétations commerciales, l'administration des ventes est le point de départ du processus logistique et constitue donc également un élément central du système SAP. Le module SD est très fortement lié aux autres modules ; cela inclut la gestion des articles ainsi que la production et la planification de la production ou la gestion de la qualité. En outre, les domaines de la comptabilité financière et du contrôle de gestion sont étroitement liés à SD.

Pour assurer un développement efficace du module SD, les différentes fonctions ont été regroupées en composantes. La liste ci-après présente les composantes logicielles du module SD :

- ▶ SD-MD Master Data,
- ▶ SD-BF Basic Functions,
- ▶ SD-SLS Sales,
- ▶ SHP Shipping,
- ▶ SD-TBA Transportation,
- ▶ SD-FTT Foreign Trade,
- ▶ SD-BIL Billing,
- ▶ SD-CAS Sales Support.

La composante SAP SD-MD traite de la gestion des données de base dans le domaine de l'administration des ventes. Cela comprend la gestion de toutes les données relatives aux clients et aux produits, ainsi que les prix et *conditions*.

SAP SD-BF contient toutes les fonctions de base du processus de vente, notamment le contrôle de disponibilité et la détermination du prix, de l'article, des messages et des taxes.

Les processus de vente, qui peuvent être sauvegardés dans différents types de documents, sont traités par la composante SAP-SD-SLS. Ces documents commerciaux comprennent principalement les offres, les *commandes client*, les programmes de livraison, les demandes d'avoir ou de note de débit et les ordres de retour.

Le domaine de l'expédition est couvert par la composante SAP-SD-SHP. Cette dernière comprend toutes les étapes du processus de livraison des produits. Les livraisons de retours sont également traitées à l'aide de cette composante. Elle est étroitement liée aux documents précédents de la composante Ventes.

SAP SD TBA est une composante distincte et plutôt peu étendue. Elle comprend des informations détaillées sur les opérations de livraison, et opère donc en étroite collaboration avec la composante décrite ci-dessus.

Nous citons la composante SAP-SD-FTT dans un souci d'exhaustivité ; les lecteurs expérimentés la connaissent de SAP ERP. Bien que la base technique existe toujours dans un système S/4HANA, ses fonctionnalités ne sont plus prises en charge. Pour utiliser le domaine de la gestion du commerce international et des douanes, SAP recommande de passer par SAP GTS « Global Trade Services ».

> **☛ SAP Global Trade Services (SAP GTS) et ses alternatives**
>
> Un grand nombre de fournisseurs de logiciels tiers sont également en mesure de gérer les données de douanes et de commerce extérieur avec leurs propres développements dans S/4HANA. Il peut être utile d'en comparer les prix, en tenant compte des exigences spécifiques à votre entreprise.

SAP-SD-BIL combine les fonctions de facturation et de présentation des comptes du module SAP-SD. En outre, les modalités de paiement des clients y sont gérées.

La dernière composante de la liste est SAP-SD-CAS, qui traite du support et du service client. Une attention particulière est accordée à une présentation transparente de la communication avec les clients.

> **☛ Autres publications sur SAP SD**
>
> Chez Espresso Tutorials, d'autres livres approfondissent quelques-uns des sujets SD mentionnés, notamment *Détermination du prix et technique de conditions dans SAP S/4HANA* par Ilona Hesse (2020). Vous trouverez aussi une vue d'ensemble du module SD dans *Guide pratique : Administration des ventes (SD) dans SAP S/4HANA* par Jörg Weißmann, publié en 2020.

4.2 Les données organisationnelles dans SAP SD

Ces données organisationnelles sont déterminantes dans le domaine de l'administration des ventes :

- ▶ la société,
- ▶ le domaine commercial,
    - ▸ l'organisation commerciale,
    - ▸ le canal de distribution,
    - ▸ le secteur d'activité,
- ▶ la division,
- ▶ le magasin,
- ▶ le point d'expédition.

La partie 6.3 fournit de plus amples explications sur la société.

L'*organisation commerciale* représente les besoins du système du côté des ventes. Elle est responsable de l'administration des ventes et de l'expédition des marchandises. Toutes les données de base relatives aux ventes sont gérées au sein d'une organisation commerciale. Celle-ci est toujours affectée à une société qui représente les clôtures d'exercice annuelles légalement prescrites, y compris les comptes de résultat.

Le *canal de distribution* permet de décrire l'itinéraire utilisé pour livrer des marchandises ou les services au client. Plusieurs canaux de distribution peuvent être actifs au sein d'une même organisation commerciale.

Avec le *secteur d'activité*, nous pouvons regrouper et catégoriser des produits ou des services. Il permet au système SAP de déterminer le *domaine commercial* devant être utilisé pour un article.

Ce domaine commercial est à son tour important pour gérer les données des accords sur les conditions. Les documents de vente sont toujours identifiés par le domaine commercial dans lequel ils ont été créés.

La division et le magasin sont également pertinents dans le module SAP SD. Pour en savoir plus, consultez la partie 3.3.

Le *point d'expédition* est le niveau organisationnel du domaine de l'expédition. Il organise les processus de livraison sortante et peut influencer l'ordonnancement des expéditions. Le point d'expédition concerné est toujours spécifié lorsque les documents d'expédition (livraisons sortantes) sont créés.

4.3 Les données de base dans SAP SD

Dans cette partie, nous allons décrire les données de base les plus importantes du module SD de SAP. Dans les domaines de l'administration des ventes et de l'expédition, elles représentent également un élément essentiel pour l'optimisation et l'automatisation des flux de documents dans SAP. En les utilisant de manière ciblée, une grande partie des informations pertinentes dans les documents commerciaux peut être proposée ou entièrement reprise.

4.3.1 La fiche client

La *fiche client* joue un rôle important dans chaque système ERP. Tous les processus liés à la vente tournent autour de cet objet de données de base. Comme nous l'avons expliqué dans le chapitre 3, l'objet Partenaire a été créé dans le cadre de l'introduction de S/4HANA. La fiche client, comme la fiche fournisseur (partie 3.4.1), est également représentée dans le système par un rôle partenaire. Le rôle partenaire d'un client peut donc être affecté à chaque partenaire.

En raison de leur importance centrale dans le système et des différentes interfaces, les données de la fiche client sont gérées sur trois niveaux différents :

- ▶ les données de base,

- ▶ les données du domaine commercial,

- ▶ les données comptables.

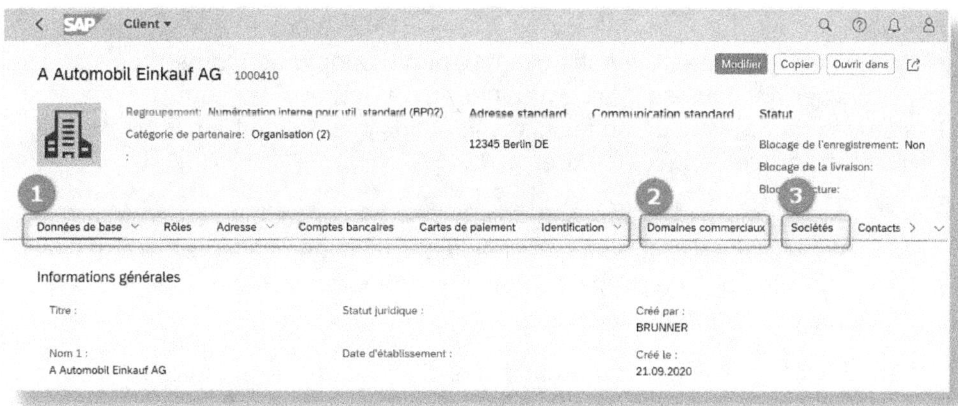

Figure 4.1 : Fiche client – Synthèse des niveaux de données

Comme pour la fiche fournisseur, les niveaux organisationnels du client sont également déterminants pour la répartition des données. Sur la Figure 4.1, vous pouvez voir les trois niveaux de données. Les données de base ❶ contiennent des informations centrales telles que l'adresse, la langue ou les abréviations qui permettent d'effectuer plus efficacement des recherches dans le système.

Les données des domaines commerciaux ❷ sont le niveau le plus complet. Ici, les informations sont stockées pour les DOMAINES COMMERCIAUX respectifs, combinant l'organisation commerciale, le canal de distribution et le secteur d'activité. Elles contiennent des paramètres pour gérer les commandes client : les classifications clients, types d'expédition, Incoterms, etc.

Les données comptables ❸ s'appliquent aux SOCIÉTÉS (c'est-à-dire les entités juridiques, dont les entreprises) pour lesquelles le client est créé. Les comptes collectifs, les conditions de paiement ou les procédures de relance sont enregistrés ici.

Pour répondre aux exigences complexes du processus de vente, les fiches clients peuvent être différenciées en fonction des rôles dans le processus de gestion (voir partie 3.4.1). Les *fonctions partenaires* sont utilisées dans SAP à cette fin. Dans la gestion des commandes client, elles permettent de simplifier ensuite la création de documents. On distingue les quatre fonctions partenaires suivantes dans la gestion des commandes client :

- ▶ le donneur d'ordre,
- ▶ le réceptionnaire,
- ▶ le destinataire de la facture,
- ▶ le payeur.

Le *donneur d'ordre* est la fiche client centrale dans un document de vente. Ce rôle permet de passer la commande ; c'est pourquoi les listes de prix, les agences commerciales ou les classifications clients sont également enregistrées pour le donneur d'ordre.

SAP reprend toutes les informations relatives à l'expédition à partir du rôle du *réceptionnaire*. Des données telles que la division privilégiée chargée de la livraison, le point de déchargement ou les heures de réception de la marchandise y sont enregistrées.

Le *destinataire de la facture* reçoit les documents de facturation ou les notes de débit. Par conséquent, les données relevant de la communication sont déterminantes pour ce rôle partenaire.

Le dernier rôle partenaire obligatoire est le *payeur*. Il est responsable du traitement du paiement de la facture. Cet objet de données de base contient donc les dates de facturation, les conditions de paiement et les coordonnées bancaires.

> 📌 **Exemple d'application pour les rôles partenaire dans la fiche client**
>
> Imaginez que vous avez une grande entreprise comme client. Lorsque ce client vous commande des marchandises, il se peut que la société S/L qui passe la commande ne souhaite pas recevoir elle-même les marchandises.
>
> Comment procéder si le client « A Automobile Einkauf AG », situé à Berlin, commande des marchandises mais souhaite qu'elles soient livrées à la société affiliée « A Automobile Produktion AG » à Dortmund ? Et comment procéder si la facture de cette livraison doit, quant à elle, être adressée à « A Automobile Zahlungsabwicklung GmbH » ?
>
> L'utilisation des rôles partenaire permet de délimiter les responsabilités des clients de manière transparente. Des numéros de partenaires peuvent être enregistrés pour les rôles respectifs, ce qui simplifie la gestion des données et offre une vue d'ensemble claire.

La Figure 4.2 nous montre la manière dont les fiches clients peuvent être mises en réseau dans le système.

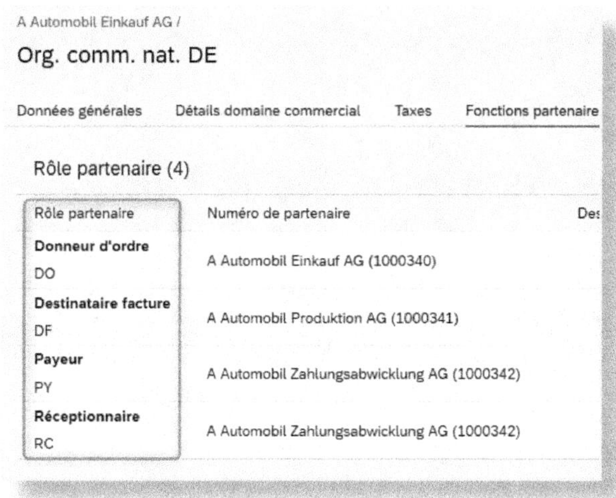

Figure 4.2 : Fiche client – Liste des rôles partenaires

En plus des RÔLES PARTENAIRES cités, d'autres peuvent être utilisés dans le processus de vente et d'expédition. Il s'agit par exemple du contact ou des transporteurs. En principe, les rôles partenaires existants peuvent également être étendus dans le Customizing.

4.3.2 La base de données articles dans l'Administration des ventes

Comme nous l'avons déjà mentionné dans le chapitre 3, la *base de données articles* est divisée en plusieurs vues. Le rôle central de l'article dans les processus de vente oblige à gérer un grand nombre de données de base dans la base de données articles. Ces informations peuvent être gérées dans les DONNÉES ORG.COMMERCIALES. Les vues de l'administration des ventes pertinentes dans la base de données articles sont mises en évidence sur la Figure 4.3.

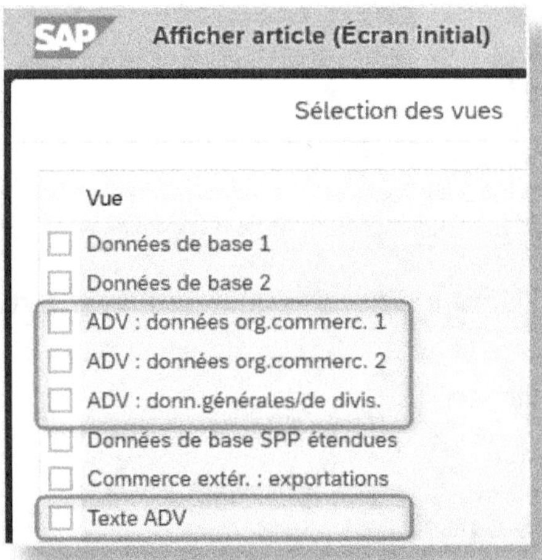

Figure 4.3 : Application « Affichage d'articles » – Affichage des vues de l'administration des ventes

Les informations générales telles que l'unité de vente, la classification des taxes et le secteur commercial sont stockées dans ces écrans de données. Les DONN.GÉNÉRALES/DE DIVIS. contiennent des paramètres supplémentaires pour gérer les données d'expédition ou définir l'emballage pour l'expédition.

4.3.3   Les conditions et remises

Les *conditions* représentent un élément important dans les ventes. Elles aident à calculer les prix dans S/4HANA et offrent une certaine souplesse dans la structure des prix. La *détermination du prix* dont on parle souvent dans le monde SAP, ne s'utilise pas seulement pour le calcul des prix dans les ventes, mais aussi pour ceux de l'approvisionnement. De plus, les coûts peuvent être représentés pour les imputations internes à l'aide de la détermination du prix.

Les prix fixes ne sont pas les seuls que vous pouvez enregistrer pour les conditions dans SAP : les majorations, remises, taxes ou frais de transport sont également gérés dans le système à l'aide de fiches de conditions. L'utilisation de certaines conditions pour la détermination du prix est pilotée par les enregistrements de conditions dans les séquences d'accès. Ceux-ci dépendent parfois de différents paramètres pouvant aussi être étendus dans le système.

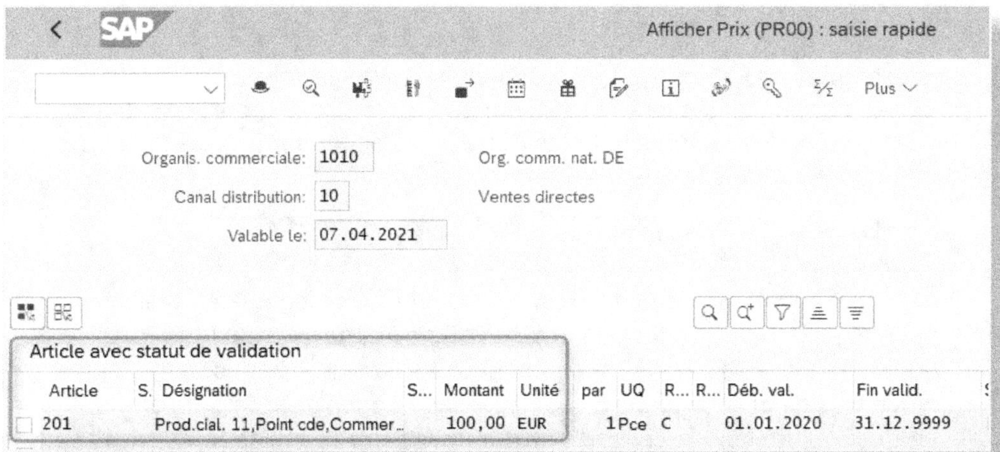

Figure 4.4 : Application « Afficher prix »

Sur la Figure 4.4, nous pouvons voir qu'un prix de 100 EUR a été fixé pour l'ARTICLE 201, et que l'enregistrement de condition pour l'ORGANIS. COMMERCIALE 1010 a été créé dans le CANAL DISTRIBUTION 10. Comme l'enregistrement de condition n'a pas été créé pour un numéro de client spécifique, il s'applique à tous les clients du domaine commercial, quels qu'ils soient. Lors de la création de commandes client dans ce domaine commercial, la détermination du prix déclenchée automatiquement par le système proposerait ainsi les 100 EUR définis par pièce. Si nécessaire, des remises supplémentaires peuvent être appliquées pour certains clients. Cela serait possible, par exemple, en utilisant des enregistrements de conditions de remise supplémentaires.

4.3.4   Les messages

SAP utilise des *catégories de messages* pour communiquer avec le client. Ils représentent l'interface du système SAP avec le client et peuvent se trouver sur différents supports : l'impression, le courriel, l'EDI ou, ce qui est rarement utilisé de nos jours, la télécopie.

La technique de condition SAP, également utilisée sous une forme similaire dans la détermination du prix décrite ci-dessus, sert à déterminer des *messages* pour un document commercial. Chaque enregistrement de condition de message contient également des informations sur le support (l'EDI, par exemple), l'heure de l'envoi et la fonction partenaire concernée (par exemple, DO = donneur d'ordre).

Les exemples de catégories de messages sont variés : des confirmations pour les commandes client aux documents de transport pour la douane, en passant par les factures pour les documents de facturation créés et les confirmations d'expédition.

> ☞ **Pilotage des messages dans S/4HANA : BRF+**
>
> Avec l'introduction de S/4HANA, une nouvelle logique peut être utilisée pour la gestion des sorties : le Business Rule Framework plus (BRFplus ou BRF+). Elle vise à gérer avec encore plus de flexibilité les sorties des processus de gestion grâce à une nouvelle interface de programmation. En outre, une nouvelle règle de gestion permet d'administrer les messages plus facilement.

Dans le meilleur des cas, vous ne serez, dans la pratique, pas activement conscient du pilotage des messages. Selon le paramétrage du système effectué, les messages devraient se déclencher automatiquement et être émis sans intervention manuelle.

Ceci conclut notre aperçu du module de l'administration des ventes ; passons à présent à la planification et à la gestion de la production.

5 La planification et la gestion de la production – Module PP

Dans ce chapitre, nous allons décrire les fonctions de base du module SAP PP pour la planification et la gestion de la production. Les données de base utilisées dans ce module y seront également présentées.

Le module PP regroupe les processus du domaine de la planification et de la gestion de la production. D'un point de vue commercial, sa tâche consiste à soutenir les ventes et la distribution afin de produire en temps voulu des réapprovisionnements pour les besoins planifiés.

Les caractéristiques spécifiques du module SAP PP varient beaucoup dans la pratique. Elles dépendent du secteur dans lequel une entreprise opère et des modèles de gestion individuels. Grâce à ses sous-composantes, le module SAP offre un haut degré de flexibilité pour mapper les processus de production requis dans le système.

Sur la base des prévisions ou des documents de vente existants, la *planification des besoins* déduit les *besoins* concrets, qui doivent être traités par le système. Ces derniers sont automatiquement couverts par les propositions du système SAP au cours de la planification des articles. Des facteurs comme les délais et les capacités peuvent être pris en compte dans cette couverture des besoins.

L'utilisation des *gammes* en relation avec les *postes de travail* créés dans le système vous permet non seulement de déterminer le délai de production, mais aussi d'en déduire les coûts. Pour cela, il vous faut relier les données du poste de travail au module de contrôle de gestion. Il est possible d'y saisir des taux horaires pour certains services, qui sont ensuite inclus dans le calcul de la production correspondante.

5.1 La synthèse des composantes PP

Vous trouverez ci-après un aperçu des composantes du module PP :

- ▶ Master Planning (PP-MP) ;

- ▶ Material Requirements Planning (PP-MRP) ;
- ▶ Production Planning for Process Industries (PP-PI) ;
- ▶ Repetitive Manufacturing (PP-REM) ;
- ▶ Production Orders (PP-ERP/SFC).

La composante MM-MP regroupe des outils pour la *planification des articles*, notamment diverses méthodes de planification au sein du système SAP, de la gestion de la demande à la planification à long terme en passant par le programme directeur de production.

La *planification des besoins en articles* est traitée dans la composante PP-MRP. Son objectif est d'assurer la disponibilité des articles dans l'entreprise. Par conséquent, il est non seulement important de respecter les délais fixés du côté des ventes, mais également de surveiller les stocks dans le système et, si nécessaire, de générer des recommandations d'approvisionnement. Lors de l'introduction de S/4HANA, cette composante a été complétée par de nombreuses applications avec des approches d'optimisation.

La composante « Planification de la production dans les industries de process » ou PP-PI se concentre principalement sur les industries chimique, pharmaceutique et alimentaire. Elle fournit un large éventail de méthodes qui permettent d'intégrer les processus de production, d'élimination ou de transport. Les données de base importantes de cette sous-composante sont les recettes de base qui représentent les gammes dans l'industrie de process.

Les exigences relatives aux activités de la fabrication répétitive et en flux continu peuvent être traitées à l'aide de la composante PP-REM. Les outils en faisant partie sont conçus pour minimiser les efforts de gestion dans le pilotage de l'atelier, de façon à ce que l'effort nécessaire pour saisir les données altérables soit minime.

La composante du pilotage de l'atelier (Shop-Floor-Control) PP-ERP/SFC intègre la planification de la production dans la fabrication. Les documents centraux sont ici les *ordres de fabrication* qui déclenchent d'autres processus. Ils servent à déclencher les réservations des matières premières, calculer les délais et planifier les ressources. Le *calcul du coût de revient d'un ordre* s'effectue également dans cette composante.

5.2 Les données organisationnelles dans SAP PP

Ces données organisationnelles sont déterminantes dans le module SAP PP :

- la société,

- la division,

- le magasin.

Les données de base décrites ci-après font référence à ces niveaux organisationnels. Il existe d'autres données organisationnelles dans SAP PP, mais elles ne sont pas nécessaires pour comprendre ce livre.

Vous trouverez des informations sur la société dans la partie 6.3, ainsi que sur la division et le magasin dans la partie 3.3.

5.3 Les données de base dans SAP PP

Cette partie est consacrée aux données de base les plus importantes du module SAP PP. Afin de garantir des processus complexes mais efficaces dans le domaine de la planification de la production et du pilotage de l'atelier, un grand nombre de types de données de base sont fournis. Ceux-ci doivent permettre de couvrir les exigences spécifiques à l'industrie, aux articles et sites.

Voici un aperçu des objets de données de base PP centraux :

- la base de données articles,

- la nomenclature,

- la gamme (également : la gamme de fabrication répétitive ou les recettes de base),

- le poste de travail,

- l'outillage,

- la version de fabrication.

5.3.1 La base de données articles

La *base de données articles* joue nécessairement un rôle central dans ce module également. Les données pertinentes pour la planification sont stockées dans les vues MRP, PLANIFICATION DES BESOINS 1 à 4, qui contiennent divers paramètres pour les procédures MRP utilisées, les tailles de lot, le type d'approvisionnement et les paramètres d'ordonnancement associés. Comme vous pouvez le voir sur la Figure 5.1, ces vues sont sélectionnées lorsque l'article est créé.

> **⊙ Définition de la base de données articles**
>
> Dans la collection de vidéos « Processus dans SAP S/4HANA », à laquelle vous pouvez accéder via l'espace libre accès de notre plateforme d'apprentissage SAP, nous montrons comment créer une base de données articles dans SAP S/4HANA. Nous expliquons dans la préface de ce livre comment accéder aux vidéos.

Des informations sur le pilotage de l'atelier sont stockées dans la vue de préparation du travail. En outre, des indications sur le profil de pilotage de l'atelier, les magasins de production ou d'autres données pertinentes pour la production peuvent y être gérées.

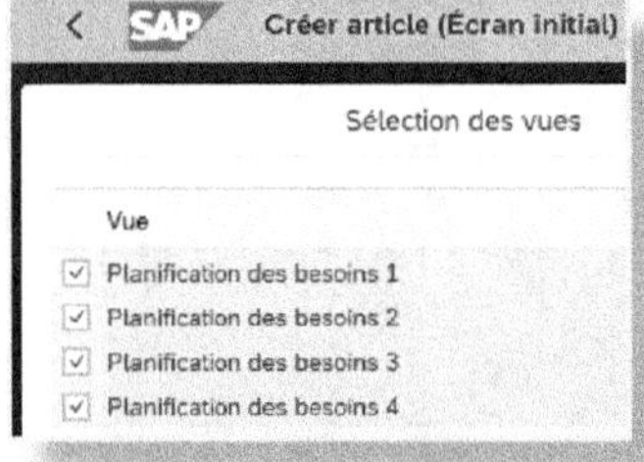

Figure 5.1 : Application « Créer article » – Vues MRP

> **✊ Versions de fabrication dans S/4HANA**
>
> Avec l'introduction de S/4HANA, les versions de fabrication doivent être utilisées. Outre les conséquences liées au processus, cela attire également l'attention sur les vues de la base de données articles Planification des besoins 4 ou Préparation du travail. Vous avez plusieurs possibilités pour passer aux versions de fabrication. Vous trouverez plus d'informations sur les versions de fabrication dans la partie 5.3.6.

5.3.2   La nomenclature

L'objet SAP *nomenclature* fournit des informations sur les produits de départ et/ou *composants* utilisés pour produire un article. Les nomenclatures sont utiles dans la planification des besoins, l'approvisionnement, la fabrication et dans le calcul du coût de revient des produits (calcul du coût de revient par produit). Comme la plupart des objets SAP, la nomenclature est constituée d'un objet d'en-tête et d'un ou plusieurs objets de poste. La Figure 5.2 regroupe les données pertinentes d'une nomenclature.

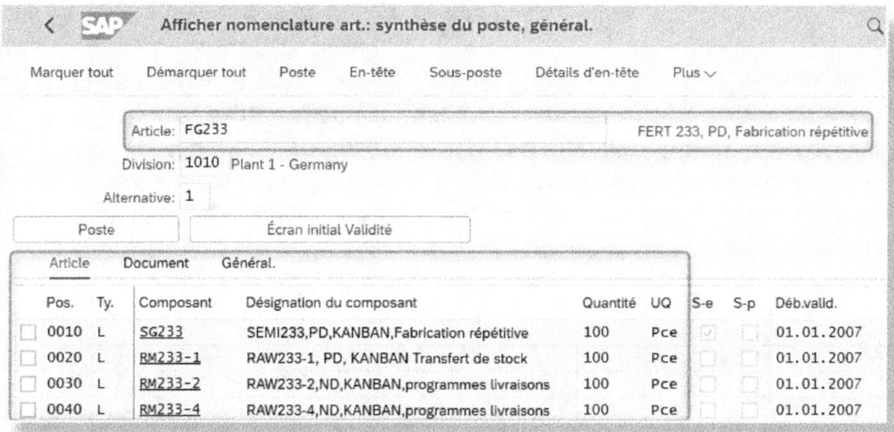

Figure 5.2 : Application « Afficher nomenclature »

Sur le plan technique, les nomenclatures SAP sont toujours à un seul niveau. Par conséquent, seul le niveau supérieur affiché est sauvegardé dans la base de données. Si un poste de nomenclature est un *sous-ensemble*, c'est-à-dire qu'il possède lui-même des postes de nomenclature, il est alors représenté dans un autre objet de nomenclature. Les fabrications à plusieurs niveaux sont donc permises. Cette capacité multi-niveau est rendue possible par l'enchaînement des nomenclatures, dont les avantages sont la modularité et le traitement efficace des données.

> ### ● Définition de la nomenclature
>
> Dans la collection de vidéos « Processus dans SAP S/4HANA », à laquelle vous pouvez accéder via l'espace libre accès de notre plateforme d'apprentissage SAP, nous montrons comment créer une nomenclature dans SAP S/4HANA. Nous expliquons dans la préface de ce livre comment accéder aux vidéos.

Comme décrit précédemment, les postes de nomenclature spécifient les composants qui entrent dans la production ou qui lui sont nécessaires. Les *types de poste* suivants existent :

- ► les postes de stock,
- ► les articles non gérés en stock,
- ► les postes à dimensions variables,
- ► les postes de document.

Les *postes de stock* sont des articles gérés en stock et utilisés dans la production. Par conséquent, les *articles non gérés en stock* sont affectés directement à un ordre de production ou de fabrication et ne nécessitent pas de gestion des stocks. Les *postes à dimensions variables* sont utilisés pour les articles dont les dimensions peuvent être coupées (par exemple, des profils pouvant être prélevés au mètre), tandis que les *postes de documents* servent pour les documents supplémentaires, tels que les dessins de bureau d'études ou les certificats.

5.3.3 La gamme

Toutes les *opérations* nécessaires pour produire un article sont enregistrées dans l'objet *gamme*. Celle-ci est numérotée dans une séquence et associée aux *postes de travail* correspondants. Sur le plan technique, une gamme est identifiée par un *groupe de gammes* et un *compteur de groupes de gammes*. Elle est affectée à un numéro d'article pour lequel elle doit être utilisée.

> **❶ Définition de la gamme**
>
> Dans la collection de vidéos « Processus dans SAP S/4HANA », à laquelle vous pouvez accéder via l'espace libre accès de notre plateforme d'apprentissage SAP, nous montrons comment créer une gamme dans SAP S/4HANA. Nous expliquons dans la préface de ce livre comment accéder aux vidéos.

Les paramètres centraux de la gamme sont les valeurs par défaut. Ces dernières décrivent, par exemple, le temps nécessaire au traitement d'une opération. Ces informations sont utilisées dans l'ordonnancement et, par la suite, dans le calcul du coût de revient des commandes et des produits.

Vous pouvez voir dans la Figure 5.3 un exemple de gamme et les opérations qu'elle contient.

Op...	S...	Poste de...	Divi...	Clé ...	Description	Dé...	Quanti...	Un...	Confi...	Un...	Type d...
0010		ET-WC-01	1010	PP01	welding		1	Pce	0	MIN	
0020		ET-WC-02	1010	PP01	assemble		1	Pce	0	MIN	
0030		ET-WC-03	1010	PP01	paint		1	Pce	0	MIN	

Figure 5.3 : Application « Afficher gamme de fabrication » – Synthèse des opérations

La gamme est étroitement liée aux objets suivants :

- ▶ le poste de travail,

- ▶ la nomenclature.

Comme expliqué précédemment, un poste de travail est affecté à chaque opération. Cela permet de définir le lieu où une opération doit être exécutée. Les *valeurs par défaut* contenues dans l'opération (par exemple, les temps de traitement) sont mises en relation avec les informations du poste de travail. Les coûts peuvent ainsi être calculés pour chaque opération en utilisant les taux horaires enregistrés dans le poste de travail. Ces taux ne sont pas définis directement dans le poste de travail, mais via les *types d'activité* affectés dans le contrôle de gestion.

La nomenclature est également associée à la gamme. Un poste de nomenclature peut être affecté à chaque opération. Le système est ainsi plus transparent sur les articles utilisés et sur l'opération dans laquelle ils le sont. La planification de la production en est ainsi plus efficace, les besoins n'étant pas déclenchés en même temps pour tous les composants. Au contraire, les composants peuvent être demandés, en fonction de l'opération, uniquement lorsqu'ils sont réellement nécessaires.

5.3.4   Le poste de travail

Le poste de travail dans SAP est un objet de données de base qui caractérise un domaine pertinent pour la fabrication dans la division. Il peut s'agir d'un poste de travail d'assemblage, d'une personne ou même d'une machine. Les étapes de fabrication sont exécutées sur ces postes de travail.

Le poste de travail ne définit pas seulement un lieu physique où le travail est réalisé, mais décrit également ces autres fonctionnalités importantes :

- ▶ les données de base,
- ▶ les valeurs par défaut,
- ▶ les capacités,
- ▶ l'ordonnancement,
- ▶ le calcul du coût de revient.

Cette liste indique déjà les informations qui peuvent être enregistrées au niveau de cet objet. Vous pouvez voir sur la Figure 5.4 les onglets d'un poste de travail énumérés ci-dessus.

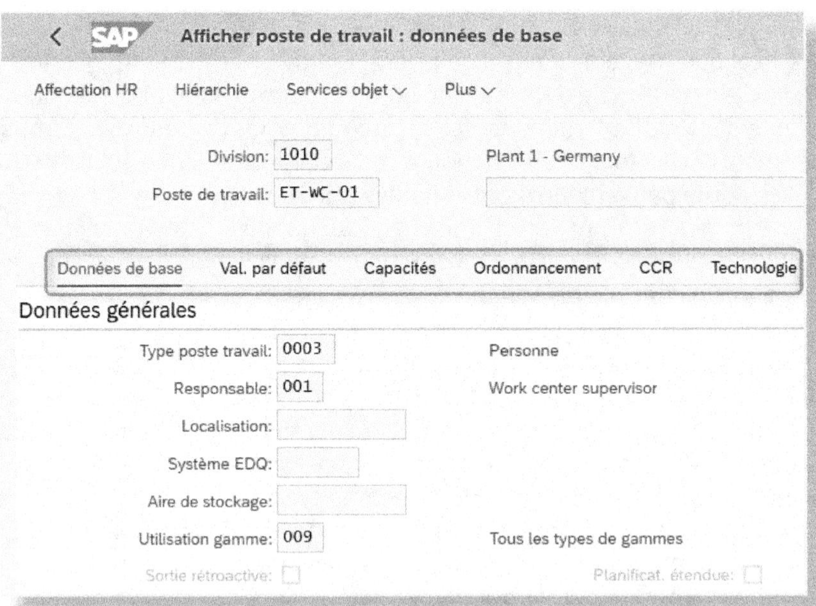

Figure 5.4 : Application « Afficher poste de travail » – Synthèse des données de base

> **◉ Définition du poste de travail**
>
> Dans la collection de vidéos « Processus dans SAP S/4HANA », à laquelle vous pouvez accéder via l'espace libre accès de notre plateforme d'apprentissage SAP, nous montrons comment créer un poste de travail dans SAP S/4HANA. Nous expliquons dans la préface de ce livre comment accéder aux vidéos.

Le champ TYPE POSTE TRAVAIL est défini dans les DONNÉES DE BASE. Il peut s'agir de machines ou de personnes. De plus, un RESPONSABLE est défini pour chaque poste de travail. Le poste de travail peut également servir à spécifier, par exemple, les types de gammes pour lesquels il sera utilisé.

Les VAL. PAR DÉFAUT contiennent différents paramètres permettant de générer des valeurs par défaut pour les clés de pilotage dans la production, les types de préparation, les rubriques ou les unités de mesure pour les différents types d'opération.

Les informations sur les ressources associées sont stockées dans l'onglet des CAPACITÉS. Ces entrées sont prises en compte lors des contrôles et de la planification des capacités. Les clés d'identification de la formule qu'il contient sont également nécessaires pour le calcul des coûts de revient, le calcul des temps d'exécution et la génération des besoins en capacité.

Des formules supplémentaires pour le calcul des temps d'exécution sont stockées sur la page ORDONNANCEMENT. Les temps interopérations doivent également y être gérés.

Les données les plus importantes de l'écran CCR sont le périmètre analytique, le centre de coûts et le type d'activité. Ces paramètres sont ensuite requis pour la comptabilité analytique et sont utilisés pour le calcul du coût de revient des commandes et des produits.

5.3.5   L'outillage

L'objet de données de base *outillage*, ou PRT, est utilisé dans divers processus pertinents pour la production. Il diffère des composants ou des postes de travail par le fait que les outillages peuvent être déplacés et n'ont pas d'emplacement fixe dans le magasin ou le hall de production. Dans la pratique, il s'agit souvent d'instruments de mesure ou d'outils de fabrication coûteux.

On distingue les types d'outillage suivants dans SAP :

- ▶ les articles issus de la gestion des articles,
- ▶ les équipements,
- ▶ les documents,
- ▶ autres.

En fonction du domaine d'application et de la complexité du besoin, l'outillage peut s'utiliser sous différentes formes. Pour documenter le fait que des articles de support sont nécessaires pour certaines étapes de production, il est possible d'utiliser des outillages de la catégorie « autres ». Afin d'avoir accès à un plus grand nombre de fonctionnalités, on peut définir des équipements comme outillages. Ainsi, l'entretien régulier des outillages peut également être planifié, ce qui est souvent le cas pour les outils de haute qualité ou les appareils de mesure mentionnés ci-dessus.

5.3.6   La version de fabrication

Dans SAP S/4HANA, la version de fabrication, un autre objet de données de base, a connu un regain d'intérêt. Dans le système précédent, SAP ERP, la majorité des entreprises ne s'en servaient pas, mais avec S/4HANA, leur utilisation est devenue obligatoire.

Les versions de fabrication servent à définir les caractéristiques concrètes de la production d'un article. Elles permettent d'associer une *nomenclature alternative* avec une gamme ou une recette de base. Ces versions de fabrication peuvent être pilotées à l'aide de périodes de validité et d'intervalles de taille de lot. Il est donc possible d'avoir plusieurs versions en parallèle, ce qui peut être nécessaire si des gammes différentes sont utilisées pour des lots de grande taille.

Avec cette multitude de données de base dépendantes les unes des autres dans les modules logistiques, quelques transactions Fiori sont recommandées afin de garantir la visibilité. L'une d'entre elles est l'application « Afficher article ». Diverses informations générales relatives à une base de données articles y sont affichées, ainsi que les documents existant dans le système pour cet article. L'application indique si des fiches infos-achats ou des commandes sont déjà disponibles pour cet article, si des commandes client existent et pour quelles divisions l'article a été créé.

Sur la Figure 5.5, vous pouvez voir les différentes zones de données sélectionnées par l'application Fiori. Vous pouvez naviguer vers les domaines correspondants en cliquant sur les zones ou en faisant défiler.

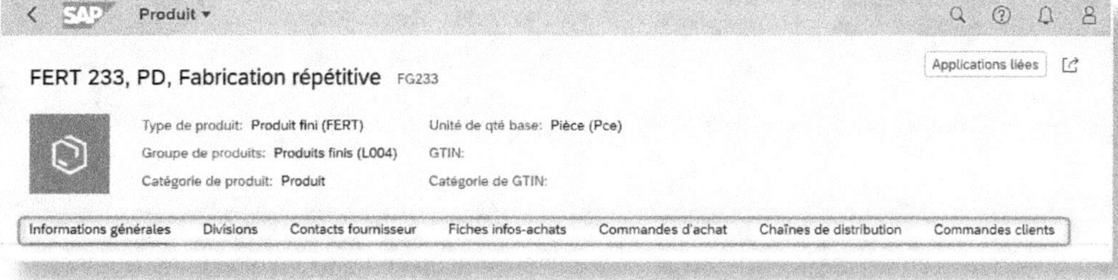

Figure 5.5 : Application « Afficher article » – Écran de synthèse

La Figure 5.6 nous indique les DIVISIONS pour lesquelles l'article a été créé. Cela pourrait être pertinent notamment pour les transferts de production.

Divisions

Division	Groupe d'acheteurs	Gestionnaire MRP	Délai prévisionnel de livraison	Source d'approvisionnement
Plant 1 - Germany 1010		MRP Controller 001 (001)	0 JRS	
Plant 1 GB 1110		MRP Controller 001 (001)	0 JRS	
Plant 1 FR 1210		MRP Controller 001 (001)	0 JRS	
Plant 1 CN 1310		MRP Controller 001 (001)	0 JRS	
Plant 1 JP 1510		MRP Controller 001 (001)	0 JRS	
Plant 1 US 1710		MRP Controller 001 (001)	0 JRS	
Plant 1 AU 3010		MRP Controller 001 (001)	0 JRS	

Figure 5.6 : Application « Afficher article » – Utilisation de l'article dans les divisions

Ceci conclut notre aperçu de la planification et de la gestion de la production. Le prochain module que nous allons vous présenter est celui de la comptabilité financière.

6 La comptabilité financière – Module FI

Ce chapitre décrit dans les grandes lignes l'utilisation de SAP FI pour la comptabilité financière. Nous y expliquons la structure de base de ce module SAP et abordons également ses fonctions centrales.

L'objectif de la comptabilité financière (ou gestion comptable externe) est d'enregistrer les valeurs de toutes les transactions commerciales qui ont lieu dans l'entreprise et de les cataloguer à l'aide de *comptes généraux*. Un compte général permet de savoir si un événement correspond, par exemple, au paiement d'un salaire, à la consommation d'articles ou l'amortissement d'une immobilisation. Pour comptabiliser ces événements, des règles juridiques strictes doivent être respectées afin d'établir le bilan et le compte de résultat de l'entreprise en fin de période et d'exercice.

La comptabilité financière constitue la base du système SAP. Toutes les transactions commerciales de la logistique, qui se traduisent par l'entrée ou la sortie de marchandises, génèrent une pièce dans la comptabilité financière. Elles ne peuvent donc être saisies que si le module FI est correctement configuré.

6.1 La synthèse des composantes SAP FI

Le module SAP FI comprend les composantes suivantes :

- ▶ Comptabilité générale (FI-GL) ;
- ▶ Comptabilité fournisseurs (FI-AP) ;
- ▶ Comptabilité clients (FI-AR) ;
- ▶ Comptabilité bancaire (FI- BL) ;
- ▶ Comptabilité des immobilisations (FI- AA).

La *comptabilité générale (FI-GL)* représente le module central de la comptabilité financière. C'est là que les transactions commerciales sont documentées, et que le bilan et le compte de résultat sont établis à la fin de l'exercice. La désignation « GL » vient du terme anglais « General Ledger », qui signifie « Grand livre » en français. Le grand livre dans SAP repose sur un plan comptable, qui contient une définition centrale de tous les comptes généraux à utiliser dans l'entreprise.

FI-AP comprend des fonctions permettant d'exécuter la *comptabilité fournisseurs*. Elle vous permet, entre autres, d'en savoir plus sur vos dettes et de payer vos fournisseurs. Cette composante est donc également liée au module SAP MM.

De l'autre côté du processus financier, la composante *FI-AR* représente la *comptabilité clients*. Comme la précédente, elle vous renseigne sur vos volumes d'affaires et vos créances en cours envers vos clients.

De même que dans les modules MM et SD, le concept du partenaire joue un rôle important dans la comptabilité financière, puisque les clients et les fournisseurs sont représentés en tant que partenaires.

La *comptabilité bancaire* est traitée dans la composante *FI-BL*. Vous y gérez vos coordonnées bancaires et importez l'extrait de compte électronique pour qu'il puisse être enregistré.

Enfin, les biens du patrimoine à long terme sont enregistrés et traités dans la composante *FI-AA*. Tous les processus nécessaires à la *comptabilité des immobilisations* y sont disponibles pour gérer les bâtiments, les machines ou les terrains.

6.2   Les innovations dans S/4HANA

Comme indiqué dans la partie 2.2, SAP a fondamentalement remanié l'architecture de la gestion comptable dans S/4HANA. Grâce au *journal universel*, tous les sous-modules de la comptabilité financière et du contrôle de gestion ont été fusionnés en une seule table des écritures (voir Figure 6.1). Il est ainsi possible de montrer des corrélations dans les évaluations ou de proposer de nouvelles fonctions de prévisions qui n'étaient pas possibles dans l'architecture plus modulaire de SAP ERP. La comptabilité financière et le contrôle de gestion sont ainsi encore plus étroitement liés.

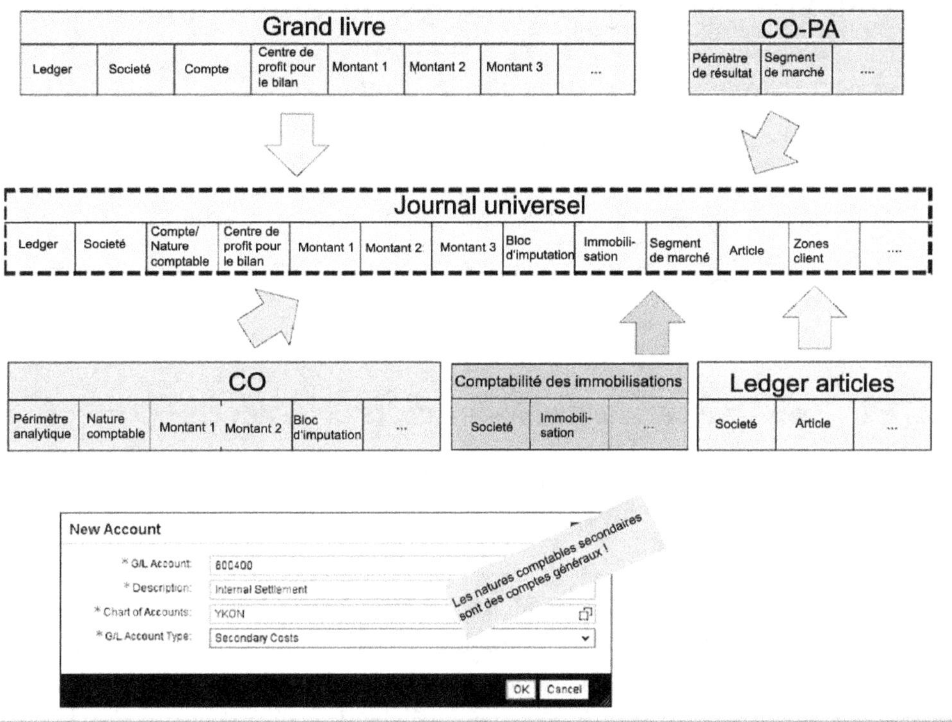

Figure 6.1 : Journal universel

6.2.1 La comptabilité intégrée – le journal universel

Dans le système SAP ERP, des tables techniques distinctes permettaient de sauvegarder les pièces comptables et celles du contrôle de gestion. À l'avenir, un seul document sera utilisé à cette fin. Cette pièce comptable détaillée uniformise le stockage des données entre ces deux modules. Le journal universel contient le grand livre complet, les livres auxiliaires (clients, fournisseurs, immobilisations, banques) ainsi que les sous-modules du contrôle de gestion, dont les centres de coûts, les commandes, les projets et les objets de résultat. Les modifications sont particulièrement notables dans le domaine du contrôle de gestion.

Plusieurs avantages découlent de la simplification des données et de l'introduction du journal universel :

- ▶ une plus grande souplesse pour le reporting ;

- ▶ aucun travail de rapprochement à effectuer entre les différents sous-modules ;

- ▶ l'uniformisation de la gestion comptable interne et externe ;

- ▶ la réduction de l'espace mémoire et l'amélioration des performances.

6.2.2   Les analyses au niveau des postes individuels

Dans les versions antérieures du logiciel SAP ERP avec les bases de données conventionnelles, il était nécessaire pour des raisons de performance de créer ce que l'on appelle des tables de totaux. Par exemple, tous les amortissements comptabilisés dans un mois étaient regroupés, par compte et par société, dans une table de totaux afin de pouvoir déterminer rapidement le montant total. Le système n'avait alors pas à lire tous les documents individuellement, mais seulement l'enregistrement de données contenant le total. L'inconvénient de cette technique est que les détails ne peuvent pas être lus lors du regroupement dans la table de totaux. Pour rester sur l'exemple de l'amortissement, l'utilisateur ne peut pas obtenir la valeur de chaque immobilisation individuelle ou même la valeur en fonction du numéro de série de l'immobilisation à partir de la table de totaux.

En raison de la rapidité de la base de données HANA, ces tables de totaux ne sont plus nécessaires. Dans SAP S/4HANA, les analyses s'effectuent donc directement sur la base des postes individuels et contiennent ainsi tous les détails disponibles.

SAP propose de nouvelles applications dans Fiori qui offrent une flexibilité d'analyse ; il est également possible de lire et d'analyser les données directement à partir de la base de données en utilisant des produits annexes tels que Analysis for Office via Excel.

6.2.3 La gestion des flux de trésorerie dans SAP FI

Pour gérer les liquidités, SAP a lancé la *gestion des flux de trésorerie S/4HANA*. En plus du traitement électronique des extraits de comptes déjà largement utilisé dans SAP ERP, les éléments suivants y sont intégrés :

- ▶ Bank Account Management (BAM),
- ▶ Cash Operations,
- ▶ Gestion des liquidités.

La gestion des comptes bancaires, ou *Bank Account Management*, permet d'autoriser et de valider des paiements dans l'entreprise, alors que les opérations de trésorerie, appelées *Cash Operations*, servent à optimiser les prévisions de liquidités. Le flux des liquidités doit être visualisé de manière transparente au sein de l'entreprise. Pour cela, il est possible d'utiliser, par exemple, le moniteur d'extraits de comptes. En plus des domaines d'application que nous venons de décrire, la composante de la *gestion des liquidités* permet de planifier plus efficacement les liquidités dans S/4HANA.

6.2.4 Central Finance

Avec *Central Finance*, SAP a adopté une méthode qui permet aux entreprises disposant d'infrastructures système hétérogènes d'utiliser la comptabilité financière dans S/4HANA. Pour cela, les systèmes SAP et non-SAP, le cas échéant avec des versions différentes, sont répliqués étape par étape dans un système central SAP S/4HANA afin de pouvoir y analyser et gérer de manière centralisée les informations financières sur une base de données uniforme.

6.3 Les données organisationnelles dans SAP FI

Le module SAP FI contient, entre autres, ces données organisationnelles qui lui sont pertinentes :

- ▶ la société,
- ▶ le centre de profit,
- ▶ le segment.

Dans SAP FI, la *société* représente une unité indépendante effectuant son propre bilan, c'est-à-dire une société inscrite au registre du commerce et pour laquelle un bilan et un compte de résultat doivent être établis. Un groupe composé de plusieurs sociétés peut être représenté par plusieurs sociétés.

Étant donné que la comptabilité financière constitue la base du système SAP, toutes les entités organisationnelles de la logistique (la division, l'organisation commerciale, l'organisation des achats, etc.) doivent également être affectées à une société.

Un *centre de profit* permet de diviser une société en plusieurs sous-domaines responsables des résultats. Si nécessaire, vous pouvez créer un bilan complet pour chaque centre de profit.

Le *segment* vous donne un autre moyen d'établir des bilans partiels pour les sociétés. Vous pouvez regrouper des centres de profit dans un segment, puis effectuer des analyses pour tous les centres de profit.

👉 **Autres ouvrages sur SAP FI**

Chez Espresso Tutorials, vous trouverez d'autres livres sur les domaines financiers : *Vos premiers pas avec la comptabilité financière (FI) dans SAP S/4HANA* de Karlheinz Weber, publié en 2021, et *La Nouvelle Comptabilité des immobilisations dans SAP S/4HANA* de Kees van Westerop (2021).

6.4 Les données de base dans SAP FI

Dans cette partie, nous allons décrire les principaux objets de données de base dans SAP FI.

6.4.1 Le plan comptable

Le *plan comptable* représente la liste de tous les comptes généraux à utiliser pour l'entreprise. Chaque société doit être affectée à un seul plan comptable. Il est également possible (et souhaitable pour la comparabilité entre les sous-sociétés d'un groupe) d'associer toutes les sociétés d'un groupe à un seul et même plan comptable.

La Figure 6.2 vous montre un extrait de l'application servant à gérer les plans comptables. Il s'agit ici du PLAN COMPTABLE YCOA, un plan comptable par défaut. En France, un plan comptable propre au pays, différent de celui présenté ici, est prescrit par la loi. Dans le tableau affiché, vous pouvez voir les numéros de COMPTE, la DESCRIPTION des comptes généraux et le NOM DU TYPE COMPTE disponible.

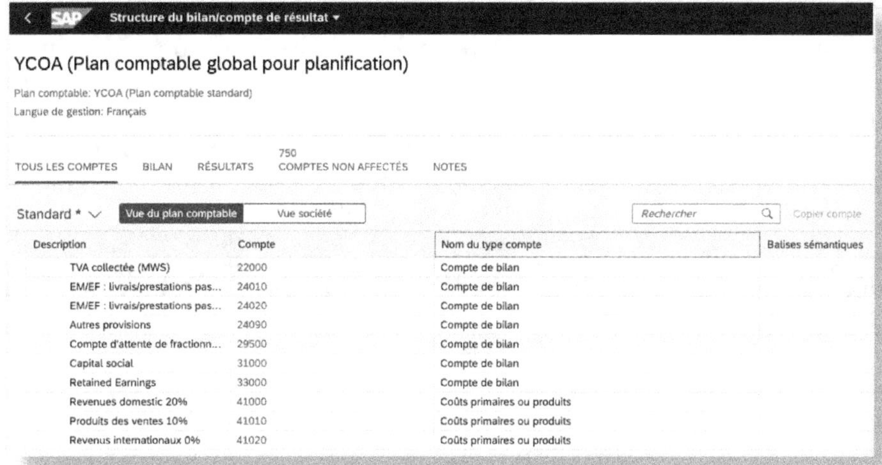

Figure 6.2 : Application Fiori « Gestion du plan comptable » – Vue du plan comptable

En règle générale, on distingue trois domaines d'application des plans comptables :

- ▶ le plan comptable opérationnel,
- ▶ le plan comptable du groupe,
- ▶ le plan comptable national.

Comme son nom l'indique, les opérations journalières d'une société sont traitées avec le *plan comptable opérationnel*. Si vous utilisez différents plans comptables dans votre entreprise, vous pouvez mettre en place un *plan comptable du groupe* qui permettra d'effectuer un reporting uniforme pour l'ensemble du groupe. Chaque compte de tous les plans comptables opérationnels utilisés doit alors être lié à un compte du groupe afin de créer un transfert.

Utilisez un *plan comptable national* si vous gérez une société dans un pays qui présente certaines exigences légales en matière de plan comptable (c'est le cas en France, en Espagne et en Chine, par exemple). Vous traitez alors le plan comptable légalement requis comme un plan comptable national et affectez un compte du plan comptable opérationnel à chaque compte qu'il contient. Vous pouvez ensuite utiliser le plan comptable opérationnel dans la société et le national qui y est rattaché pour générer les états financiers nationaux.

Si vous associez une société à un plan comptable, vous pouvez décider pour chaque compte s'il doit également être utilisé par la société en question. Par exemple, si votre plan comptable contient des comptes qui sont seulement requis par la législation fiscale en Inde, vous n'avez pas à les inclure dans une société française. Sur la Figure 6.3, vous voyez le plan comptable YCOA depuis la vue de la société. Vous n'y trouvez que les comptes qui ont également été créés dans la société 1020.

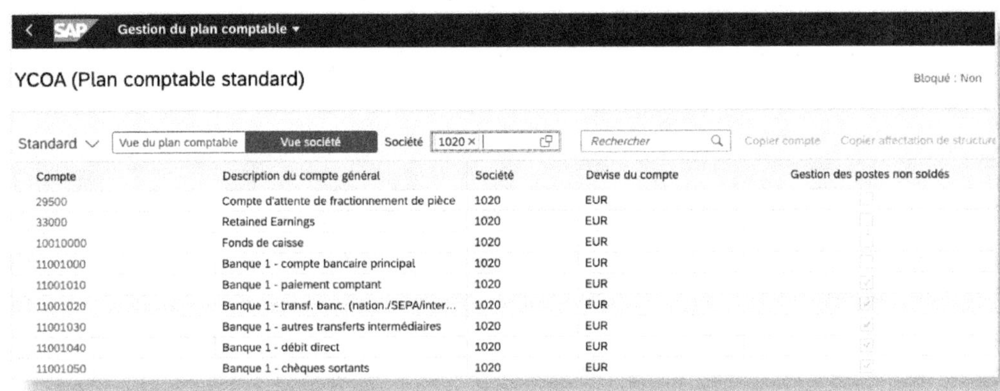

Compte	Description du compte général	Société	Devise du compte	Gestion des postes non soldés
29500	Compte d'attente de fractionnement de pièce	1020	EUR	
33000	Retained Earnings	1020	EUR	
10010000	Fonds de caisse	1020	EUR	
11001000	Banque 1 - compte bancaire principal	1020	EUR	
11001010	Banque 1 - paiement comptant	1020	EUR	
11001020	Banque 1 - transf. banc. (nation./SEPA/inter...	1020	EUR	
11001030	Banque 1 - autres transferts intermédiaires	1020	EUR	
11001040	Banque 1 - débit direct	1020	EUR	
11001050	Banque 1 - chèques sortants	1020	EUR	

Figure 6.3 : Application Fiori « Gestion du plan comptable » – Vue de la société

6.4.2   La fiche du compte général

L'objet des données de base central dans SAP FI est la *fiche du compte général*. Afin de représenter les différents niveaux d'information du système, le compte général est divisé en deux segments :

❶ le PLAN COMPTABLE,

❷ la SOCIÉTÉ.

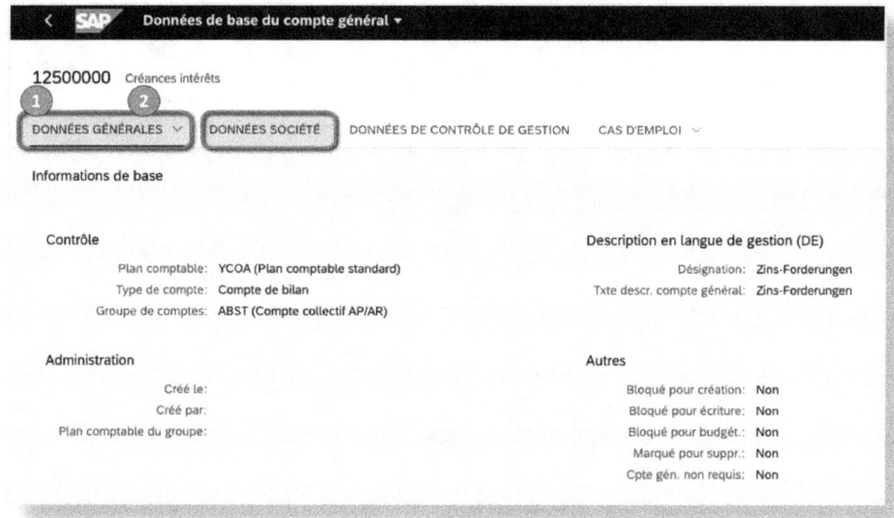

Figure 6.4 : Application « Données de base du compte général » – Présentation des données société et générales

La zone des comptes généraux PLAN COMPTABLE représente les données de contrôle de niveau supérieur pour le plan comptable. Elles sont pertinentes pour toutes les sociétés du plan comptable. Comme exemples de ces paramètres, citons la division d'un compte en compte de bilan ou de résultat, les descriptions des comptes généraux ou les comptes collectifs affectés.

> **▶ Définition du compte général**
>
> Dans la collection de vidéos « Processus dans SAP S/4HANA », à laquelle vous pouvez accéder via l'espace libre accès de notre plateforme d'apprentissage SAP, nous montrons comment créer un compte général dans SAP S/4HANA. Nous expliquons dans la préface de ce livre comment accéder aux vidéos.

D'autres données, parfois spécifiques à la société, peuvent être gérées pour le compte général, comme c'est le cas du *statut de zone* (c'est-à-dire les zones masquées et affichées qui peuvent être gérées pour un compte), la CATÉGORIE TVA ou la DEVISE DU COMPTE dans laquelle le compte doit être géré. Vous pouvez en voir un exemple sur la Figure 6.5.

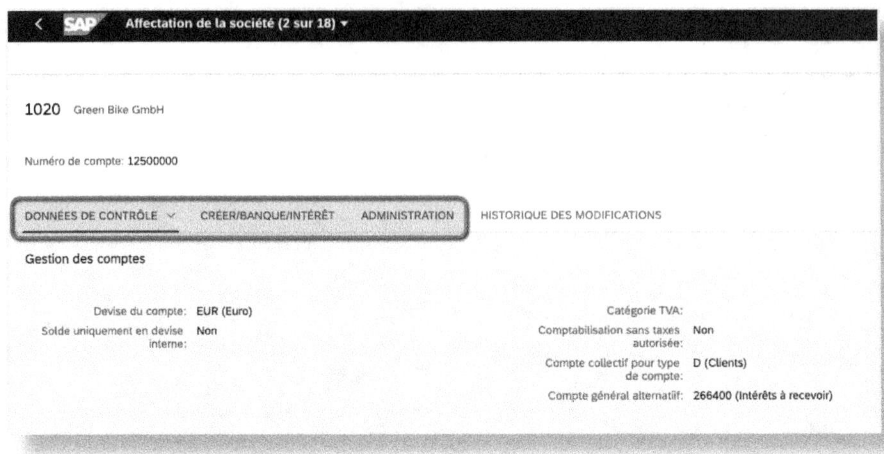

Figure 6.5 : Application « Afficher fiche du compte général » – Vue détaillée des données société

6.4.3   Le partenaire dans SAP FI

SAP FI utilise l'objet SAP Partenaire pour représenter les fournisseurs et les clients. Les enregistrements de données des Achats et de la Comptabilité financière sont centralisés dans des fiches communes. Les caractéristiques de base du partenaire ont déjà été expliquées au chapitre 3. Dans cette partie, nous nous concentrons donc spécifiquement sur le contenu de la comptabilité financière en relation au partenaire.

Les données pertinentes pour FI sont gérées au niveau de la société et ne sont donc valables qu'au sein d'une société. Elles comprennent :

▶ les données de tenue des comptes,

▶ les données d'assurance.

La Figure 6.6 vous montre un extrait des données SOCIÉTÉ d'un fournisseur. À ce niveau, vous pouvez notamment enregistrer un COMPTE COLLECTIF, des CONDITIONS DE PAIEMENT ou divers paramètres pour les OPÉRATIONS DE PAIEMENT AUTOMATIQUES.

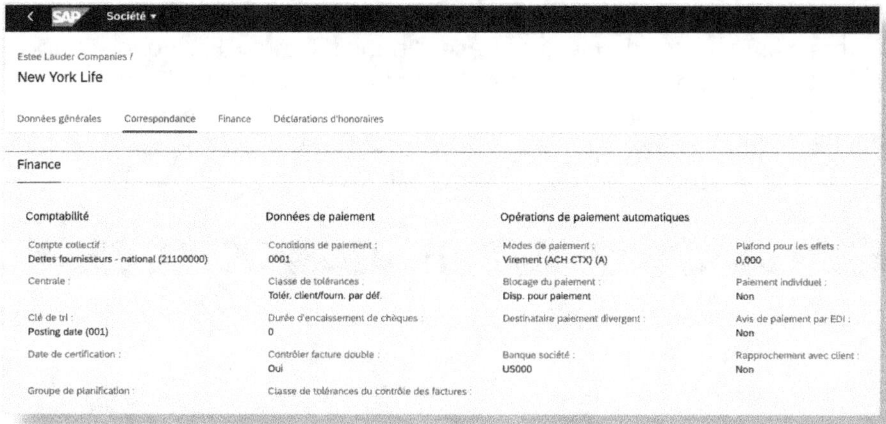

Figure 6.6 : Application « Fiche fournisseur » – Vue de la société

> ● **Définition du partenaire**
>
> Dans la collection de vidéos « Processus dans SAP S/4HANA », à laquelle vous pouvez accéder via la zone en libre accès de notre plateforme de formation SAP, nous vous montrons comment créer un partenaire dans SAP S/4HANA. Nous expliquons dans la préface de ce livre comment accéder aux vidéos.

6.4.4 Les immobilisations

Les *immobilisations* désignent des biens utilisés dans les entreprises sur du long terme. Il peut s'agir, par exemple, de bâtiments, de machines ou de mobilier de bureau. Pour chacune d'entre elles, vous créez une fiche d'immobilisation dans la comptabilité des immobilisations. De cette façon, vous pouvez y comptabiliser sa valeur d'acquisition, déterminer l'amortissement sur une base mensuelle et calculer, sur cette base, sa valeur résiduelle.

Des *catégories d'immobilisation* permettent de classer les immobilisations. Elles renseignent sur le type d'immobilisation, et pilotent ensuite, entre autres, les valeurs par défaut des immobilisations de cette catégorie, notamment la durée d'utilisation, et les comptes dans lesquels les immobilisations de la catégorie donnée doivent être comptabilisées. Comme exemples, citons les terrains, bâtiments ou installations de production.

Sur la Figure 6.7, vous voyez une capture d'écran de l'application Fiori qui permet d'afficher les données de base d'immobilisation. Elle donne un aperçu des niveaux d'information qu'elle contient. Vous pouvez y voir que le numéro de l'immobilisation 400008 sous IMMOBILIS. correspond à un ordinateur (COMPUTER). L'immobilisation a été créée avec la CLASSE 4001 (MESURE INVESTISSEM.) pour la SOCIÉTÉ M020.

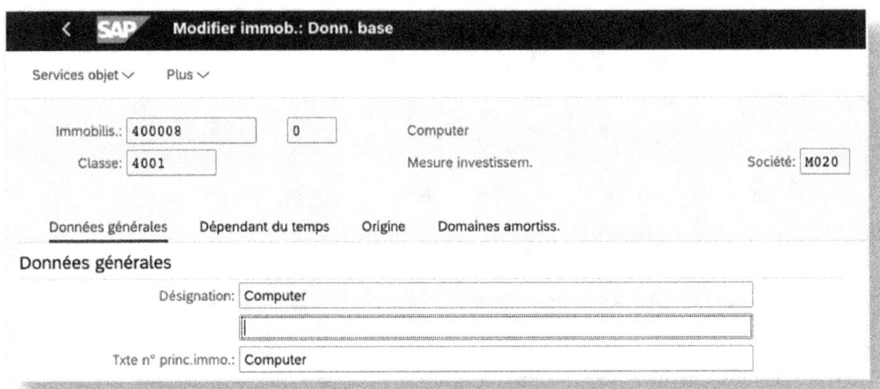

Figure 6.7 : Application « Modifier immobilisation » – Écran de synthèse

Nous concluons ainsi la description du module FI et nous tournons vers le contrôle de gestion, le dernier module que nous examinerons.

7 Le contrôle de gestion – Module CO

Ce chapitre présente des informations de base sur le module SAP-CO. Nous y décrivons les composantes du contrôle de gestion SAP et, dernièrement, nous présenterons brièvement les données de base centrales.

Le contrôle de gestion en tant que fonction de gestion dans l'entreprise permet d'informer les décisions de gestion. Le terme anglais *Management Accounting* désigne plus précisément ce domaine.

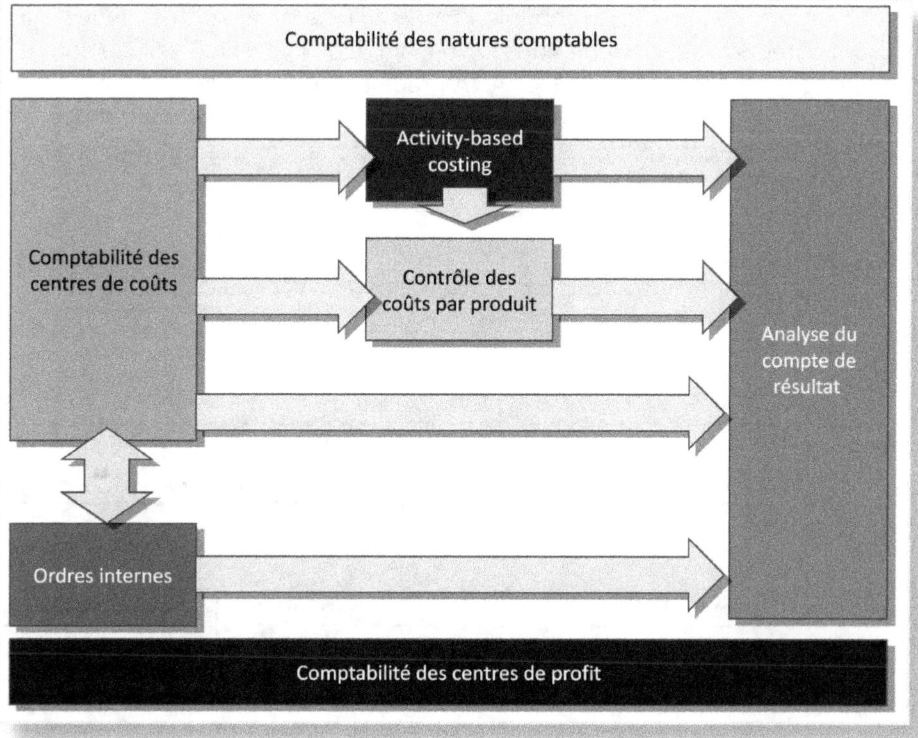

Figure 7.1 : Synthèse du module CO

La Figure 7.1 offre un aperçu des composantes du module CO, chacune d'entre elles répondant à des questions différentes :

> ▶ *Comptabilité des natures comptables* : quels sont les coûts et les produits de l'entreprise ?

- ▶ Contrôle des frais généraux (*comptabilité analytique des centres de coûts, ordres internes* et *Activity-Based Costing*) : où les coûts surviennent-ils dans l'entreprise et de quel domaine de responsabilité relèvent-ils ?

- ▶ *Contrôle des coûts par produit* : quel est le coût de fabrication d'un produit qui a été vendu ou stocké en magasin ?

- ▶ *Analyse du compte de résultat* : quelle marge de contribution (produits moins coûts) l'entreprise a-t-elle générée par produit, client, agence commerciale, pays, etc. ?

- ▶ *Comptabilité des centres de profit* : quel domaine de l'entreprise génère des profits, lequel n'en génère pas ?

CO est étroitement lié au module FI, puisqu'il se base sur les pièces qui y sont enregistrées. Comme nous l'avons vu dans la partie 6.2, ils le sont davantage encore dans SAP S/4HANA grâce au journal universel (voir Figure 7.2). Comme vous pouvez l'observer sur ce schéma, les caractéristiques de CO (le centre de profit et le segment de marché, par exemple) font désormais partie du journal universel.

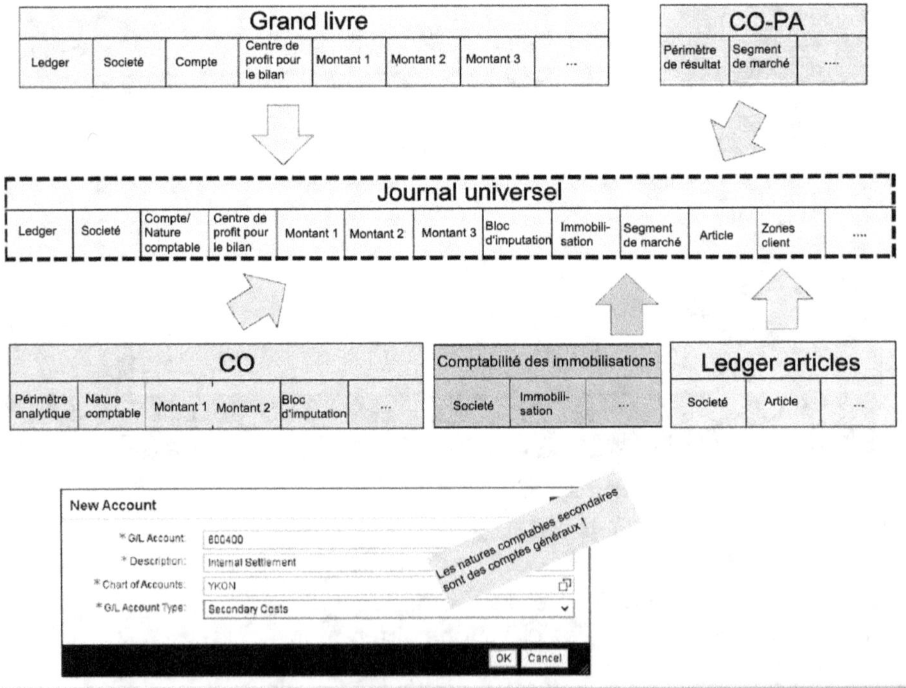

Figure 7.2 : Journal universel

Dans les versions précédentes de SAP, les comptes généraux de la comptabilité financière étaient enrichis, dans CO, avec des données de base supplémentaires, les *natures comptables*, afin de fournir au contrôle de gestion des informations plus détaillées. Dans S/4HANA, les deux fiches sont désormais fusionnées ; seuls les comptes généraux existent toujours, les natures comptables ont disparu.

Cela s'applique également aux *natures comptables secondaires*, qui sont utilisées dans CO pour l'imputation entre différents objets du contrôle de gestion. Dans l'ERP, ils étaient gérés sans être reliés à un compte général ; dans S/4HANA, ils sont également devenus des comptes généraux.

7.1   Aperçu des composantes du module CO

Les composantes présentées dans la liste suivante donnent un aperçu des fonctionnalités les plus importantes de ce module :

- ▶ Contrôle des frais généraux (CO-OM) ;
- ▶ Contrôle des coûts par produit (CO-PC) ;
- ▶ Analyse du compte de résultat (CO-PA) ;
- ▶ Comptabilité des centres de profit (CO-PCA).

La composante *Contrôle des frais généraux (CO-OM)* comprend les sous-modules Comptabilité analytique des centres de coûts, Ordres internes et Activity-Based Costing. Elle permet de rendre transparentes l'origine et la responsabilité des coûts.

Les *centres de coûts* sont des entités organisationnelles structurées hiérarchiquement et représentant un domaine de responsabilité. Ils peuvent être structurés par fonction (administration des ventes, achats, production, etc.), par région (nord, sud, est, ouest) ou par produit. Ils servent à planifier et saisir les coûts afin qu'ils puissent être affectés à un responsable.

Les *ordres internes* sont utilisés pour représenter des mesures temporaires dans l'entreprise, éventuellement entre des services, pour lesquelles aucun centre de coûts n'a à être créé. Il s'agit par exemple de campagnes de marketing, de projets de recherche ou de la réparation d'une installation de production.

La fonctionnalité Activity-Based Costing est peu utilisée, surtout dans les pays anglo-saxons ; elle vise à analyser les frais généraux davantage en fonction des inducteurs de coûts. Elle répond typiquement aux questions suivantes :

- ▶ Que coûte la création d'une commande client dans le système ? Quels services sont impliqués ?

- ▶ À combien s'élèvent les coûts par appel au centre clientèle, répartis par client ?

- ▶ Combien coûte l'entretien d'une immobilisation ?

Les coûts peuvent être affectés à des objets d'imputation distincts, les *processus de gestion*, afin de déterminer et d'imputer les coûts par opération.

Le *contrôle des coûts par produit (CO-PC)* est une composante importante du contrôle de gestion, en particulier pour le secteur manufacturier. Les coûts des produits respectifs y sont calculés et des comparaisons théorique/réel sont effectuées. Le *calcul du coût de revient pour articles* repose sur les données de base logistiques d'un produit, telles que la nomenclature et la gamme. Dans la gamme, les coûts de fabrication sont calculés sur la base des centres de coûts de production. Les *types d'activité* sont utilisés dans ce but : ils reflètent un taux, par heure de travail par exemple.

Sur la Figure 7.3, vous voyez un extrait d'un calcul du coût de revient (CCR) pour articles avec structure de quantités. Dans la partie inférieure, vous avez la JUSTIFICATION DE L'ART. ❶ : elle indique que l'article est constitué de deux composants ❷ et qu'il est actuellement fabriqué avec une étape de production ❸. De plus, des coûts additionnels de frais généraux ❹ d'un montant de 60 euros sont prélevés pour le magasin de matières premières.

> ### ▶ Créer un calcul du coût de revient pour articles
>
> Dans la collection de vidéos « Processus dans SAP S/4HANA », à laquelle vous pouvez accéder via l'espace libre accès de notre plateforme d'apprentissage SAP, nous faisons une démonstration du calcul du coût de revient pour articles dans SAP S/4HANA. Nous expliquons dans la préface de ce livre comment accéder aux vidéos.

Dans l'*analyse du compte de résultat (CO-PA)*, un calcul du résultat analytique sur marges est effectué en prenant notamment en compte les pro-

Figure 7.3 : Calcul du coût de revient pour articles – Écran des résultats

duits, les réductions sur ventes (dont les remises aux clients), les coûts directs des articles, les coûts de fabrication pour chaque segment de marché. Un segment de marché peut être constitué d'une ou plusieurs *caractéristiques*. Les produits, clients, agences commerciales ou pays en sont des exemples. Les caractéristiques vous permettent de déterminer le succès de votre entreprise pour un produit donné dans un pays donné, et le rôle que les différentes agences commerciales ont joué dans ce succès.

Jusqu'à présent, dans son ERP, SAP fournissait l'analyse du compte de résultat sous deux formes différentes : analytique et comptable. Alors que l'analyse du compte de résultat comptable est basée sur des comptes, et donc toujours étroitement liée à la comptabilité financière, vous utilisez dans la CO-PA analytique ce que l'on appelle des *zones de valeur*. Elles servent à l'agrégation et peuvent également représenter des évènements (entrées de commandes clients, etc.) qui ne font pas partie de la comptabilité financière. Pour des questions de performance, ainsi qu'en raison des évènements qui y sont représentés, la CO-PA analytique était jusqu'à présent beaucoup plus répandue chez les clients. Cependant, les zones de valeur ne correspondent pas à l'approche du journal universel. SAP se concentre ainsi davantage sur l'analyse du compte de résultat comptable depuis S/4HANA : toutes les améliorations apportées au journal universel ne sont désormais effectuées que pour cette dernière. La CO-PA analytique conserve sa configuration actuelle, mais reste un livre auxiliaire et n'est pas intégrée au journal universel.

Pour éviter la confusion entre les deux formes, SAP a renommé l'analyse du compte de résultat comptable *Margin Analysis* (CO-MA), soit *Analyse de la marge* en français.

Les *centres de profit* sont des domaines indépendants au sein d'une entreprise. Leur réussite économique peut être mesurée à l'aide de la composante *Comptabilité des centres de profit*. Sur la base de ces calculs, divers ratios peuvent être affichés, tels que le retour sur investissement ou le flux de trésorerie.

> **☞ Autres ouvrages sur SAP CO**
>
> Nous vous recommandons les ouvrages suivants d'Espresso Tutorials sur le contrôle de gestion dans SAP : *Manuel pratique sur SAP S/4HANA Contrôle de gestion* de Nora Voigt (à paraitre sous peu), ainsi que *SAP S/4HANA - Delta pour la configuration CO* par Ashish Sampat (2021).

7.2   Les entités organisationnelles dans SAP CO

Ces données organisationnelles sont déterminantes dans SAP CO :

- ▶ le périmètre analytique,
- ▶ le périmètre de résultat.

Le *périmètre analytique* représente l'entité organisationnelle de base dans le contrôle de gestion. Toutes les données de base du module CO, telles que les centres de coûts ou ordres internes, sont affectées au périmètre analytique. Chaque société doit être associée à un périmètre analytique, et seulement un. Ces deux éléments doivent ainsi utiliser le même plan comptable, et leur exercice comptable doit commencer à la même date.

Par conséquent, vous avez la possibilité de gérer chaque société dans un périmètre analytique distinct, ou de créer un périmètre analytique central pour toutes les sociétés de votre entreprise. Cette deuxième option est généralement conseillée afin de pouvoir mieux comparer les résultats des différentes sociétés.

Le *périmètre de résultat* est utilisé dans le sous-module CO-PA (analyse du compte de résultat). Dans CO-PA, vous définissez les caractéristiques (articles, clients, domaines de vente, etc.) en fonction desquelles vous pouvez créer le calcul du résultat analytique sur marges dans le contrôle de gestion. Toutes ces caractéristiques sont créées en relation avec le périmètre de résultat. Si vous passez par la CO-PA analytique, vous devez également déclarer toutes les zones de valeur utilisées (dont le volume d'affaires, le coût des ventes, les coûts de distribution) pour le périmètre de résultat.

Le périmètre de résultat est l'entité organisationnelle la plus élevée du contrôle de gestion. Vous pouvez associer un ou plusieurs périmètres analytiques à un périmètre de résultat. Comme pour le périmètre analytique, nous vous recommandons de ne définir qu'un seul périmètre de résultat pour votre groupe et de lui affecter tous les périmètres analytiques. Dans ce cas également, il est préférable de ne définir qu'un seul périmètre analytique central.

7.3 Les données de base dans SAP CO

Nous ne vous présenterons ici que les données de base les plus importantes de la composante CO. Ce sont celles dont nous nous servirons dans les exemples qui suivent. L'ensemble des sous-modules est présenté dans le livre *Manuel pratique sur SAP S/4HANA Contrôle de gestion* de Nora Voigt, à paraitre bientôt chez Espresso Tutorials.

7.3.1 La nature comptable

Dans les versions antérieures de SAP, des *natures comptables* étaient créées dans le module CO pour tous les comptes généraux pertinents pour le compte de résultat et devant être intégrés dans le contrôle de gestion. Les paramètres concernant le contrôle de gestion étaient gérés dans la nature comptable. Avec la fusion de la comptabilité financière et du contrôle de gestion, les natures comptables n'existent plus en tant que données de base distinctes. Depuis la version S/4HANA, toutes les données nécessaires pour le contrôle de gestion sont gérées dans le compte général.

Néanmoins, la description « nature comptable » existe toujours dans le système, car SAP n'a pas encore suffisamment progressé dans la conversion pour que tous les programmes de CO n'aient besoin que du compte général. Par conséquent, vous continuerez à rencontrer la désignation « nature comptable », qui toutefois renvoie au compte général.

La zone TYPE DE COMPTE de la fiche de compte général détermine si un compte est pertinent pour le contrôle de gestion ou non (voir Figure 7.4) : s'il est répertorié comme COÛTS PRIMAIRES OU PRODUITS, vous pouvez alors l'enrichir d'autres paramètres pour le contrôle de gestion, dont la *catégorie de nature comptable* qui précise s'il s'agit de coûts ou de produits.

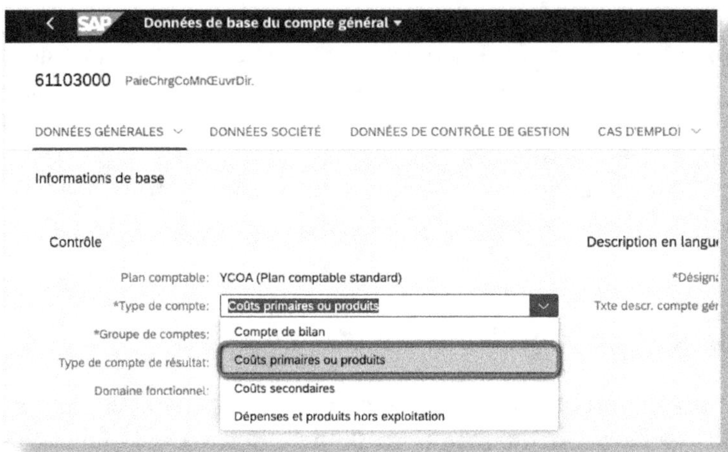

Figure 7.4 : Application « Gestion des données de base de compte général » – Mise en évidence du type de compte

Les *natures comptables primaires* et les *natures comptables de produit* sont des comptes généraux enregistrés dans la comptabilité financière, puis rendus disponibles dans le contrôle de gestion pour effectuer des analyses et imputations supplémentaires. Les coûts des articles, du personnel ou de l'énergie en sont quelques exemples importants. La Figure 7.4 représente un compte de frais de personnel.

Les *natures comptables secondaires* sont utilisées pour les imputations dans le contrôle de gestion, notamment pour les répartitions globales, décomptes, imputations d'activités ou coûts additionnels de frais généraux. Contrairement aux coûts primaires, les secondaires n'ont pas de charges causales dans FI. Ces flux de valeurs ne sont donc pertinents que pour le contrôle de gestion, au sein du périmètre analytique.

Dans SAP ERP et les versions antérieures, les natures comptables secondaires ont été créées sous forme de fiches distinctes, sans équivalent dans la comptabilité financière, car ces imputations avaient lieu exclusivement dans le contrôle de gestion. Grâce à une intégration approfondie dans S/4HANA, toutes les écritures CO sont également passées dans la comptabilité financière. Les natures comptables secondaires sont donc également gérées en tant que comptes généraux, ce qui représente une distinction importante pour ceux qui sont déjà familiarisés avec SAP ERP. Vous pouvez voir un exemple de nature comptable secondaire sur la Figure 7.5.

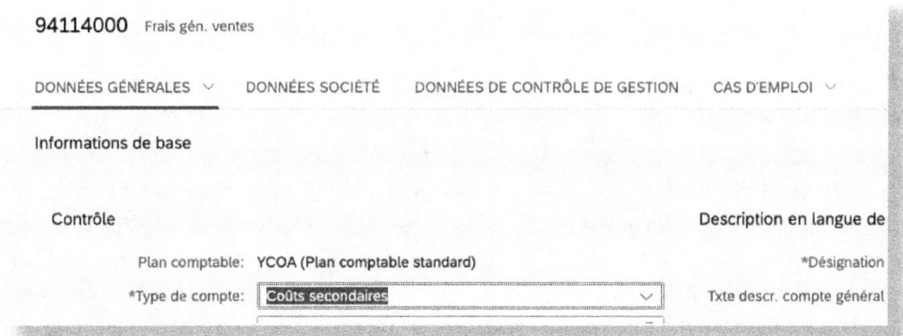

Figure 7.5 : Application « Afficher compte général » – Nature comptable secondaire

7.3.2   Le centre de coûts

Les *centres de coûts* permettent de diviser, de manière hiérarchique, une entreprise en domaines de responsabilité. Chaque centre de coûts a un responsable, et d'autres employés peuvent lui être affectés. Comme nous l'avons décrit dans la partie 7.1, il vous revient de choisir les critères d'après lesquels votre *hiérarchie de centres de coûts* sera organisée. Vous pouvez en voir un exemple sur la Figure 7.6.

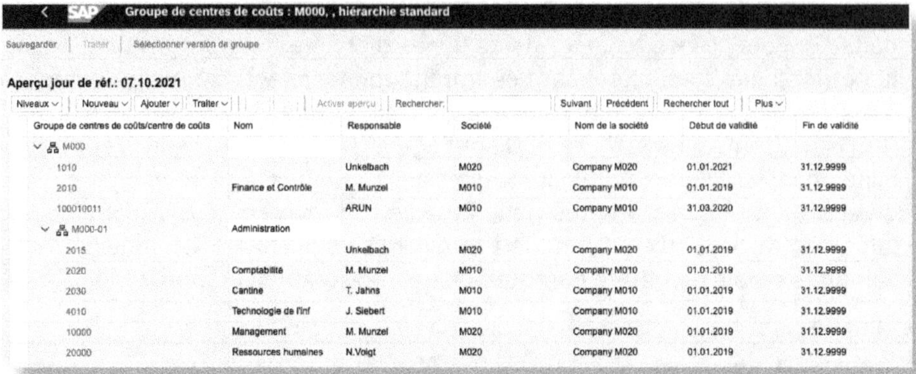

Groupe de centres de coûts : M000, , hiérarchie standard

Sauvegarder | Traiter | Sélectionner version de groupe

Aperçu jour de réf.: 07.10.2021

Niveaux | Nouveau | Ajouter | Traiter | Activer aperçu | Rechercher: | Suivant | Précédent | Rechercher tout | Plus

Groupe de centres de coûts/centre de coûts	Nom	Responsable	Société	Nom de la société	Début de validité	Fin de validité
M000						
1010		Unkelbach	M020	Company M020	01.01.2021	31.12.9999
2010	Finance et Contrôle	M. Munzel	M010	Company M010	01.01.2019	31.12.9999
100010011		ARUN	M010	Company M010	31.03.2020	31.12.9999
M000-01	Administration					
2015		Unkelbach	M020	Company M020	01.01.2019	31.12.9999
2020	Comptabilité	M. Munzel	M010	Company M010	01.01.2019	31.12.9999
2030	Cantine	T. Jahns	M010	Company M010	01.01.2019	31.12.9999
4010	Technologie de l'inf	J. Siebert	M010	Company M010	01.01.2019	31.12.9999
10000	Management	M. Munzel	M020	Company M020	01.01.2019	31.12.9999
20000	Ressources humaines	N.Voigt	M020	Company M020	01.01.2019	31.12.9999

Figure 7.6 : Application « Gestion de groupe de centres de coûts » – Hiérarchie standard

La comptabilité analytique des centres de coûts sert donc à déterminer l'origine et la responsabilité des coûts. La Figure 7.7 montre le CENTRE DE COÛTS 4010 créé dans le système pour les services de technologie de l'information. Dans les INFORMATIONS GÉNÉRALES, nous pouvons voir les noms des responsables du centre de coûts, la période de validité du centre de coûts et le TYPE DE CENTRE dont il s'agit. Les ENTITÉS ORGANISATIONNELLES nous indiquent celles pour lesquelles ce centre de coûts a été créé. En outre, il existe des données plus détaillées pour le contrôle du centre de coûts ; vous les trouverez dans l'onglet du même nom.

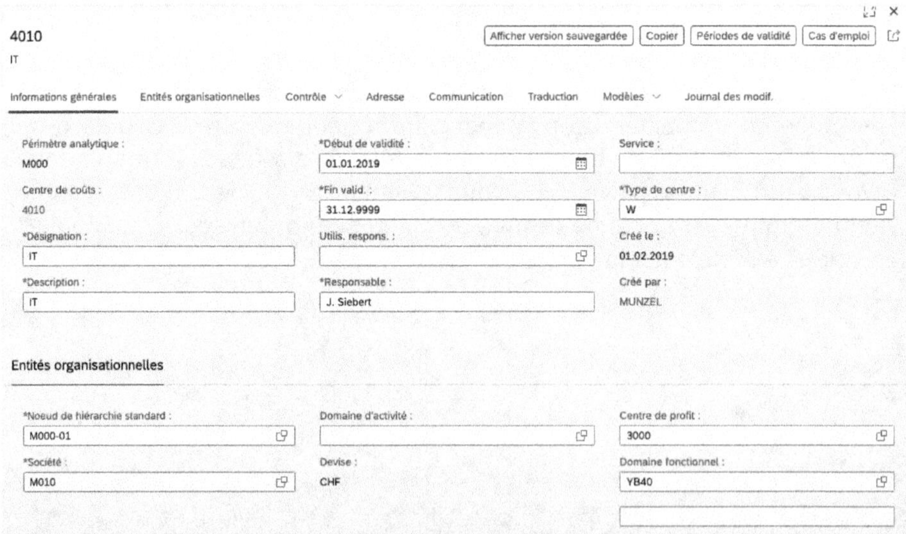

Figure 7.7 : Application « Gestion du centre de coûts » – Informations générales

> **● Définition du centre de coûts**
>
> Dans la collection de vidéos « Processus dans SAP S/4HANA », que vous pouvez accéder via l'espace libre accès de notre plateforme d'apprentissage SAP, nous montrons comment créer un centre de coûts dans SAP S/4HANA. Nous expliquons dans la préface de ce livre comment accéder aux vidéos.

7.3.3   Le type d'activité

Un *type d'activité* décrit la forme de l'activité qu'un centre de coûts exerce. Il peut s'agir de production (fraisage, perçage, tournage) ou de maintenance (mesure, réparation, remplacement). Les types d'activités peuvent être liés à un ou plusieurs centres de coûts, et sont gérés en *unités d'œuvre*, soit l'heure, la pièce, la tonne, le kilowattheure, etc. La Figure 7.8 montre un TYPE D'ACTIVITÉ pour la maintenance. Il utilise l'UNITÉ D'ŒUVRE « H » (heures) afin de pouvoir imputer les activités exécutées.

Figure 7.8 : Application « Gestion des types d'activité » – Écran de synthèse

Les types d'activité servent de base de référence pour l'imputation de coûts. Pour ce faire, vous devez d'abord les associer à une nature comptable secondaire, sous laquelle les coûts sont ensuite imputés. Vous devez également définir le *prix* par unité d'œuvre avec lequel l'imputation est évaluée.

> **📌 Type d'activité et centre de coûts**
>
> Si un prix de 10 euros par heure est défini pour le centre de coûts « traitement mécanique » combiné au type d'activité « scie automatisée », il peut être utilisé dans la fabrication d'une gamme. Par exemple, un ordre de fabrication se sert de la scie durant 100 heures, une imputation de coûts de 1 000 euros est donc effectuée du centre de coûts « traitement mécanique » vers l'ordre de fabrication.

Le module CO est étroitement lié au module PP par l'intermédiaire des types d'activité. Ces derniers sont utilisés dans les gammes pour représenter les coûts de fabrication.

> **▶ Définition du type d'activité**
>
> Dans la collection de vidéos « Processus dans SAP S/4HANA », à laquelle vous pouvez accéder via l'espace libre accès de notre plateforme d'apprentissage SAP, nous montrons comment créer un type d'activité dans SAP S/4HANA. Nous expliquons dans la préface de ce livre comment accéder aux vidéos.

Nous avons désormais traité en détail les modules du système S/4HANA, et décrit les objets pertinents que nous utiliserons dans les processus de gestion intégrés. Dans les chapitres suivants, nous observerons le système d'un point de vue orienté processus.

8 La gestion des commandes dans S/4HANA

Ce chapitre présente un processus de vente de bout en bout, « Order-to-Cash » (O2C). Toutes les étapes décrites dans ce processus ont été réalisées à l'aide d'applications Fiori à partir de la barre de lancement Fiori de S/4HANA.

Pour les exemples de système présentés dans ce chapitre, nous allons nous mettre dans la situation d'une entreprise qui produit des vélos et montrer un schéma du cycle de vente pour la vente d'un Mountain Bike (VTT) 29 pouces à un client important. Cet exemple permet de mieux illustrer les documents qui peuvent être créés dans S/4HANA dans le processus de la gestion des commandes ainsi que leur fonction. Les étapes du processus que nous utilisons pour illustrer la chaîne de documents sont représentées sur la Figure 8.1.

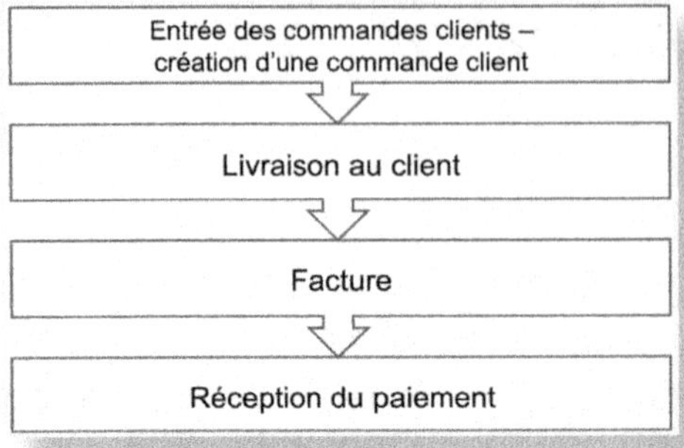

Figure 8.1 : Gestion des commandes – Synthèse du processus

8.1 Les données organisationnelles et données de base pour O2C

Pour vendre un article via le système SAP, certaines données sont nécessaires et doivent déjà être disponibles avant de pouvoir lancer le processus de vente. Une distinction est faite ici entre les données organisationnelles et les données de base. Dans ce livre, nous nous attachons à vous donner un aperçu rapide des processus, et n'entrerons donc pas dans le détail des prérequis nécessaires. Nous dresserons simplement la liste des informations devant être disponibles.

Données organisationnelles obligatoires pour le processus de vente :

▶ Périmètre de résultat

▶ Périmètre analytique

▶ Société

▶ Domaine commercial (organisation commerciale, canal de distribution, secteur d'activité)

▶ Division

▶ Magasin

▶ Point d'expédition

Données de base requises pour le processus de vente :

▶ Partenaire/client

▶ Numéro d'article (vues de la planification, de l'administration des ventes, de la comptabilité)

▶ Conditions de prix

▶ Comptes généraux pour la comptabilisation des produits et des taxes

En plus des objets spécifiés dans SAP, il faut également disposer d'un stock suffisant en magasin de l'article à vendre. Autrement, vous ne pourrez livrer aucune marchandise.

> **⊙ Gestion des données de base**
>
> Dans la collection de vidéos « Processus dans SAP S/4HANA », à laquelle vous pouvez accéder via l'espace libre accès de notre plateforme d'apprentissage SAP, vous trouverez des vidéos sur la création de toutes les données de base requises dans ce chapitre. Dans la préface de ce livre, nous vous expliquons comment accéder aux vidéos.

8.1.1 Le partenaire – client

Pour le processus suivant, nous avons créé un partenaire avec les rôles Client (administration des ventes) et Client (comptabilité financière). Sur la Figure 8.2, nous voyons que le Partenaire MUNICHBIKE a été créé dans le DOMAINE COMMERCIAL M100/10/00 et dans deux SOCIÉTÉS, à savoir M010 et M020. Dans notre exemple, nous resterons dans la société M020.

Figure 8.2 : Application « Gestion des données de base partenaire » – Vue détaillée du client

8.1.2 La base de données articles pour le processus de vente

L'article que le client nous commande est un Mountain bike (VTT en français). Nous avons donc créé le numéro d'article MTB-BIKE-29. Il est important à ce niveau de créer les données de base telles que celles dans les vues de l'administration des ventes, de la planification des besoins, de la comptabilité et du CCR. Lorsque tous ces niveaux de données sont disponibles, le processus de vente peut être correctement clôturé dans S/4HANA.

Sur la Figure 8.3, nous voyons que l'article a été créé pour la DIVISION M020. Par ailleurs, nous constatons dans l'encadré ❶ de la Figure 8.4 que les données du domaine commercial ont été gérées. De même, nous voyons le PRIX DE VENTE ❷ de 3 000 euros, issu de l'enregistrement de condition de prix.

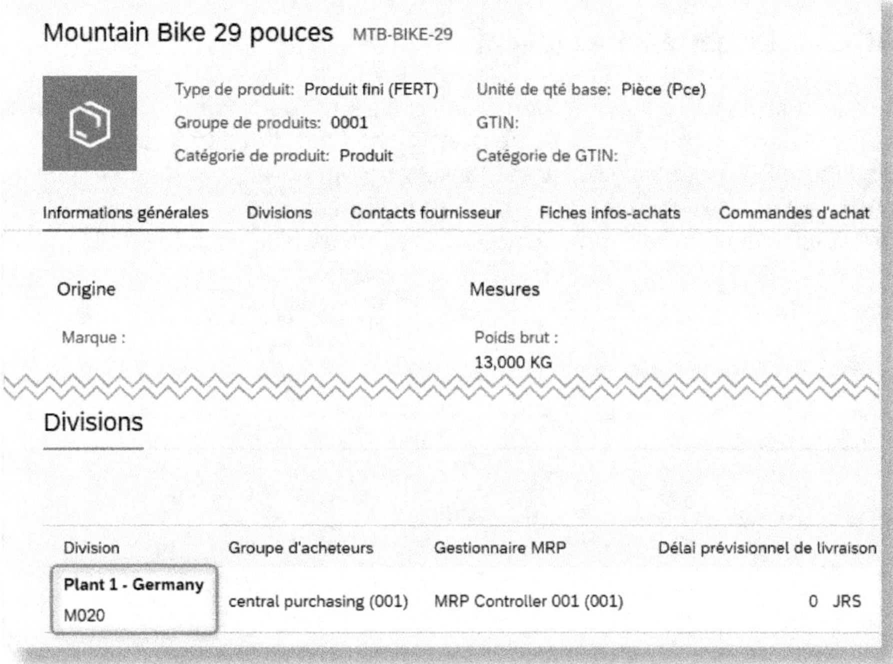

Figure 8.3 : Application « Gestion des données de base produit » – Vue détaillée de l'article MTB-BIKE-29

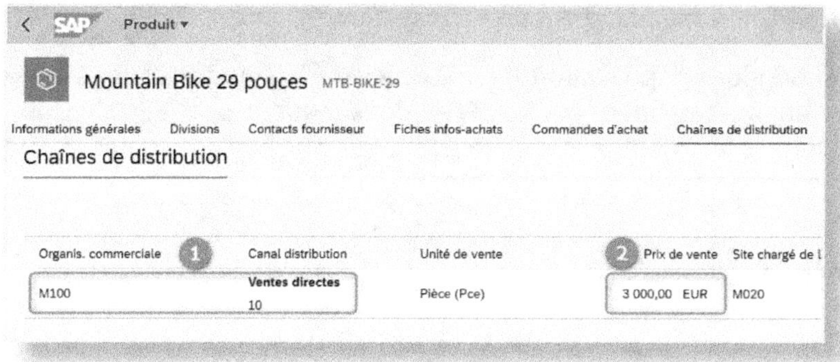

Figure 8.4 : Application « Gestion des données de base produit » – Vue détaillée des chaînes de distribution

8.2   Les données altérables de la gestion des commandes

Cette partie est consacrée aux écritures réelles pour représenter le processus de vente dans le système S/4HANA.

8.2.1   L'entrée de commandes clients – la création d'une commande client

À présent, notre processus de vente démarre. Supposons que notre client Munichbike nous ait commandé 100 vélos. En raison de notre longue relation commerciale et parce que notre client connaît les listes de prix, il ne demande pas de devis mais passe directement sa commande. Nous souhaitons répondre à cette demande et créons une commande client dans notre système S/4HANA.

> **⊙ Création d'une commande client**
>
> Dans la collection de vidéos « Processus dans SAP S/4HANA », à laquelle vous pouvez accéder via l'espace libre accès de notre plateforme d'apprentissage SAP, nous vous montrons comment créer une commande client dans SAP S/4HANA. Nous expliquons dans la préface de ce livre comment accéder aux vidéos.

Création d'une commande client dans le système

Nous sélectionnons l'application Fiori « Créer des documents de vente » et entrons dans le premier écran le TYPE COMMANDE CLIENT LF01 « Commande standard » (Figure 8.5). En appuyant sur [Entrée], nous passons à l'écran de données suivant.

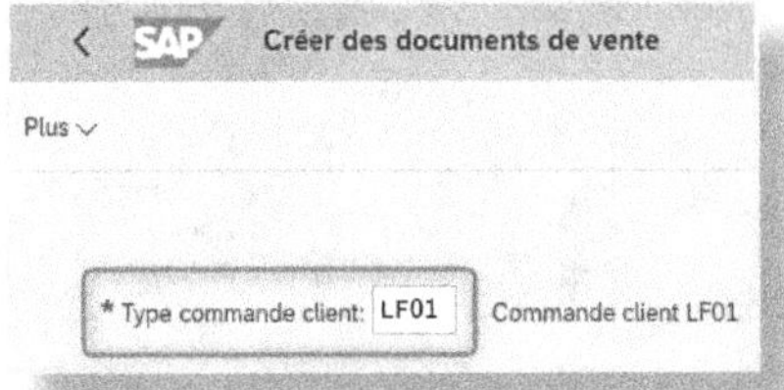

Figure 8.5 : Création d'une commande client – Synthèse

Sur la Figure 8.6, nous gérons dans la partie supérieure de l'écran ❶ le DONNEUR D'ORDRE et le numéro de commande transmis par notre client dans la zone RÉF. CLIENT. Dans la table située dans la partie inférieure de l'écran ❷, nous saisissons également le vélo MTB 29 pouces commandé par le client et 100 pour la QUANTITÉ D'ORDRE. En appuyant à nouveau sur [Entrée], certaines données sont copiées dans le document commercial à partir des objets de données de base affectés. Selon les caractéristiques du système, il s'agit généralement de la date de livraison souhaitée (DATE-LIVRSOUH.), des conditions de paiement (COND. PAIEMENT), des INCOTERMS, du point d'expédition et de la division d'expédition. Comme nous avions défini une condition de prix plus tôt, la valeur nette a déjà été calculée avec notre prix. Si tous les paramètres relatifs à la vente sont disponibles dans les objets de données de base (le client, l'article, la condition de prix, etc.), nous pouvons sauvegarder le document commercial.

> ☛ **Schéma des données manquantes**
>
> Dans votre système de test, vous devrez peut-être saisir des données supplémentaires dans le document commercial avant de pouvoir sauvegarder la commande client. Cela dépend de la qualité des données de base et des paramètres du système (mot-clé *schéma des données manquantes*). Ne laissez pas les éventuels messages d'erreur vous arrêter ! Ces messages de SAP qui s'affichent dans la partie inférieure de l'écran fournissent des informations importantes sur les données qu'il vous reste à saisir avant de sauvegarder le document. Si vous suivez les instructions, vous atteindrez rapidement votre objectif, c'est-à-dire la sauvegarde de votre commande client.

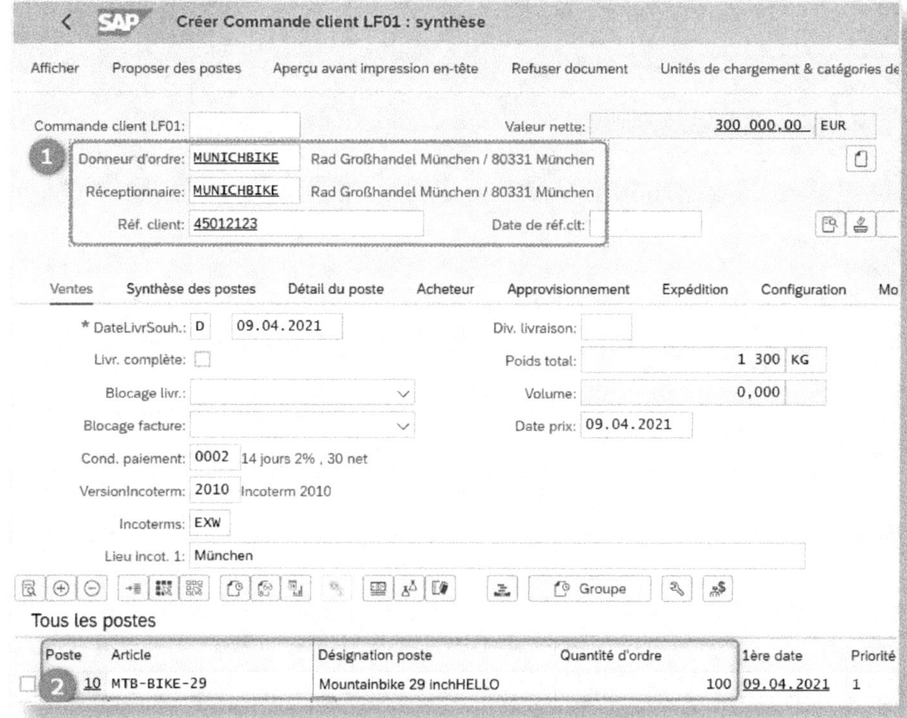

Figure 8.6 : Création d'une commande client – Vue détaillée

Pour faciliter l'explication des niveaux de données, divisons la commande client en deux parties :

▶ L'*en-tête du document commercial* : les informations fournies ici s'appliquent à l'ensemble du document. Il s'agit par exemple du type de document commercial, du domaine commercial ou du client. Dans l'écran de synthèse de la commande client (Figure 8.6), vous pouvez passer à la vue de l'en-tête du document commercial en cliquant sur le bouton ⊡. Vous pouvez voir sur la Figure 8.7 les différents éléments de l'en-tête du document.

▶ Le *poste du document commercial* : chaque poste du document contient des données indépendantes qui peuvent être visualisées dans les différents onglets. À partir de l'écran de synthèse (Figure 8.6), un clic sur le bouton ⊡ vous permet d'accéder à une vue détaillée, que vous pouvez également voir sur la Figure 8.8. Si un document commercial comprend plusieurs articles, ces derniers sont représentés par des postes séparés. Il est également possible de gérer différentes adresses de livraison via les données du poste.

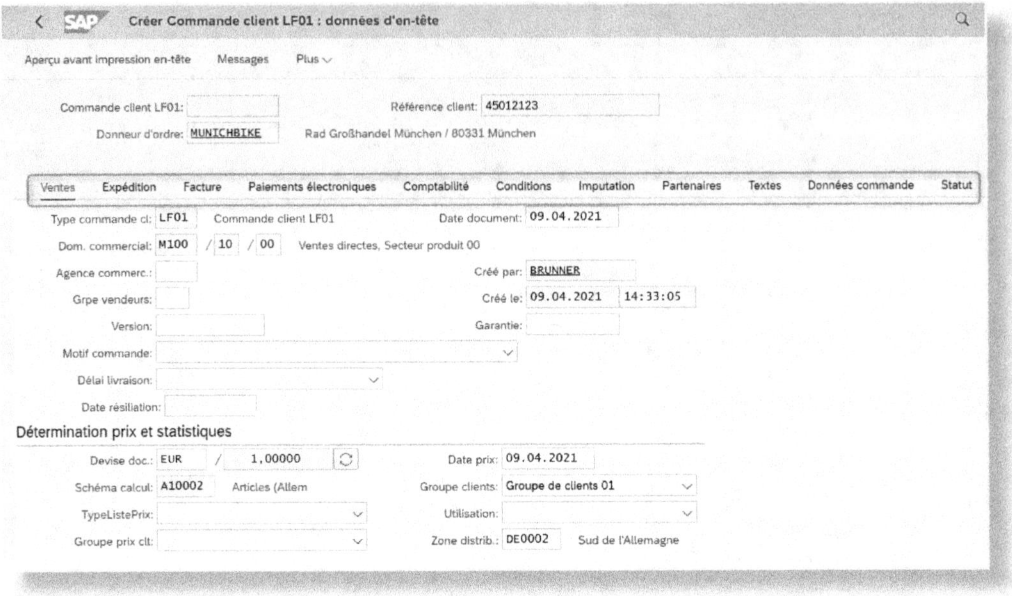

Figure 8.7 : Commande client – Vue détaillée des données d'en-tête

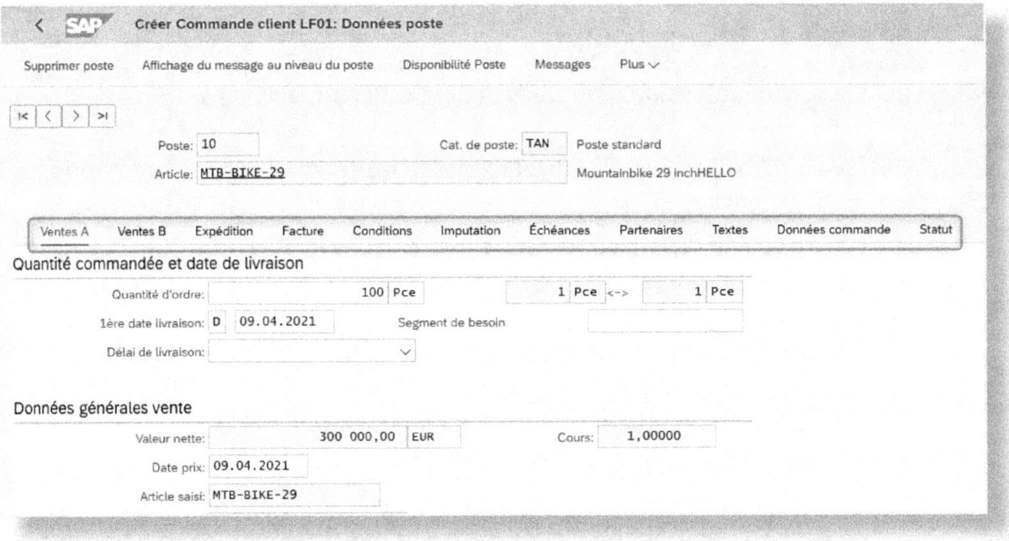

Figure 8.8 : Commande client – Vue détaillée des données du poste

Pour une représentation complète des niveaux de données, il convient également de mentionner que les quantités commandées et les dates de livraison sont sauvegardées dans le système au niveau des échéances du poste. Les utilisateurs expérimentés connaissent les échéances de postes que l'on trouve dans la table de l'onglet ÉCHÉANCES de la commande client. Dans notre cas (Figure 8.9), les marchandises ne sont pas disponibles à la date de livraison souhaitée par le client ; le système a donc généré une deuxième ligne d'échéance avec la date proposée pour la livraison.

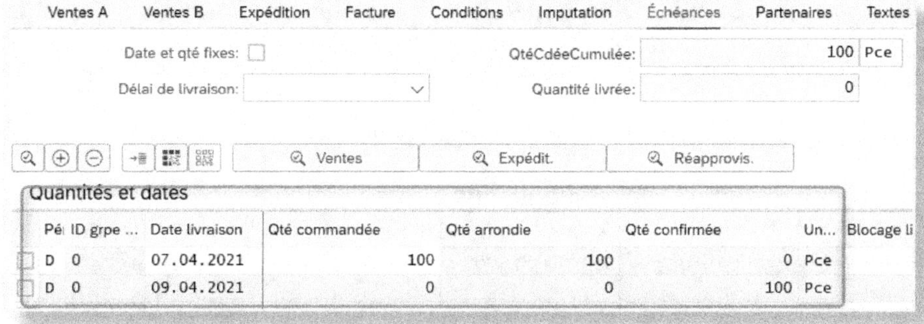

	Péi	ID grpe ...	Date livraison	Qté commandée	Qté arrondie	Qté confirmée	Un...	Blocage li
	D	0	07.04.2021	100	100	0	Pce	
	D	0	09.04.2021	0	0	100	Pce	

Figure 8.9 : Commande client – Vue détaillée des données des échéances

Autres informations sur la commande client

La commande client dispose, dans SAP, des fonctions suivantes vous permettant d'aller encore plus loin dans le processus :

- ▶ le contrôle de disponibilité,
- ▶ l'ordonnancement des expéditions,
- ▶ le transfert des besoins,
- ▶ la détermination du prix,
- ▶ la mise à jour des statistiques,
- ▶ le contrôle du crédit,
- ▶ la détermination des messages,
- ▶ la détermination de textes.

De nouvelles fonctionnalités de gestion ont été ajoutées dans SAP S/4HANA, notamment dans le domaine du contrôle de disponibilité. Il s'agit avant tout du contrôle de disponibilité étendu (Advanced Available to Promise ou aATP). Toutefois, nous n'approfondirons pas dans ce livre les fonctions avancées de commande client répertoriées ci-dessus.

8.2.2 La livraison au client

Cette partie décrit le processus du *pilotage des livraisons sortantes*. Tout d'abord, nous allons expliquer la procédure dans le système, puis nous aborderons les effets engendrés dans la comptabilité financière. Les informations qui suivent restent générales, mais visent à fournir des options de recherche pour approfondir la question de la livraison sortante.

Le processus de livraison sortante dans le système

Dans notre exemple, nous supposons que les marchandises commandées par le client sont en stock et prêtes à être expédiées. En pratique, de nombreuses applications Fiori vous permettent de surveiller les marchandises prêtes à expédier et de piloter les livraisons sortantes en conséquence. Deux menus Fiori regroupent les principales fonctionnalités de pilotage des livraisons sortantes. Vous pouvez les voir sur la Figure 8.10.

Figure 8.10 : Menus Fiori pour le pilotage des livraisons sortantes

> ### ▶ Création d'une livraison sortante
>
> Dans la collection de vidéos « Processus dans SAP S/4HANA », à laquelle vous pouvez accéder via l'espace libre accès de notre plateforme d'apprentissage SAP, nous vous montrons comment créer une livraison

sortante dans SAP S/4HANA. Nous expliquons dans la préface de ce livre comment accéder aux vidéos.

Pour notre exemple, la création manuelle d'une livraison sortante suffit. Pour ce faire, nous sélectionnons l'application Fiori « Création de livraisons sortantes (à partir des commandes clients) ». La Figure 8.11 montre l'écran initial de l'application. Si nous lançons ici la sélection des COMMANDES CLIENTS À EXPÉDIER ❶, nous trouvons dans l'écran des résultats la commande client ❷ que nous avons créée plus tôt.

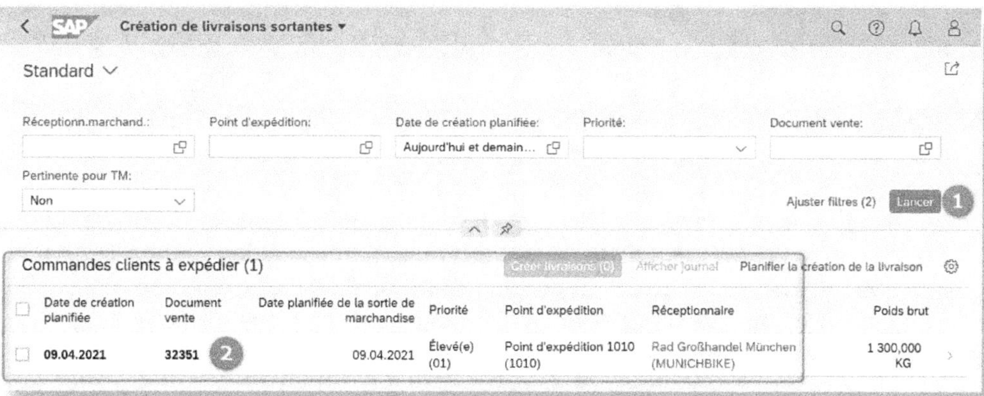

Figure 8.11 : Création de livraisons sortantes – Sélection des commandes clients à expédier

L'étape suivante consiste à sélectionner notre document de vente. Comme indiqué sur la Figure 8.12, nous cochons la case ❶, puis cliquons sur CRÉER LIVRAISONS ❷.

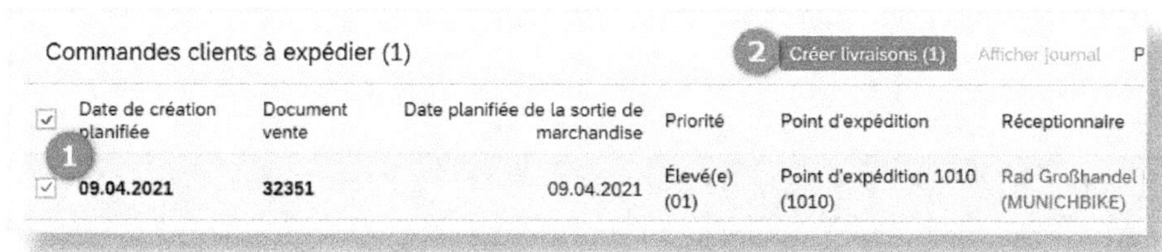

Figure 8.12 : Création de livraisons sortantes – Sélection du document de vente

À ce stade, c'est généralement l'équipe d'organisation qui se charge du pilotage des expéditions et de déclencher la planification du transport pour les livraisons sortantes.

Dans notre exemple, nous allons nous occuper nous-mêmes de cette tâche. Naviguons vers le menu Fiori TRAITEMENT DES LIVRAISONS SORTANTES, puis sélectionnons l'application « Gestion des livraisons sortantes » que vous pouvez voir sur la Figure 8.13.

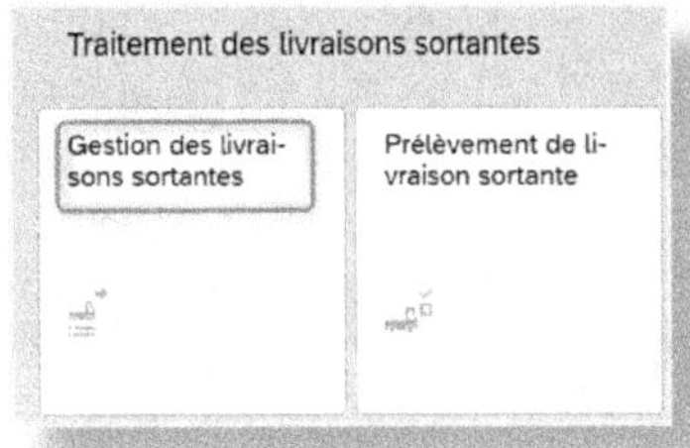

Figure 8.13 : Sélection de l'application « Gestion des livraisons sortantes »

L'écran de données suivant affiché par le système, illustré sur la Figure 8.14, est à nouveau un écran de sélection. Des paramètres nous sont proposés pour sélectionner les livraisons sortantes à gérer ❶. Nous avons décidé de restreindre la sélection à l'aide de la date planifiée pour la sortie des marchandises (DATE DE SORTIE DE MARCHANDIS...), puis sélectionnons TOU-TES LES LIVRAISONS EN COURS dans le statut global. Après avoir cliqué sur LANCER ❷, notre LIVRAISON SORTANTE précédemment créée s'affiche dans la partie inférieure de l'écran ❸.

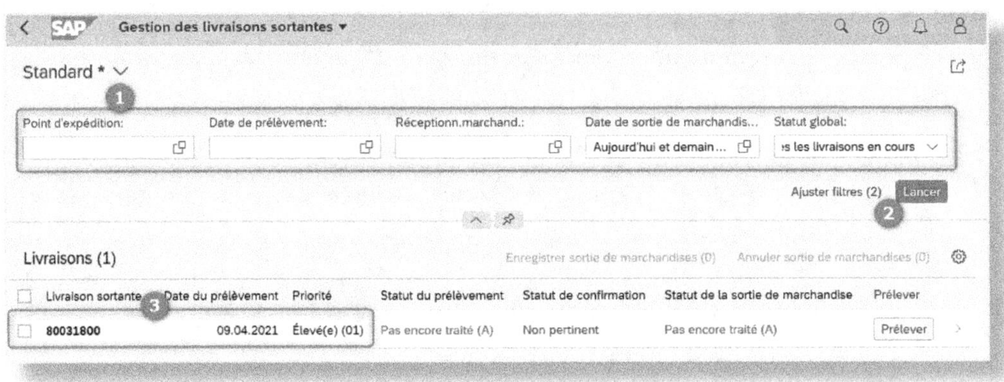

Figure 8.14 : Gestion des livraisons sortantes – Sélection de la livraison souhaitée

Sur la Figure 8.15, la zone STATUT DU PRÉLÈVEMENT nous indique que cette livraison n'a pas encore été traitée et qu'un prélèvement est requis. Cela est effectué, dans la pratique, par le personnel du magasin. Nous exécutons cette étape en cliquant sur le bouton PRÉLEVER.

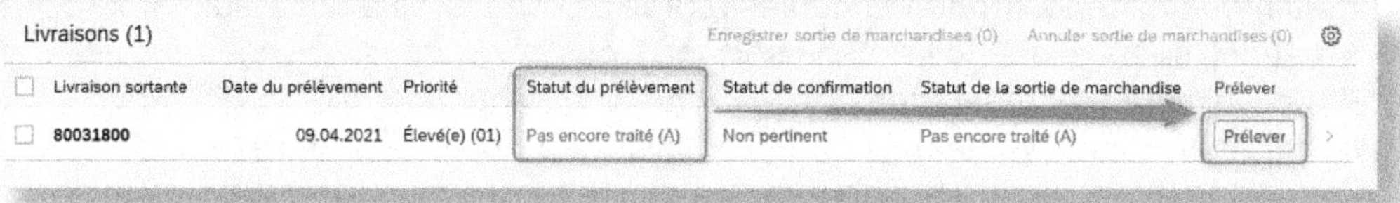

Figure 8.15 : Gestion des livraisons sortantes – Saut vers le prélèvement

Nous accédons désormais à l'écran suivant. Celui-ci varie en fonction de la taille de la fenêtre ; l'application Fiori s'adapte à la largeur du navigateur et regroupe les informations de façon à offrir suffisamment de place pour les afficher. Sur la Figure 8.16, nous reconnaissons les informations d'en-tête de la livraison. La DATE PLANIFIÉE SM (« SM » signifiant « sortie de marchandises ») s'affiche ainsi qu'un aperçu du statut ❶. Nous voyons également les POIDS BRUT et POIDS NET de la livraison ❷. La représentation graphique plus bas nous montre les étapes nécessaires pour clôturer le processus ❸. Dans notre exemple, il ne manque que le PRÉLÈVEMENT afin d'enregistrer la sortie de marchandises.

Figure 8.16 : Prélèvement de livraison sortante – Informations d'en-tête

Maintenant, si nous faisons défiler vers le bas, nous accédons aux informations sur le poste de livraison sortant. Nous constatons que notre livraison sortante ne contient qu'un seul POSTE : le Mountain bike (VTT). Pour confirmer le prélèvement, il suffit de saisir une quantité prélevée dans la zone encadrée. Ainsi, nous confirmons que nous pouvons livrer le poste en totalité : il faudra saisir 100 pièces dans la zone QUANTITÉ PRÉLEVÉE, visible sur la Figure 8.17.

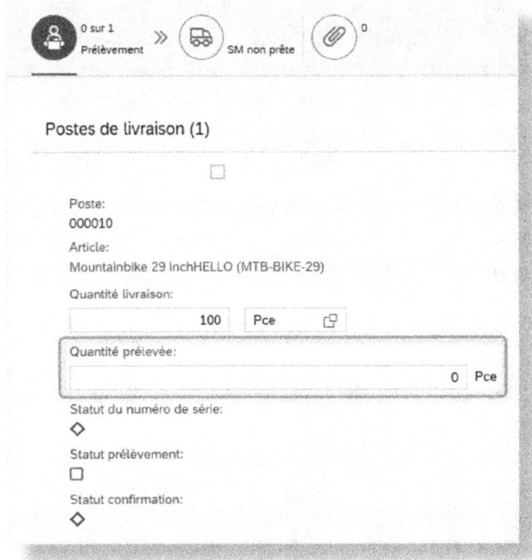

Figure 8.17 : Prélèvement de livraison sortante – Postes de livraison

À partir de l'écran de la Figure 8.17, nous cliquons maintenant sur le bouton SAUVEGARDER, en bas. Comme nous pouvons également le voir sur la Figure 8.18, la représentation graphique du flux de documents a changé ❶. L'enregistrement de la sortie de marchandises (SORTIE DE MARCHAND...), qui est la dernière étape du processus, apparaît maintenant en vert. De plus, SAP nous indique dans le STATUT que la livraison sortante est prête pour l'enregistrement de la sortie de marchandises ❷. Pour clôturer le traitement de cette livraison, nous cliquons sur le bouton ENREGISTRER SORTIE DE MARCHANDISES ❸, situé dans la barre inférieure de l'écran.

Si nous revenons à l'écran de sélection des livraisons sortantes (Figure 8.19), nous pouvons maintenant trouver notre livraison en limitant le STATUT GLOBAL aux « Marchandises enregistrées » ❶. Cliquons ensuite à nouveau sur le bouton LANCER pour démarrer l'analyse ❷. Les informations s'affichant dans la liste de résultats ❸ nous indiquent que la livraison a désormais le statut TRAITÉ INTÉGRALEMENT. Le processus d'expédition est ainsi achevé pour ce document.

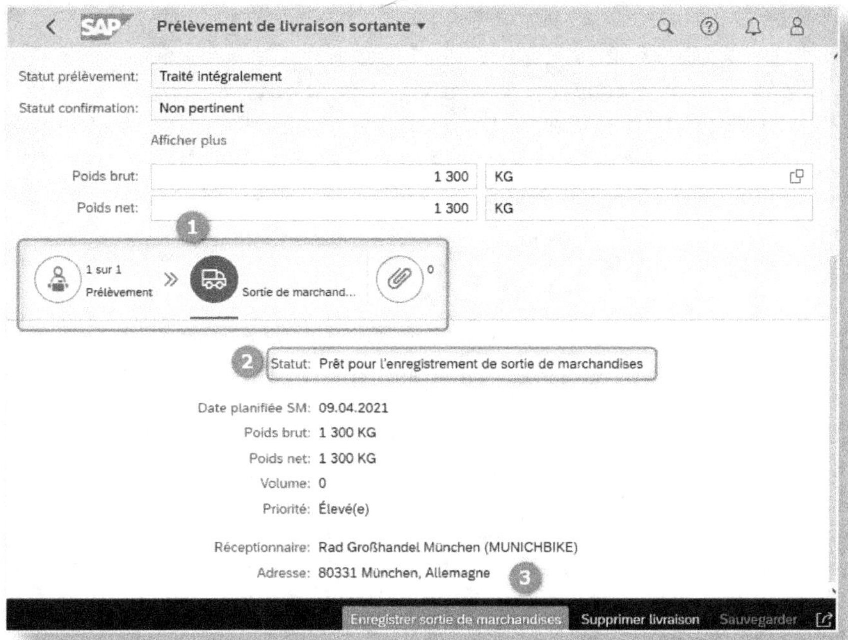

Figure 8.18 : Livraison sortante – Enregistrement d'une sortie de marchandises

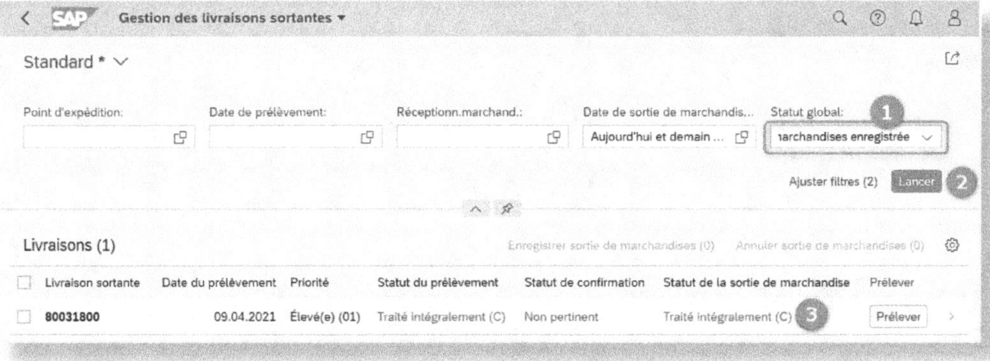

Figure 8.19 : Gestion des livraisons sortantes – Livraison clôturée

L'intégration avec la comptabilité financière

Nous avons à présent terminé l'opération logistique pour la livraison sortante. Le *mouvement de stock* qui en résulte a également un effet sur la comptabilité financière. Les étapes suivantes vous montrent les répercussions de la sortie de marchandises sur la comptabilité financière.

> ### ▶ Intégration avec la comptabilité financière
>
> Dans la collection de vidéos « Processus dans SAP S/4HANA », à laquelle vous pouvez accéder via l'espace libre accès de notre plateforme d'apprentissage SAP, nous vous montrons l'intégration de la sortie de marchandises avec la comptabilité financière. Nous expliquons dans la préface de ce livre comment accéder aux vidéos.

Le graphique du flux de processus est un point d'accès pratique dans l'interface de la comptabilité financière. Nous allons donc à nouveau dans le traitement des livraisons sortantes, et faisons défiler jusqu'à l'affichage du flux de processus. Comme le montre la Figure 8.20, nous pouvons ouvrir un menu en cliquant avec le bouton gauche de la souris sur le document SORTIE DE MARCHANDISES ❶. Ce menu nous offre la possibilité de sélectionner différentes fonctions. Les trois présentées sont particulièrement utiles : la SYNTHÈSE DES DOCUMENTS ARTICLE ❷, l'ANALYSE DU MOUVEMENT DE STOCK ❸ et le saut vers d'AUTRES LIENS ❹. Elles offrent à leur tour des options d'analyse supplémentaires.

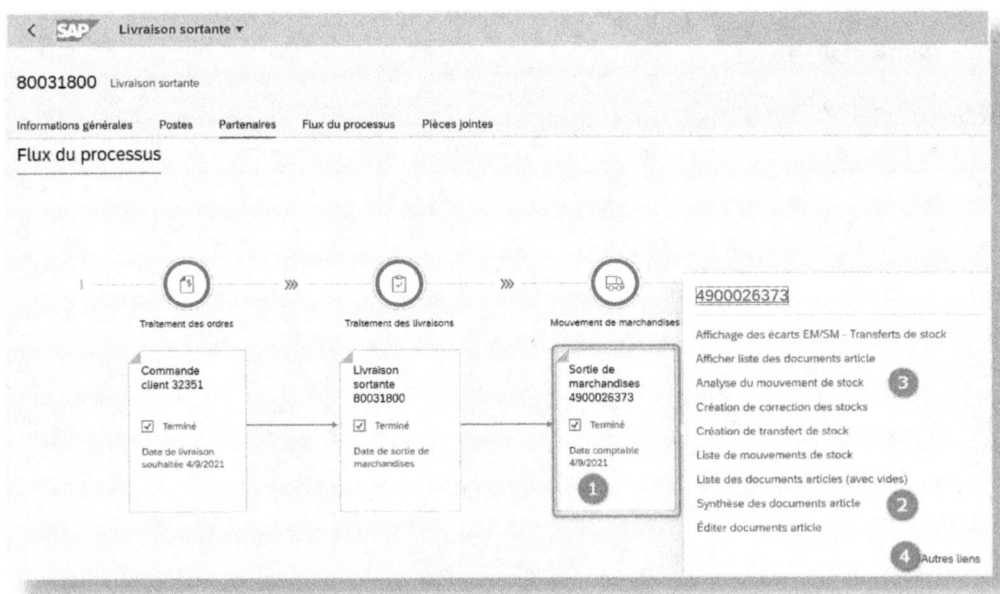

Figure 8.20 : Livraison sortante – Saut vers le document de sortie de marchandises

Nous décidons de passer à la SYNTHÈSE DES DOCUMENTS ARTICLE ❷, et arrivons à l'écran suivant, que l'on peut voir sur la Figure 8.21.

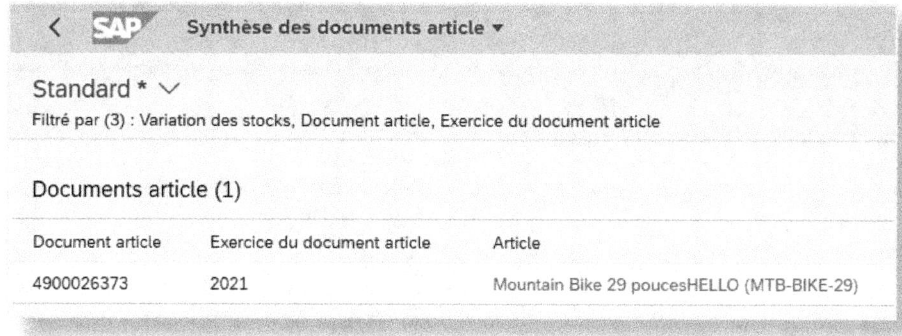

Figure 8.21 : Livraison sortante – Liste des documents article

Une fois sur l'écran de la Figure 8.21, nous cliquons sur le DOCUMENT ARTI-CLE qui nous est présenté, et passons ainsi à sa vue détaillée. Nous navi-guons alors vers le FLUX DU PROCESSUS, comme nous pouvons le voir sur la Figure 8.22.

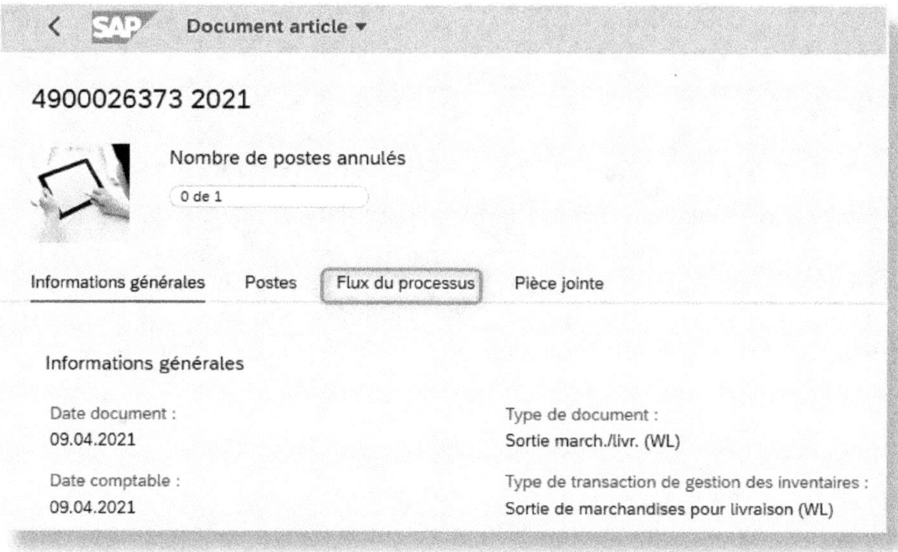

Figure 8.22 : Document article – Sélection du flux du processus

Le FLUX DU PROCESSUS affiché sur la Figure 8.23 ressemble beaucoup au graphique que nous avons déjà vu dans la livraison sortante, avec une diffé-rence notable : le document article nous montre également le lien avec les pièces comptables. Nous constatons que deux PIÈCES COMPTABLES (❶ et ❷) ont été générées.

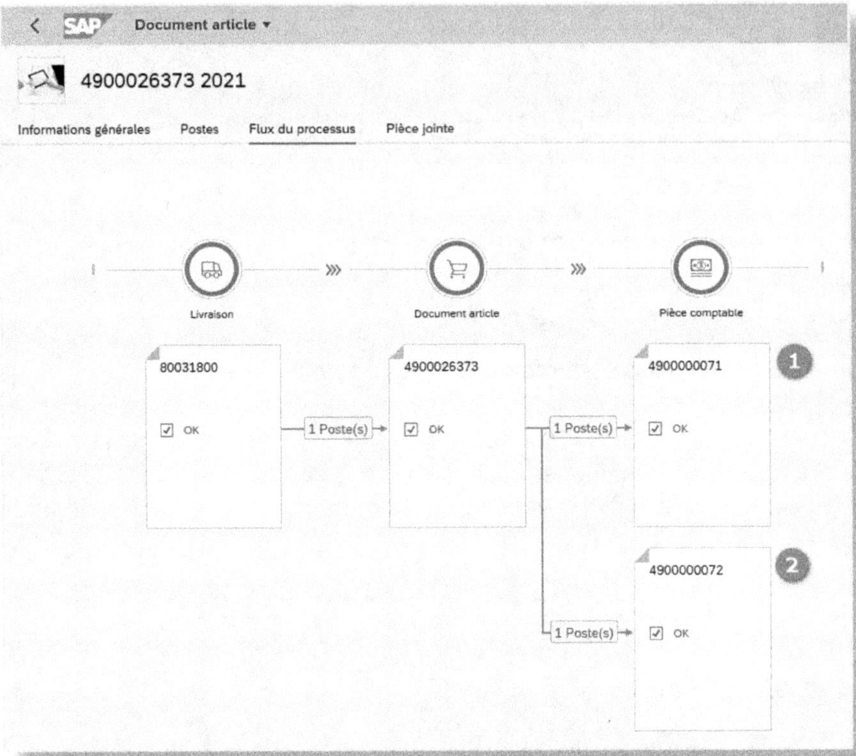

Figure 8.23 : Document article – Pièces comptables associées

En effectuant un clic gauche sur la première pièce comptable, un menu s'ouvre à nouveau (Figure 8.24). Sélectionnons l'option GESTION D'ÉCRITURES AU JOURNAL, et nous passons ainsi à la comptabilité financière.

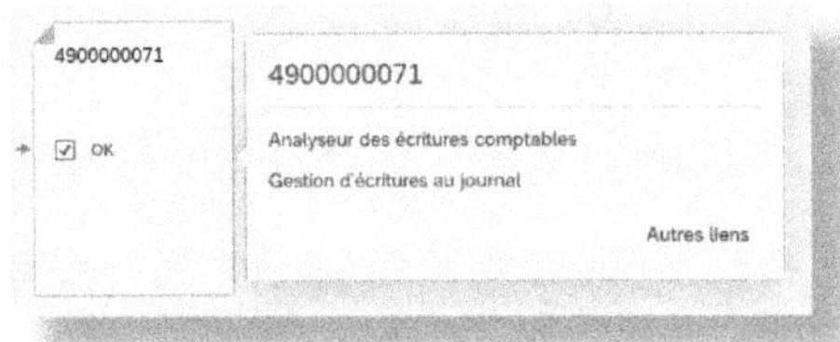

Figure 8.24 : Document article – Saut vers l'écriture au journal

L'ÉCRAN DE SAISIE de l'écriture au journal qui s'affiche nous montre d'une part les données d'EN-TÊTE et, d'autre part, dans la partie inférieure, les POSTES individuels. Nous voyons sur la Figure 8.25 que la sortie de marchandises de l'article a été saisie en enregistrant le compte du STOCK PRODUITS FINIS dans un compte de variation des stocks (MODSTOCKCTSVTESAVNC) avec ce document.

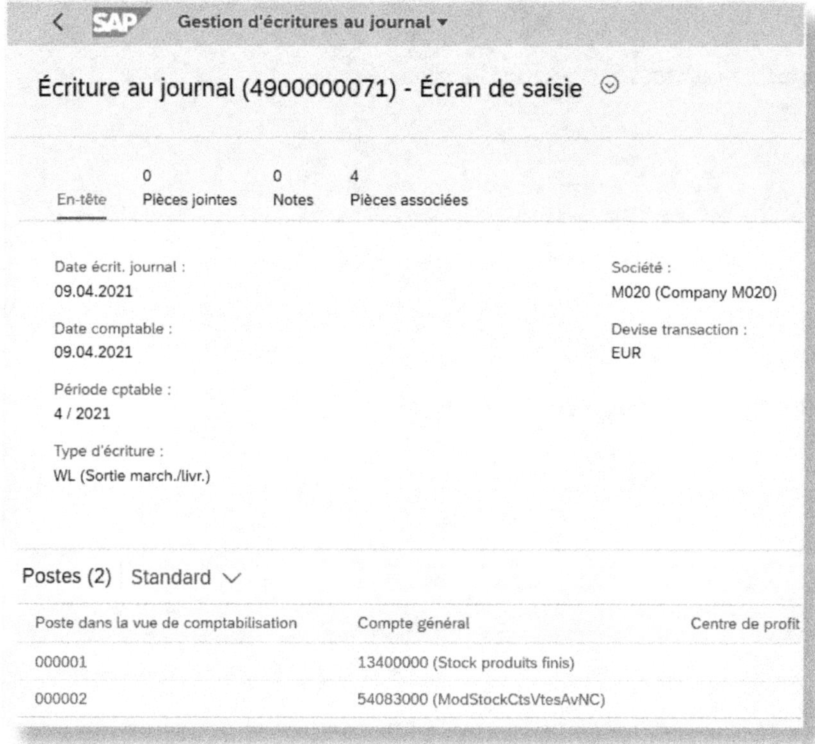

Figure 8.25 : Écriture au journal SM – Écran de saisie

Nous pouvons donc constater, à partir de l'écriture, que la variation des stocks provenant des modules logistiques génère aussi automatiquement une écriture en aval dans la comptabilité financière. Le compte de variation des stocks a été enregistré avec le prix de l'article issu du calcul du coût de revient du produit multiplié par le nombre de pièces. Pour être plus précis, le compte de stock des produits finis a été comptabilisé au crédit avec 121 000 euros, et la consommation d'articles a été comptabilisée au débit.

👉 Orientation dans l'écriture au journal

Pour obtenir une vue d'ensemble de la transaction commerciale, il est très utile d'afficher les documents pertinents dans l'écriture au journal. Par conséquent, sélectionnez dans l'écriture au journal l'option PIÈCES ASSOCIÉES (Figure 8.26). Vous accédez alors à une vue dans laquelle tous les documents précédents et suivants sont listés (Figure 8.27). Les numéros de pièce apparaissant en bleu dans l'application Fiori indiquent que vous pouvez sauter vers les autres pièces.

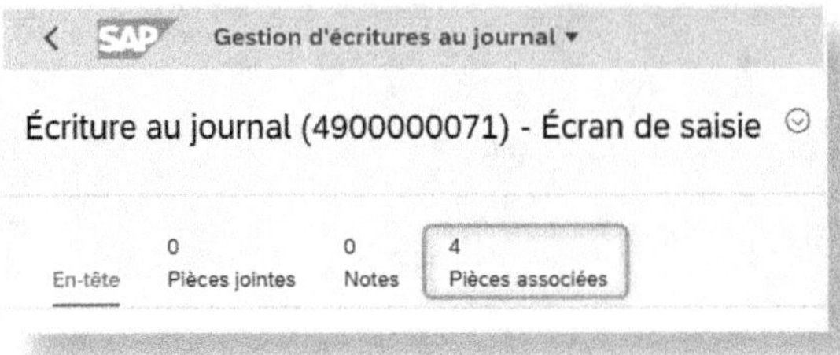

Figure 8.26 : Écriture au journal SM – Pièces associées

Figure 8.27 : Écriture au journal SM – Affichage des pièces associées

👉 Deux pièces pour une sortie de marchandises ?

Le fait que deux pièces aient été enregistrées dans la comptabilité financière lors de la sortie de marchandises s'explique de la manière suivante : la première, que nous avons montrée, est responsable de l'enregistrement réel de la consommation d'articles. La deuxième pièce est facultative et vous sert à afficher les coûts de production de l'article de manière plus détaillée. Afin de ne pas trop nous attarder dans le contrôle des coûts par produit, nous n'avons pas montré ici la deuxième pièce en détail.

Autres informations sur la livraison sortante

Le *document de livraison sortante* est l'objet central et décisif dans le processus d'expédition. Il permet de surveiller toutes les opérations en lien avec l'expédition. La sortie de marchandises pour la livraison sortante ne peut être enregistrée que lorsque toutes les conditions préalables sont remplies. Le terme « livraison sortante » est souvent comparé au bon de livraison. Ces deux objets ne sont toutefois pas synonymes : le bon de livraison est simplement le document que la livraison sortante peut imprimer.

La livraison sortante comprend les fonctions suivantes du système SAP :

- ▶ la détermination des messages,
- ▶ le suivi du prélèvement,
- ▶ le processus d'emballage,
- ▶ le suivi des délais,
- ▶ la pertinence du transport,
- ▶ la détermination de l'itinéraire.

Les fonctionnalités utilisées dans un système dépendant de l'opération concrète, nous nous contenterons ici d'énumérer celles qui sont possibles, sans entrer dans les détails.

8.2.3   La facturation

La *facturation* est généralement la dernière étape de l'analyse logistique du processus de la gestion des commandes. Lorsque la *facture* est créée, les modules logistiques transmettent le contrôle du processus au domaine financier.

Il existe principalement deux types de facturation :

- ▶ la facturation créée à partir d'une commande client,
- ▶ la facturation créée à partir d'une livraison.

Comme son nom l'indique, la facturation créée à partir d'une commande client facture la commande client. C'est souvent le cas pour les commandes de services ou à livraison directe, lorsqu'il n'y a pas de mouvement physique des marchandises.

La majorité des factures dans les entreprises industrielles sont des factures liées à la livraison. Ici, les livraisons sortantes sont utilisées comme documents précédant la facture. Ceux-ci ne peuvent être facturés que lorsque la livraison sortante est considérée comme entièrement traitée. Sauf dans quelques cas particuliers, l'*enregistrement de la sortie de marchandises* est donc une condition préalable à la facturation.

Dans la pratique, la facture est souvent créée automatiquement par un job. Les utilisateurs ne s'occupent donc plus de la créer ; ils n'ont plus qu'à surveiller le processus et à intervenir manuellement en cas d'erreur. Quelques applications Fiori sont utiles pour créer automatiquement des factures : elles sont regroupées dans le menu Fiori sous PLANIFICATION DE FACTURATION. Vous pouvez les voir sur la Figure 8.28.

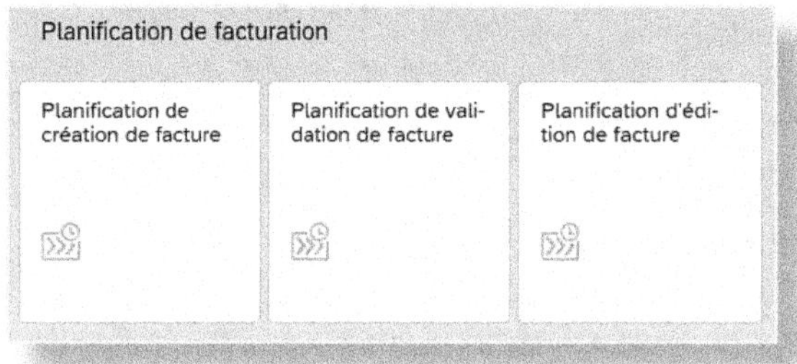

Figure 8.28 : Menu Fiori « Planification de facturation »

La création de la facture dans le système

Dans notre exemple, nous nous sommes arrêtés à la sortie de marchandises de la livraison sortante. Le document de livraison sortante a donc été entièrement traité. Par conséquent, rien ne s'oppose à l'étape suivante, c'est-à-dire la création de la facture. Recherchons l'application Fiori « Création de documents de facturation » dans le menu Fiori DOCUMENTS DE FACTURATION. La Figure 8.29 en montre une capture d'écran. La création de la facture fonctionnerait également avec la vignette portant le sous-titre VF01. Pour les utilisateurs avertis de SAP, ces caractères sont familiers : ils désignent la transaction SAP GUI utilisée pour créer les documents de facturation. Dans ce livre, cependant, nous nous concentrons sur les nouvelles applications Fiori ; nous utiliserons donc la vignette indiquée par la flèche rouge.

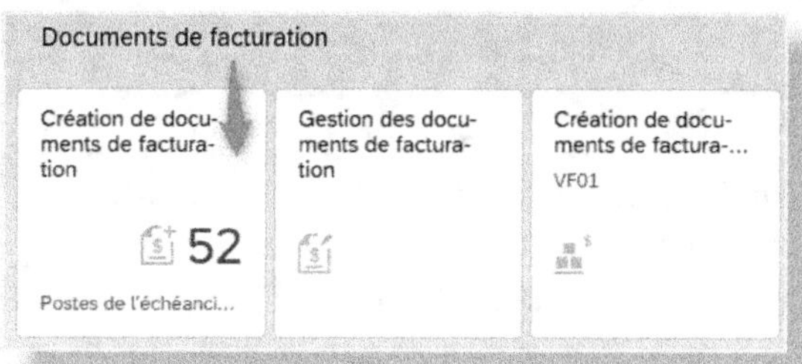

Figure 8.29 : Création de « documents de facturation » – Sélection de la vignette

👉 Trouver l'application Fiori pour la facturation

Lorsque vous recherchez l'application Fiori, veillez à utiliser le terme **documents de facturation**. Si vous entrez le mot au singulier lors de votre recherche (c'est-à-dire document de facturation), vous risquez de ne pas trouver l'application voulue.

Une fois dans l'application, le système nous montre déjà les POSTES DE L'ÉCHÉANCIER DE FACTURES, comme nous pouvons le voir sur la Figure 8.30. Si notre livraison est la dernière créée dans le système (y compris la sortie de marchandises), elle s'affichera en haut de la liste. Si vous ne trouvez pas votre livraison tout de suite, vous pouvez utiliser d'autres options de recherche ou les critères de filtrage dans la partie supérieure de l'écran.

Figure 8.30 : Création de documents de facturation – Synthèse des postes de l'échéancier de factures

> **● Création d'une facture**
>
> Dans la collection de vidéos « Processus dans SAP S/4HANA », à laquelle vous pouvez accéder via l'espace libre accès de notre plateforme d'apprentissage SAP, nous montrons comment créer une facture dans SAP S/4HANA. Nous expliquons dans la préface de ce livre comment accéder aux vidéos.

Sur la Figure 8.30, vous pouvez voir une capture d'écran de l'application Fiori dans laquelle nous sélectionnons l'un des POSTES DE L'ÉCHÉANCIER DE FACTURES, puis cliquons sur le bouton Créer situé en bas à droite de l'écran.

L'écran de saisie pour créer le document de facturation (Figure 8.31) apparaît maintenant. Nous y voyons le MONTANT TOTAL de la facture et d'autres informations détaillées qui ont été reprises dans le document. Le STATUT du document nous indique également que la facture n'est actuellement que TEMPORAIRE. Le véritable numéro de document n'est attribué que lorsque vous avez sauvegardé le document de facturation.

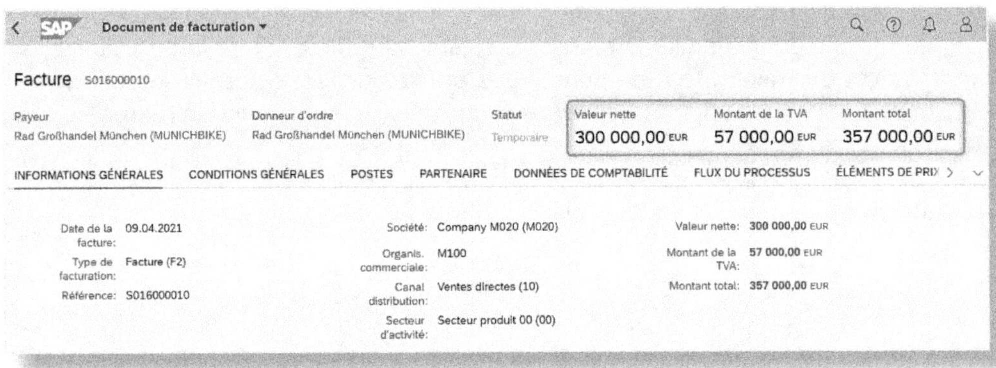

Figure 8.31 : Création de documents de facturation – Écran de saisie

Si nous faisons défiler plus bas dans l'application Fiori, nous accédons à un aperçu familier : le FLUX DU PROCESSUS. La Figure 8.32 montre le FLUX DU PROCESSUS avant la sauvegarde de la facture. Le numéro du document a donc toujours un code interne S01600002. L'écran affiche également les documents déjà connus, la commande client et la LIVRAISON SORTANTE.

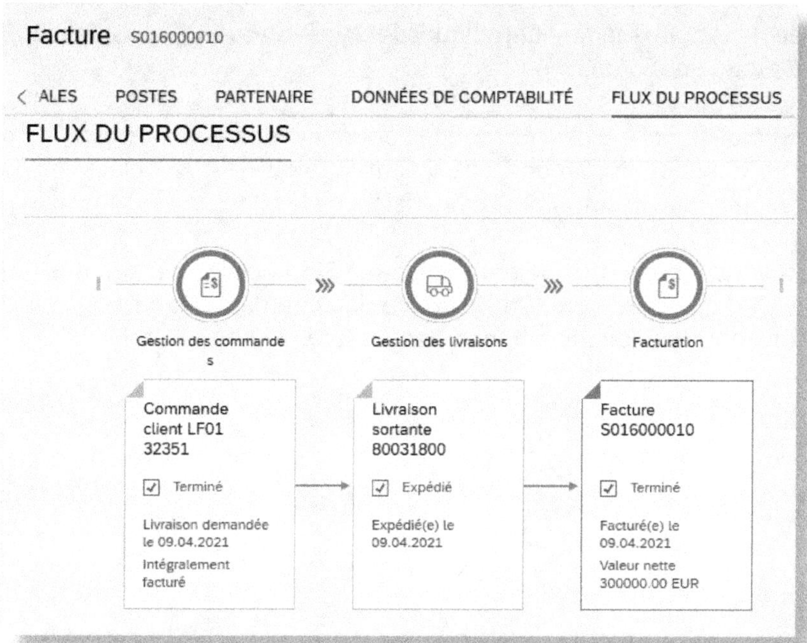

Figure 8.32 : Création de documents de facturation – Flux du processus

En partant de la Figure 8.32, continuons de faire défiler vers le bas de l'application Fiori. Nous y trouvons quelques informations sur le *pilotage des sorties* du document de facturation. Comme nous pouvons le voir sur la Figure 8.33, le système liste les messages trouvés pour la facture. Dans notre exemple, une facture PDF est générée lorsque le document de facturation est sauvegardé, ce qui est indiqué par l'icône PDF dans la table des sorties.

Facture S016000010

< ALES   POSTES   PARTENAIRE   DONNÉES DE COMPTABILITÉ   FLUX DU PROCESSUS   ÉLÉMENTS DE PRIX   IMPÔTS   TEXTES   POSTES DE SORTIE

POSTES DE SORTIE

Envoyer sortie   Dupliquer   Réessayer   Passer au statut Terminé   ⚙

	ID de poste		Statut	Date/Heure d'envoi	Type de sortie	Destinataire	Canal	Langue du formulaire	Modèle de formulaire	Modifié le	Pièces jointes	Affichage
☑	1	☐	En préparation (1)	Immédiatement (1)	BILLING_DOCUMENT	Rad Großhandel München (MUNICHBIKE)	PRINT	Allemand (DE)	SDBIL_CI_STANDARD_DE	09.04.2021	0 / 0	Détails de la sortie

Figure 8.33 : Création de documents de facturation – Postes de sortie

Pour créer la facture maintenant, cliquons sur le bouton **Sauvegarder** situé en bas à droite de l'écran.

Le système déclenche alors les routines pour sauvegarder la facture dans la base de données. Il parcourt également les activités associées, telles que le transfert vers la comptabilité financière ou le pilotage des messages.

Nous pouvons à présent appeler l'application Fiori pour la gestion des documents de facturation. Celle-ci se trouve dans le menu Fiori DOCUMENTS DE FACTURATION ; la vignette est représentée sur la Figure 8.34.

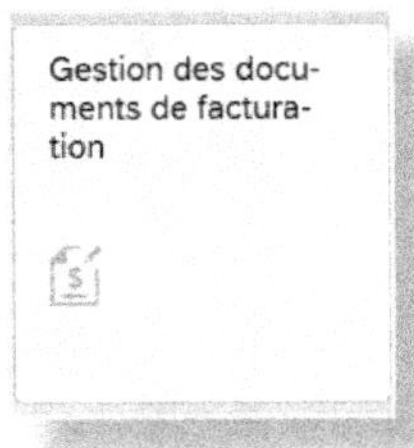

Figure 8.34 : Gestion des documents de facturation – Vignette Fiori

Une fois dans l'application, nous retrouvons la facture que nous venons de créer. Si elle n'est pas visible en bas de l'écran de données, nous pouvons utiliser les critères de recherche et de filtrage pour trouver le document que nous recherchons. Notre facture apparaît déjà sur la Figure 8.35 : nous la sélectionnons en cochant la case, puis cliquons sur le bouton AFFICHER en bas de l'écran.

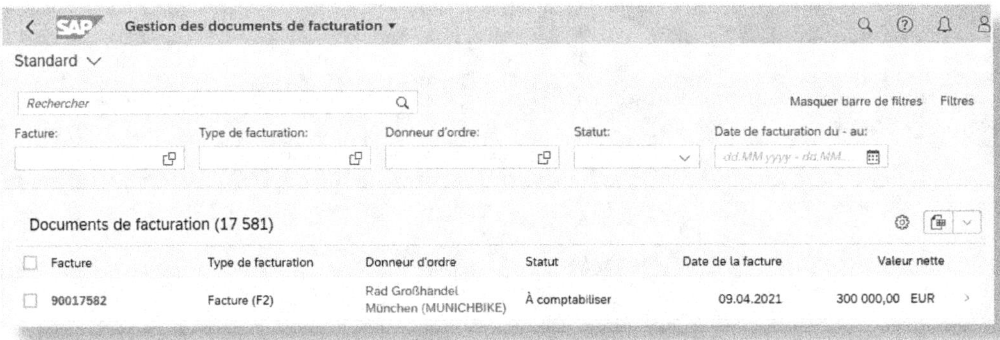

Figure 8.35 : Gestion des documents de facturation – Recherche de documents

Une fois dans le document de facturation (Figure 8.36), deux choses importantes ont changé en haut de l'écran depuis que nous avons sauvegardé la facture : le numéro de la facture ❶ est maintenant affiché, et le STATUT ❷ n'est plus temporaire mais À COMPTABILISER. Cela signifie non seulement que le document de facturation a été créé, mais qu'il a également été correctement transféré à la comptabilité financière. Le document de facturation est donc complet.

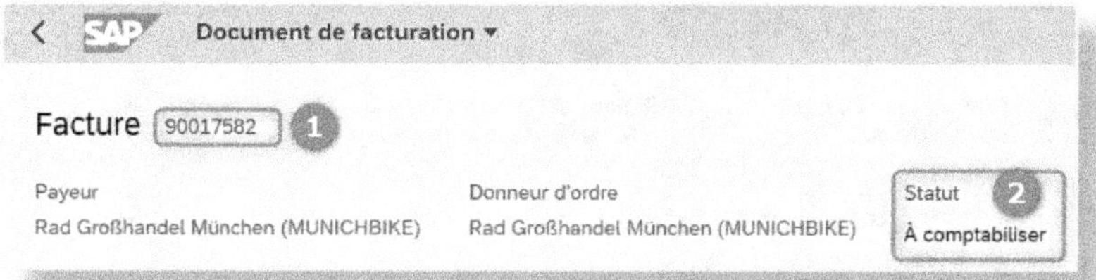

Figure 8.36 : Gestion des documents de facturation – Synthèse des données d'en-tête

Nous voyons également une vue mise à jour dans le FLUX DU PROCESSUS qui se trouve plus bas dans l'application Fiori. Comme le montre la Figure 8.37, une ÉCRITURE s'est ajoutée à la facture. Les informations détaillées indiquent que la FACTURE, la LIVRAISON SORTANTE ainsi que la COMMANDE CLIENT correspondante ont le statut TERMINÉ, tandis que celui de l'ÉCRITURE est NON RAPPROCHÉ indiquant que nous sommes encore en attente d'un paiement de la part du client. Ce processus se poursuit cependant dans la comptabilité financière ; les modules logistiques n'interviennent plus dans ce domaine. Par conséquent, aucune autre action n'est requise ici d'un point de vue logistique. La chaîne de documents est clôturée.

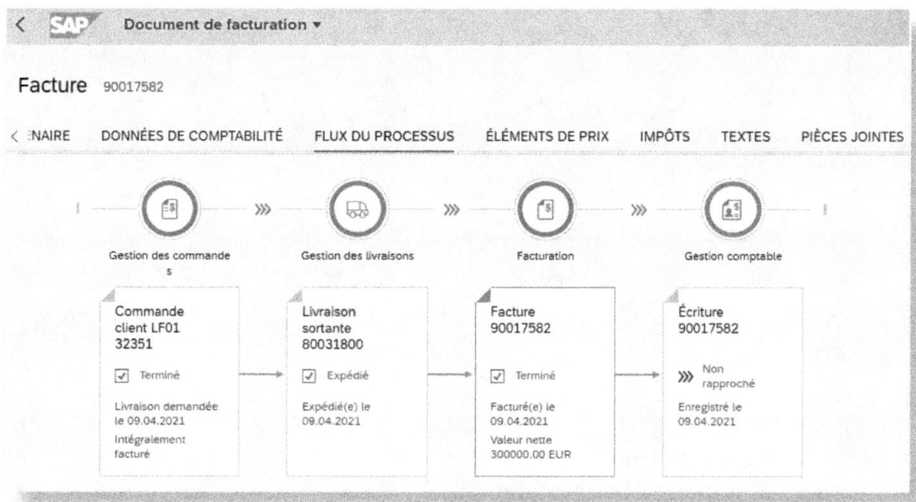

Figure 8.37 : Gestion des documents de facturation – Flux du processus

Avant de changer d'application, il convient toutefois d'observer la barre de menu située en bas de l'écran, que nous reconnaissons sur la Figure 8.38. En plus des boutons TRAITER et ANNULER DOCUMENT DE FACTURATION se trouve également la fonction APERÇU. Cliquons sur le bouton Aperçu : nous constatons que le PDF du message de facturation est déjà en cours de téléchargement en arrière-plan. Si nous ouvrons le PDF, nous voyons la FACTURE, comme sur la Figure 8.39.

Figure 8.38 : Gestion des documents de facturation – Options pour le traitement du document

Date :		9 avr. 21
Date de livraison :		9 avr. 21
Commande client:		32351
Livraison:		80031800
Numéro de référence :		450123434

Ligne	Produit		Description	Quantité
10	MTB-BIKE-29		Mountainbike 29 inchHELLO	100 Pce
	Prix :	Montant brut	3,000.00 EUR / 1 Pce	300,000.00 EUR
		Montant net 1	3,000.00 EUR / 1 Pce	300,000.00 EUR

Notre numéro d'identification TVA :	DE123456789	Montant total net		300,000.00 EUR
Version incoterms :	2010	TVA collectée	19.00 %	57,000.00 EUR
Incoterms :	EXW	Total		357,000.00 EUR
Lieu de livraison:	München			
Conditions de paiement :	14 jours 2% , 30 net			

Nous vous remercions de votre confiance.

Figure 8.39 : Gestion des documents de facturation – Édition du message de facturation

La facture présentée sur la Figure 8.39 peut être très différente du formulaire que vous voyez dans votre système. Cela dépend des développements et des configurations du système.

L'intégration avec la comptabilité financière

Une fois la facture sauvegardée, la partie logistique du processus de gestion des commandes est clôturée. C'est maintenant au tour de la comptabilité financière d'exécuter les étapes suivantes du processus. L'écriture au journal générée par la facture fournit la base de données nécessaire à cet effet. Pour afficher cette écriture au journal, nous retournons à notre application Fiori de gestion des documents de facturation, que nous avons décrite précédemment. Nous y sélectionnons notre document de facturation, cliquons sur AFFICHER, puis sélectionnons FLUX DU PROCESSUS. Dans les documentations système précédentes (partie 8.2.2 et/ou 8.2.3), vous trouverez plus de détails sur la façon d'utiliser l'application Fiori.

> ● **Intégration avec la comptabilité financière**
>
> Dans la collection de vidéos « Processus dans SAP S/4HANA », à laquelle vous pouvez accéder via l'espace libre accès de notre plateforme d'apprentissage SAP, nous vous montrons l'intégration du document de facturation avec la comptabilité financière. Nous expliquons dans la préface de ce livre comment accéder aux vidéos.

Dans le FLUX DU PROCESSUS du document de facturation, cliquons avec le bouton gauche de la souris sur l'ÉCRITURE affichée ❶ (Figure 8.40). S'ouvre alors un menu qui nous offre deux options. Nous choisissons de sauter vers la GESTION D'ÉCRITURES AU JOURNAL ❷.

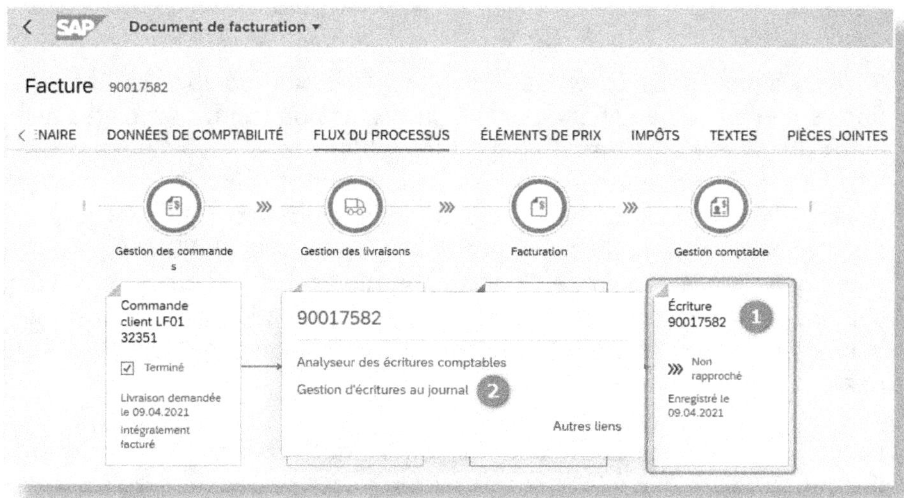

Figure 8.40 : Gestion des documents de facturation – Saut depuis l'écriture au journal

L'application Fiori « Gestion d'écritures au journal » s'ouvre. Nous la connaissons déjà grâce à la pièce comptable, qui a été générée par le document article lors de la sortie de marchandises de la livraison sortante. En revanche, dans cette application Fiori, un plus grand nombre de zones sont renseignées pour la facture. La Figure 8.41 montre la partie supérieure de l'écran : nous y trouvons les données d'EN-TÊTE de l'ÉCRITURE AU JOURNAL, entre autres également le numéro de RÉFÉRENCE et le TYPE PIÈCE RÉFÉRENCE. Ceux-ci renvoient à la facture que nous avons créée précédemment.

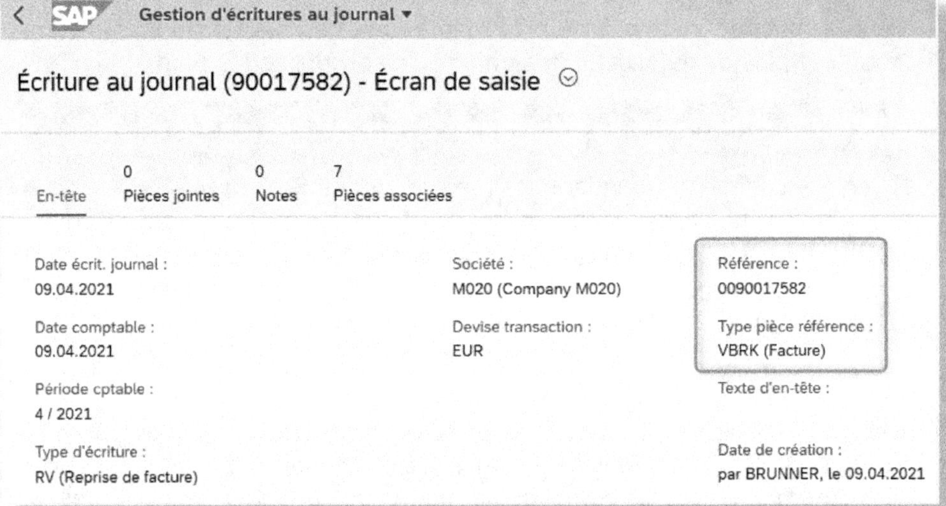

Figure 8.41 : Écriture au journal, document de facturation – Informations d'en-tête

Si nous descendons plus bas dans l'ÉCRITURE AU JOURNAL, les informations sur le poste s'affichent. Sur la Figure 8.42, nous pouvons voir les deux blocs principaux : les POSTES individuels et les TAXES. La liste des postes individuels nous montre des écritures sur le compte de créances du client (CRÉANCES – NATIO...) au débit et le compte de produits (PRDT NATIONAL – PR...) au crédit, y compris le compte de TVA COLLECTÉE (MWS). La zone des taxes nous renseigne sur le CODE TVA appliqué, lequel comprend le taux d'imposition et le compte de taxes affecté. L'application Fiori nous signale par les caractères en bleu qu'il est possible de sauter vers le COMPTE GÉNÉRAL. Cliquons sur le POSTE 000001.

L'application Fiori passe ensuite aux détails des postes. Vous y trouverez des informations complémentaires sur le poste de l'écriture au journal 1 (voir Figure 8.43).

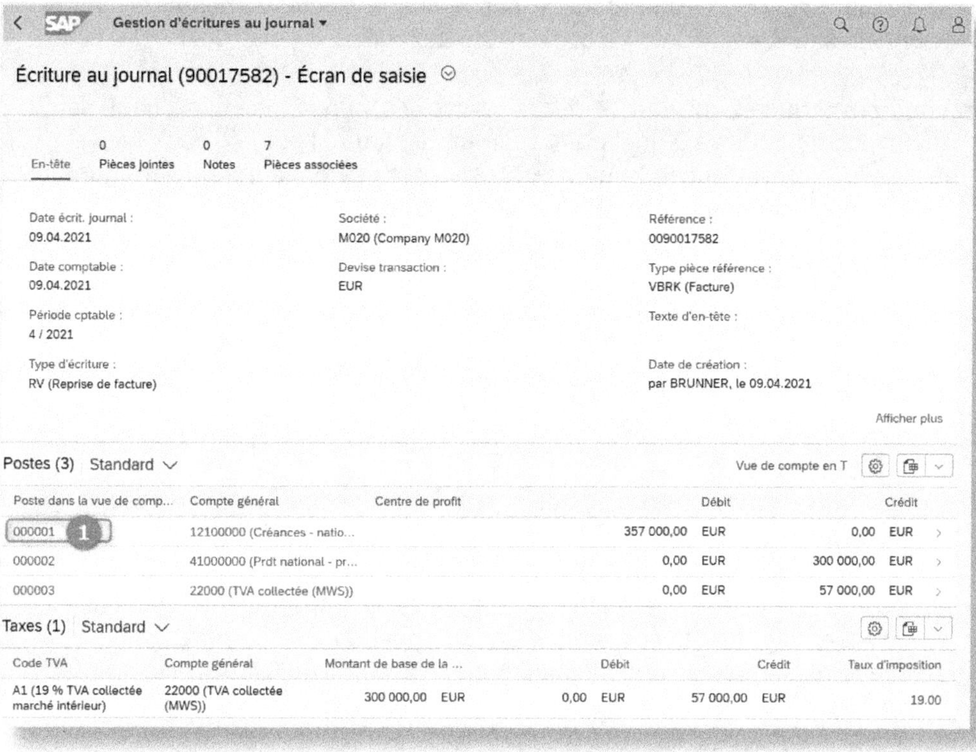

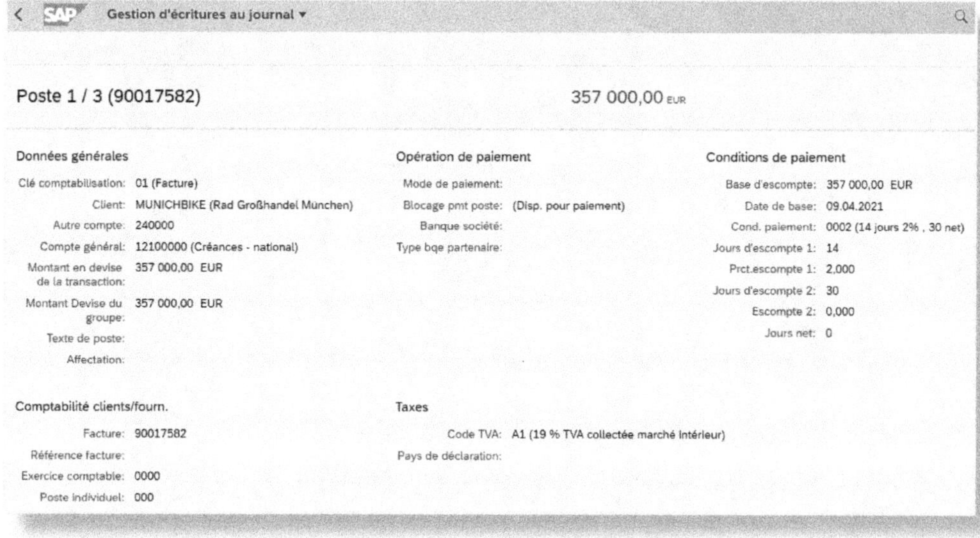

Figure 8.42 : *Écriture au journal, document de facturation – Informations sur les postes*

Figure 8.43 : *Écriture au journal, document de facturation – Détails du poste 1*

En cliquant sur le bouton Retour ‹ dans la barre d'écran supérieure, nous revenons à la vue d'ensemble de l'écriture au journal.

Vous remarquerez ici que 7 PIÈCES ASSOCIÉES apparaissent en haut de l'écran, ce qui montre à quel point l'écriture au journal est liée dans le système. En cliquant sur le bouton PIÈCES ASSOCIÉES encadré sur la Figure 8.44, nous accédons aux postes de pièces associés.

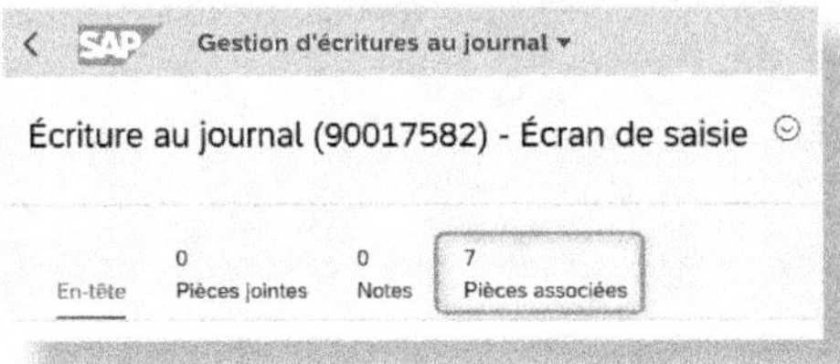

Figure 8.44 : Écriture au journal, document de facturation – Saut vers les pièces associées

Si nous développons la liste affichée sur la Figure 8.45, nous obtenons une vue d'ensemble des pièces créées dans la gestion des commandes. Cet affichage ressemble au flux de documents classique de SAP.

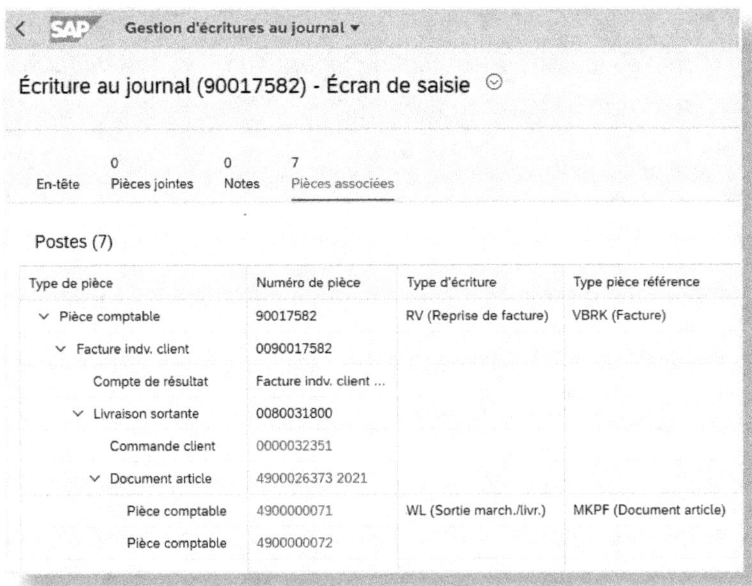

Type de pièce	Numéro de pièce	Type d'écriture	Type pièce référence
⌄ Pièce comptable	90017582	RV (Reprise de facture)	VBRK (Facture)
⌄ Facture indv. client	0090017582		
Compte de résultat	Facture indv. client ...		
⌄ Livraison sortante	0080031800		
Commande client	0000032351		
⌄ Document article	4900026373 2021		
Pièce comptable	4900000071	WL (Sortie march./livr.)	MKPF (Document article)
Pièce comptable	4900000072		

Figure 8.45 : Écriture au journal, document de facturation – Pièces associées

À l'aide du Type de pièce, que l'on peut voir dans la première colonne de la Figure 8.45, nous pouvons affecter les pièces aux étapes du processus. Nous y trouvons la Pièce comptable en cours, la Facture correspondante, la Livraison sortante, y compris le Document article pour la sortie de marchandises, et la Commande client dans laquelle le processus trouve son origine.

Autres informations sur la facture

Comme nous l'avons déjà dit, la facturation des livraisons sortantes représente la dernière étape logistique du processus de gestion des commandes. Lorsque le document de facturation est créé, les volumes d'affaires sont transférés à la comptabilité financière, comme décrit précédemment. Le document de livraison est ainsi clôturé ; le système n'autorise aucune autre modification de la livraison sortante.

La fonction du document de facturation peut être interprétée comme un soutien et une étape de préparation pour la comptabilité financière. La *détermination des comptes* dans la facture permet de déduire tous les comptes généraux pertinents pour l'enregistrement à partir du Customizing, qui sont ensuite repris en conséquence dans la pièce comptable.

Le document de facturation agit sur les objets environnants de la manière suivante :

- ▶ La pièce comptable est préparée et créée.

- ▶ Le document de facturation est transféré à l'analyse du compte de résultat (CO-PA).

- ▶ Les données sont mises à jour dans la commande client et la livraison sortante.

- ▶ Une mise à jour est effectuée dans le système d'information commercial.

- ▶ Le plafond de crédit du client est mis à jour.

8.2.4 L'encaissement

La dernière étape du processus de gestion des commandes est l'encaissement du client. Tant que le paiement du client n'a pas été enregistré dans le système SAP, la facture reste dans le compte client en tant que *poste non soldé*. Les fonctions correspondantes ne se trouvent désormais plus dans les modules logistiques SAP, mais dans la comptabilité financière SAP FI.

En pratique, les encaissements ne sont enregistrés manuellement dans le système SAP que dans des cas exceptionnels. En revanche, un grand nombre d'options existe pour transférer automatiquement les flux de trésorerie dans le système. En fonction de la structure de l'interface, des outils appropriés sont également utilisés pour contrôler les flux de paiement.

L'enregistrement du paiement dans le système

Dans notre exemple, nous empruntons la voie classique de la comptabilisation manuelle des paiements. Les applications présentées sont disponibles dans tous les systèmes S/4HANA sans Customizing ni licences supplémentaires.

Recherchons l'application Fiori « Comptabilisation des encaissements », puis sélectionnons la vignette comprenant le sous-titre POUR CLIENTS (Figure 8.46).

Figure 8.46 : Application « Comptabilisation des encaissements »

Dans l'écran suivant (Figure 8.47), quelques paramètres importants doivent être définis.

❶ DATE DOCUMENT = la date du jour ;

❷ TYPE = le paiement client (DZ) ;

❸ DATE COMPTABLE = peut également être la date du jour ;

❹ RÉFÉRENCE = nous entrons ici le numéro de la facture ;

❺ COMPTE = le compte bancaire sur lequel nous avons reçu le paiement ;

❻ MONTANT = le montant brut que nous avons reçu sur notre compte bancaire ;

❼ COMPTE = le compte client, c'est-à-dire le client qui a effectué le paiement.

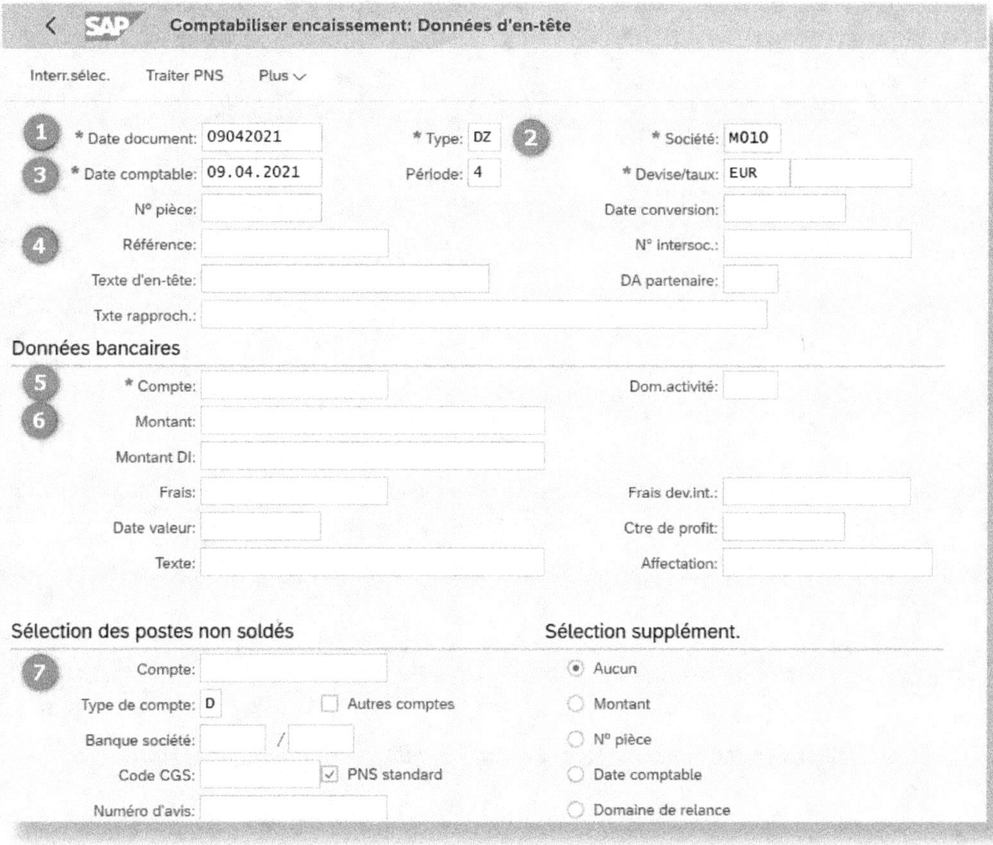

Figure 8.47 : Comptabiliser encaissement – Données d'en-tête

Une fois les données saisies, COMPTABILISER en bas à droite de l'écran nous permet de passer à l'étape suivante. Comme indiqué sur la Figure 8.48, nous sommes maintenant dirigés vers le traitement des postes non soldés. Cet écran comprend de nombreuses informations, c'est pourquoi il peut sembler confus au premier abord. Sa structure est cependant cohérente : les boutons ❶ et ❷ nous permettent d'activer ou de désactiver les postes. Les non soldés apparaissant en bleu sont actifs. Si nous activons ou désactivons les postes, nous constatons que les montants affectés changent.

Cela a également une incidence sur la valeur de la zone ❹, qui représente le montant non affecté.

Notre objectif commercial consiste à ce que les postes non soldés sélectionnés et actifs correspondent au total précédemment saisi dans les données d'en-tête du paiement. Si la différence est trop importante, le système peut nous bloquer en affichant un message d'erreur.

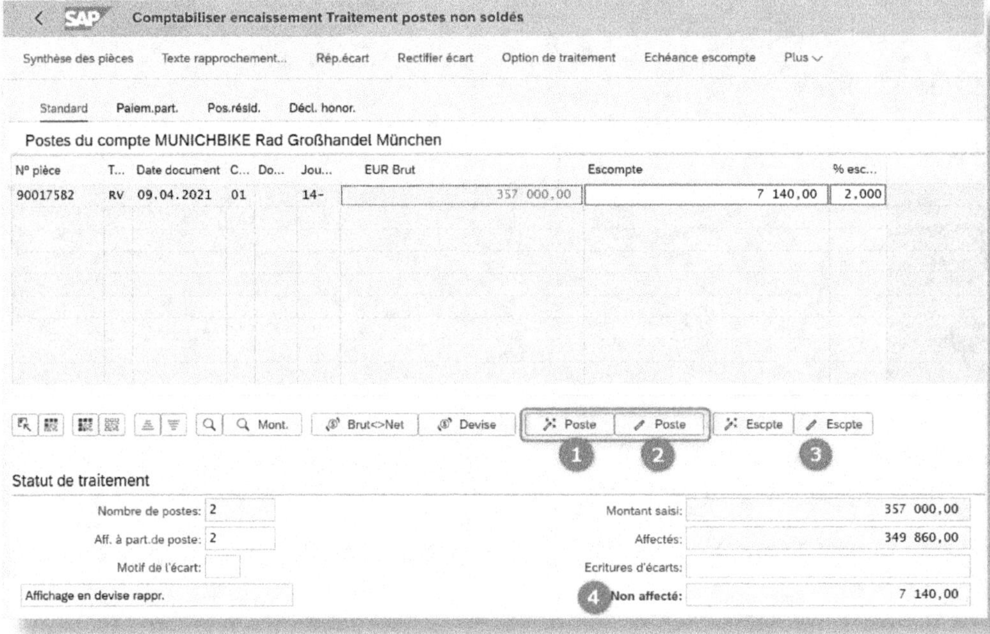

Figure 8.48 : Comptabiliser encaissement – Traitement des postes non soldés

La différence de 7 140 euros indiquée dans notre cas résulte de la déduction de l'escompte. Nous pouvons désactiver cette fonction avec le bouton ESCPTE ❸.

Approfondissons ce point : les conditions de paiement de notre pièce auraient permis au client de déduire un montant d'escompte. Le système a donc pris en compte l'escompte et l'a activé. Cependant, nous avons comptabilisé le montant brut réel de la facture comme encaissement. Par conséquent, nous avons désactivé manuellement l'escompte afin de pouvoir affecter le montant total.

Si le montant saisi de l'encaissement et le total des postes non soldés affectés concordent, les zones ÉCRITURES D'ÉCARTS ❶ et NON AFFECTÉ ❷ doivent afficher un montant de 0 euro (Figure 8.49). Si tel est le cas, nous pouvons COMPTABILISER l'encaissement ❸.

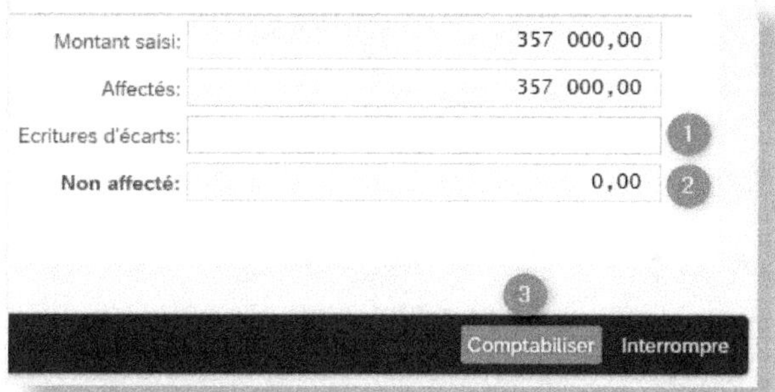

Figure 8.49 : Comptabiliser encaissement – Sauvegarde de la pièce

Après avoir cliqué sur COMPTABILISER, nous sommes informés, en bas de l'écran, qu'une pièce a été comptabilisée. L'intégralité de l'opération de gestion des commandes est désormais clôturée. Pour nous en assurer, nous recherchons l'application Fiori « Suivi des commandes client ». Vous pouvez en voir la vignette dans la Figure 8.50.

Figure 8.50 : Suivi des commandes client – Présentation de la vignette

Après le lancement de l'application Fiori, un écran s'ouvre pour sélectionner les commandes client à suivre (Figure 8.51). Dans la zone DOCUMENT DE VENTE ❶, nous entrons le numéro de commande client souhaité. En cliquant sur le bouton LANCER ou en appuyant sur Entrée, le système exécute la sélection.

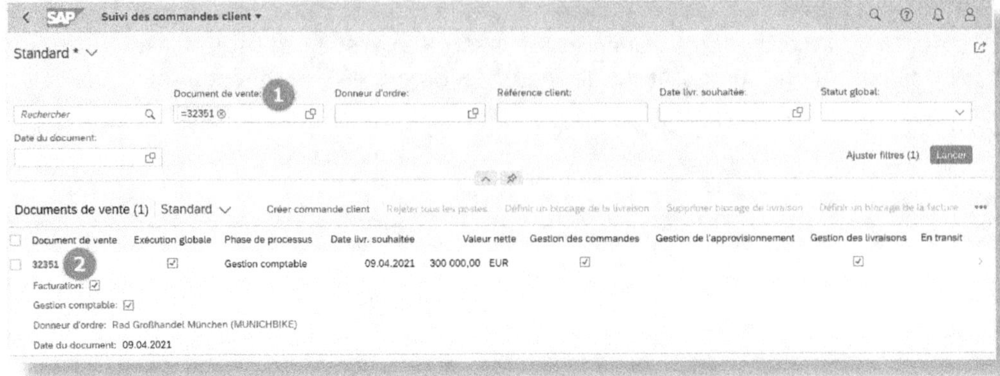

Figure 8.51 : Suivi des commandes client – Sélection d'une commande client

Arrivés dans la liste de résultats, nous obtenons une présentation du statut d'accomplissement en cliquant sur la première ligne. Le FLUX DU PROCESSUS que nous avons souvent décrit s'y trouve également (Figure 8.52). Nous reconnaissons aux zones de données de l'application que la commande client a été entièrement expédiée, facturée et que le paiement a été rapproché.

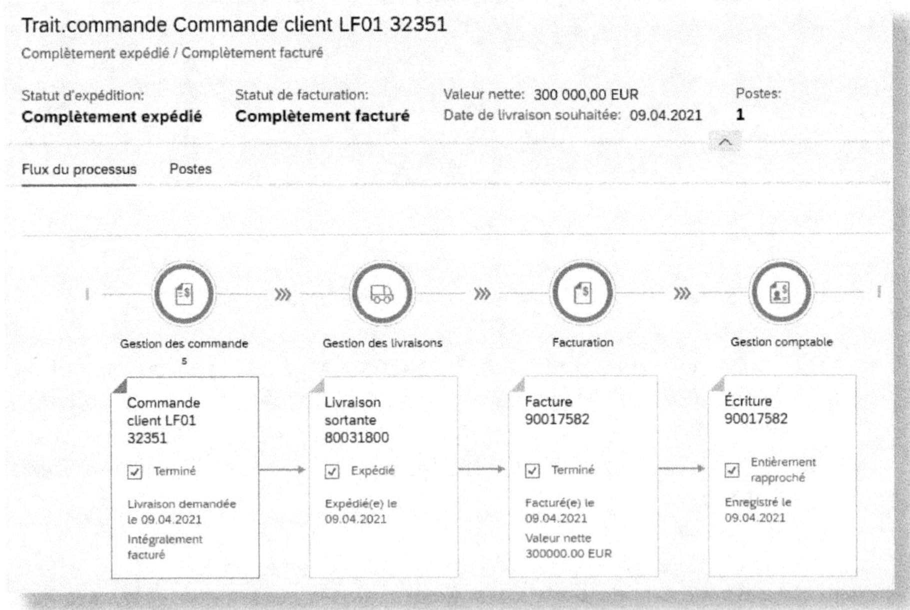

Figure 8.52 : Suivi des commandes client – Statut d'accomplissement

Si nous voulons afficher les résultats comptables dans un compte de résultat, nous pouvons sélectionner l'application « Compte de résultat – Données réelles », présentée sur la Figure 8.53.

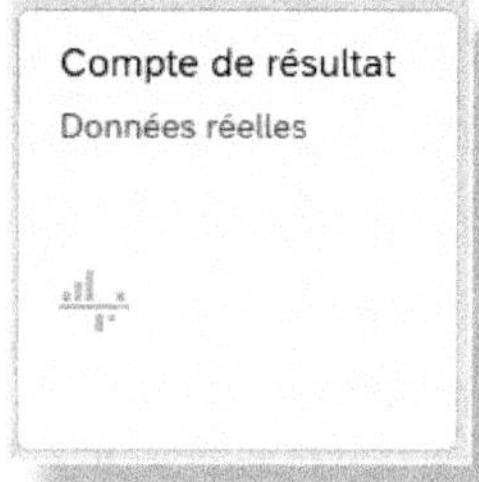

Figure 8.53 : Application Fiori « Compte de résultat – Données réelles » – Présentation de la vignette

Une fois ici, nous sélectionnons d'abord les paramètres de reporting pour l'EXERCICE COMPTABLE et la SOCIÉTÉ utilisée (Figure 8.54).

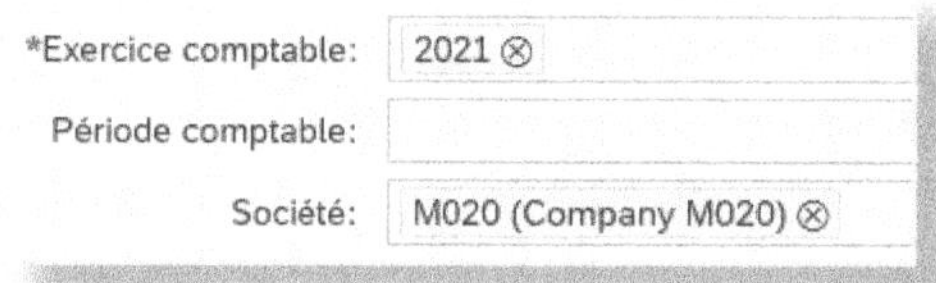

Figure 8.54 : Compte de résultat – Données réelles – Sélection

Cliquons ensuite sur le bouton FILTRES dans la barre de menu, et ajoutons un filtre pour notre numéro de commande client. Vous pouvez voir sur la Figure 8.55 où se trouve l'accès aux options de filtres.

Figure 8.55 : Compte de résultat – Données réelles – Ajout d'un filtre

De nombreux comptes correspondant à nos critères de filtre mais ne contenant aucune écriture (et donc aucune valeur dans la table) vont probablement s'afficher. La Figure 8.56 vous indique comment ajouter une condition afin d'afficher uniquement les comptes qui présentent un mouvement associé à la commande client. Cliquez avec le bouton droit de la souris dans la colonne INDICATEURS ❶ pour afficher un menu contextuel, puis sélectionnez DÉFINIR CONDITIONS... ❷.

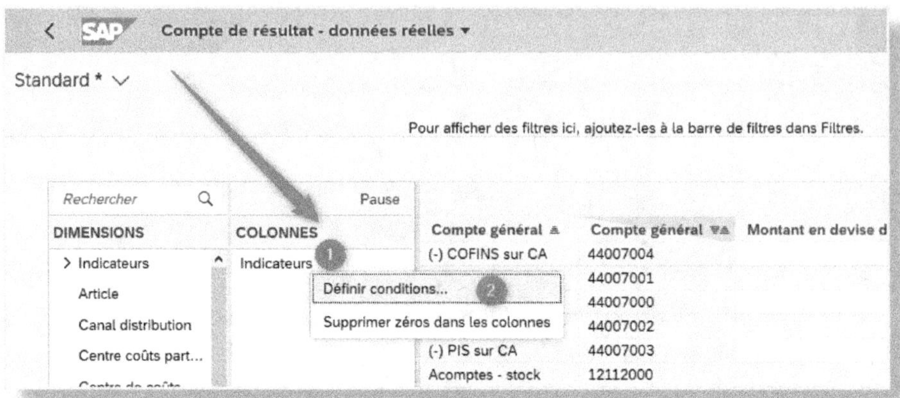

Figure 8.56 : Compte de résultat – Données réelles – Définition d'une condition

Ensuite apparaît une fenêtre pop-up dans laquelle vous devez ajouter une règle. Sélectionnez MONTANT EN DEVISE DU PÉRIMÈTRE... DIFFÉRENT DE 0, comme indiqué sur la Figure 8.57.

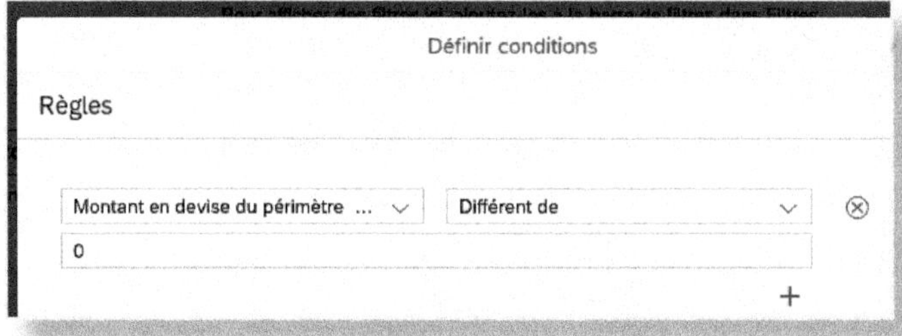

Figure 8.57 : Compte de résultat – Données réelles – Saisie d'une condition

La table du compte de résultat devrait désormais avoir beaucoup gagné en visibilité et ne contenir plus que quelques comptes ayant été enregistrés avec des valeurs dans le cadre de notre processus de gestion des commandes. Vous pouvez voir notre exemple sur la Figure 8.58. Le PRDT NATIONAL, les FRAIS GÉNÉRAUX et le COÛT DES MATÉRIAUX y ont été utilisés. Nous pouvons également voir que le TOTAL GLOBAL est de -170 670,00 euros. Les volumes d'affaires et/ou les bénéfices étant représentés par des chiffres négatifs dans SAP, nous avons ainsi, pour simplifier, réalisé un bénéfice de 170 670,00 euros avec cette commande client.

Compte général ≜	Compte général ⇳≜	Montant en devise du périmètre analytique ⇳≜	Quantité ⇳≜
COÛT DES MATÉRIAUX	99000010	110 000,00 EUR	0 Pce
COÛTS DE PRODUCTION	99000020	8 330,00 EUR	0 Pce
FRAIS GÉNÉRAUX	99000030	11 000,00 EUR	0 Pce
Prdt national - prdt	41000000	-300 000,00 EUR	-100 Pce
Total global		-170 670,00 EUR	0 Pce

Figure 8.58 : Compte de résultat – Données réelles – Table de résultats

8.3 Le reporting dans la gestion des commandes

S/4HANA propose de nombreuses applications Fiori visant à soutenir le processus de gestion des commandes avec des fonctions d'analyse. Celles qui peuvent donner un aperçu rapide des processus sont décrites ci-dessous. Elles se trouvent dans les menus Fiori ANALYSE DES VENTES, COMMANDES CLIENT et SUIVI DES COMMANDES CLIENT.

8.3.1 Analyse des ventes

Sur la Figure 8.59, vous pouvez voir les applications Fiori du menu ANALYSE DES VENTES. Elles nous renseignent sur le VOLUME D'AFFAIRES de l'encours pour les périodes à venir, le nombre de POSTES DE COMMANDE CLIENT qui ont été confirmés conformément à la date de livraison souhaitée, ou les commandes client en attente (troisième vignette).

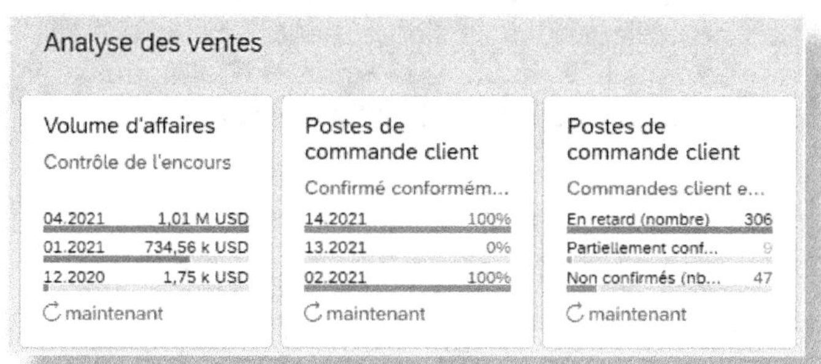

Figure 8.59 : Analyse des ventes – Menu Fiori

En cliquant sur l'application des POSTES DE COMMANDE CLIENT confirmés, nous accédons à la vue détaillée que nous reconnaissons sur la Figure 8.60.

Nous pouvons y voir le pourcentage par période de postes de commande client confirmés et livrés comme souhaité. Le graphique nous permet de voir rapidement que dans les périodes 19.2020, 24.2020 et 40.2020, nous n'avons pas été en mesure de confirmer certains postes de commande client à la date de livraison souhaitée.

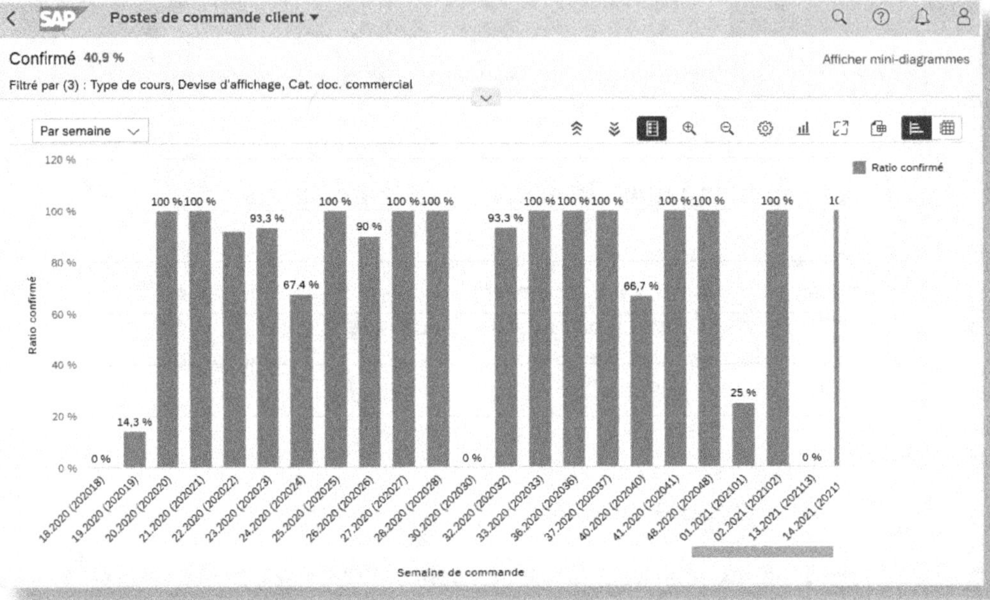

Figure 8.60 : Analyse des ventes – Postes de commande client confirmés et livrés comme souhaité

Ensuite, si les commandes clients de la période 40.2020 nous intéressent, nous pouvons continuer de naviguer dans les documents en cliquant sur la barre du graphique, tel que nous le voyons sur la Figure 8.61. Cliquons tout d'abord sur la barre, puis choisissons la sélection PAR COMMANDE CLIENT.

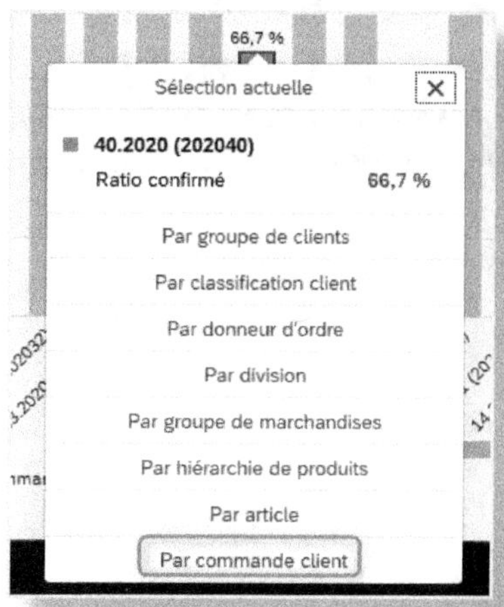

Figure 8.61 : Analyse des ventes – Postes de commande client confirmés et livrés comme souhaité – Saut à Par commande client

Nous obtenons ainsi une liste de VALEUR NETTE et RATIO CONFIRMÉ au niveau de la commande client (Figure 8.62). Avec ces informations, nous pourrions lancer d'autres analyses et rechercher la cause.

Commande client	Donneur d'ordre	Valeur nette	Ratio confirmé
32334	Rad Großhandel München (MUNICHBIKE)	44,49 k USD	100 %
32336	Aladi AG (BP-31)	3,34 k USD	100 %
32335	Rad Großhandel München (MUNICHBIKE)	333,65 k USD	0 %

Figure 8.62 : Analyse des ventes – Postes de commande client confirmés et livrés comme souhaité – Liste par commande client

8.3.2 Suivi des commandes clients

Le menu de barre de lancement SUIVI DES COMMANDES CLIENTS que nous voyons sur la Figure 8.63 est particulièrement intéressant pour l'exécution d'autres analyses.

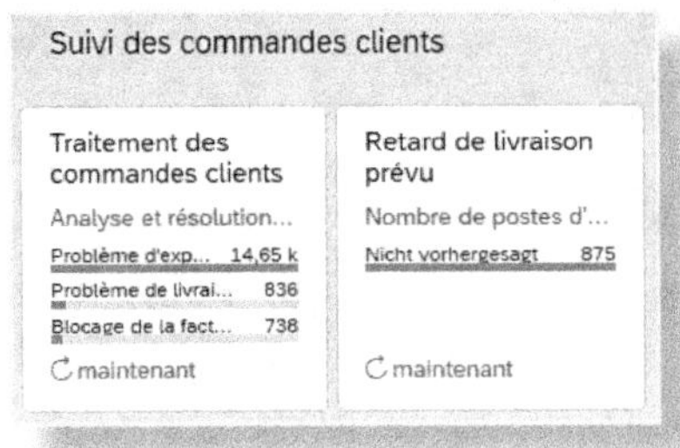

Figure 8.63 : Suivi des commandes clients

Pour en savoir plus sur les PROBLÈMES DE TRAITEMENT DES COMMANDES CLIENT, nous pouvons sélectionner l'application pour naviguer vers les détails. Sur la Figure 8.64, nous voyons la manière dont le système classe les problèmes. Là encore, il est possible de continuer à naviguer dans les documents pour poursuivre la recherche des causes au niveau du document.

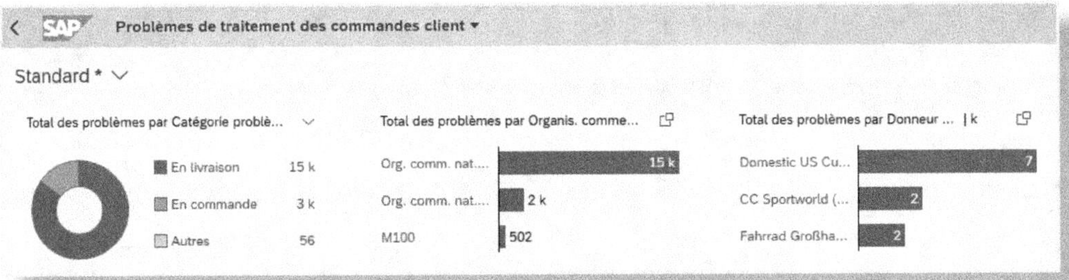

Figure 8.64 : Application « Traitement des commandes client » – Vue détaillée des problèmes

8.3.3 Les autres analyses des ventes

En plus des applications Fiori déjà mentionnées dans le domaine de l'analyse des ventes, vous trouverez sur la Figure 8.65 d'autres applications qui permettent de visualiser les données, et s'articulent aussi spécifiquement autour du volume d'affaires. À ce stade, il convient de souligner à nouveau que S/4HANA offre un large éventail d'applications pour analyser les processus de gestion. Les illustrations dans ce livre renvoient à quelques-unes des plus utiles pour se familiariser avec les processus. Par conséquent, nous n'entrerons pas ici non plus dans les détails du fonctionnement de chacune de ces analyses ou de leur potentiel d'optimisation.

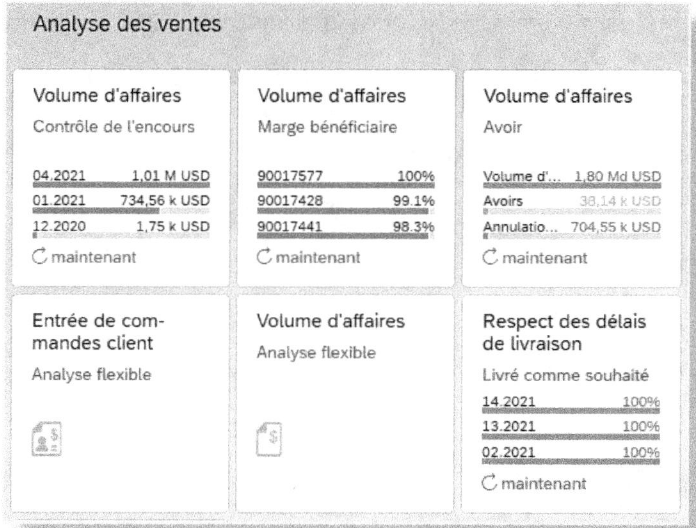

Figure 8.65 : Autres analyses des ventes – Relatives au volume d'affaires

Vous pouvez également voir sur la Figure 8.66 quelques exemples de rapports indiquant les taux d'accomplissement, les taux de conversion et la situation du contrôle de disponibilité des commandes client.

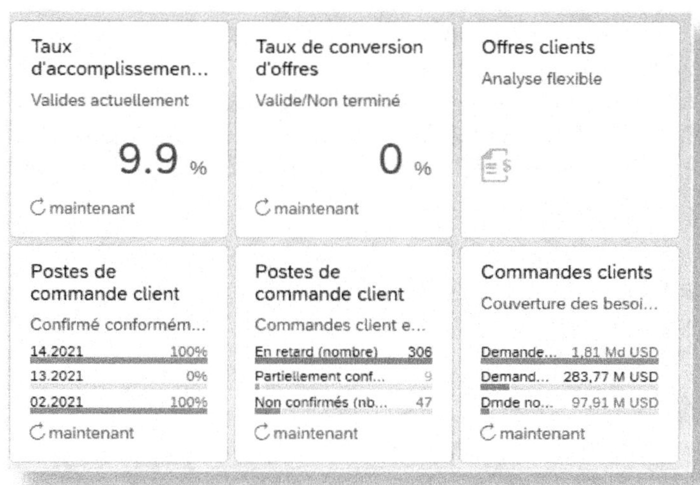

Figure 8.66 : Autres analyses des ventes – Zoom sur le taux d'accomplissement

8.3.4 Le reporting avec intégration dans la comptabilité financière

Le domaine de l'intégration dans la comptabilité financière est couvert par le menu de la barre de lancement ANALYSE POUR COMPTABILITÉ CLIENTS. Nous trouvons ici un large éventail de ratios qui sont déjà affichés dans l'aperçu des vignettes Fiori donné sur la Figure 8.67.

Figure 8.67 : Analyse pour comptabilité clients

Pour de nombreuses entreprises, l'aperçu sur les retards de paiement représente un paramètre essentiel. En cliquant sur l'application « Retard de paiement en jours », nous obtenons une vue détaillée, que nous retrouvons sur la Figure 8.68. Le résultat est déjà filtré et montre le top 10 des retards de paiement des clients : ceux ayant le plus grand retard et le plus petit (en négatif).

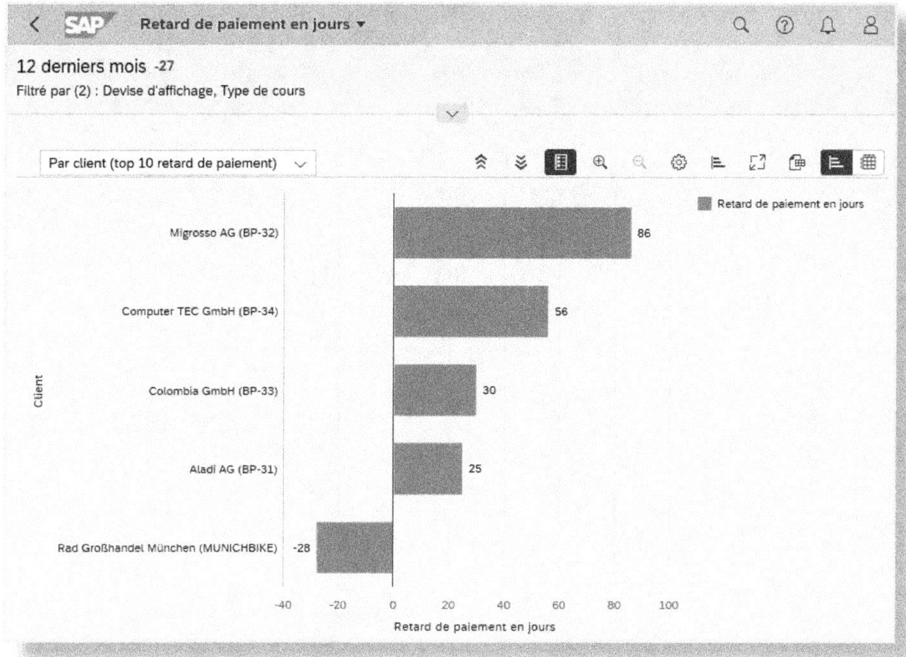

Figure 8.68 : Retard de paiement en jours – Vue détaillée

Ceci conclut le chapitre sur la gestion des commandes. Des données de base et données organisationnelles, nous sommes passés aux données altérables puis à l'analyse de nos processus de vente. Le chapitre suivant traitera de l'approvisionnement du stock article pour le processus de vente désormais terminé.

9 Le processus d'achat Purchase-to-Pay dans S/4HANA

Ce chapitre traite du processus d'achat dans le système SAP S/4HANA. Le processus de gestion intégré « Purchase-to-Pay » (P2P) en est la base.

Ce processus de gestion couvre principalement les étapes suivantes :

- ▶ la détermination des besoins,
- ▶ le contrôle/la validation,
- ▶ l'affectation des sources d'approvisionnement,
- ▶ la création de la commande d'achat,
- ▶ l'entrée de marchandises,
- ▶ l'entrée de factures,
- ▶ le décaissement.

En fonction du modèle de gestion et des exigences individuelles, le processus Purchase-to-Pay est utilisé soit dans sa forme brute, soit avec d'autres étapes intermédiaires. Dans ce livre, nous examinons le processus standard avec les documents SAP associés. Pour que l'exemple reste simple, nous renonçons à l'étape d'autorisation. Pour voir un aperçu des étapes du processus que nous utilisons pour illustrer la chaîne de documents, veuillez consulter la Figure 9.1.

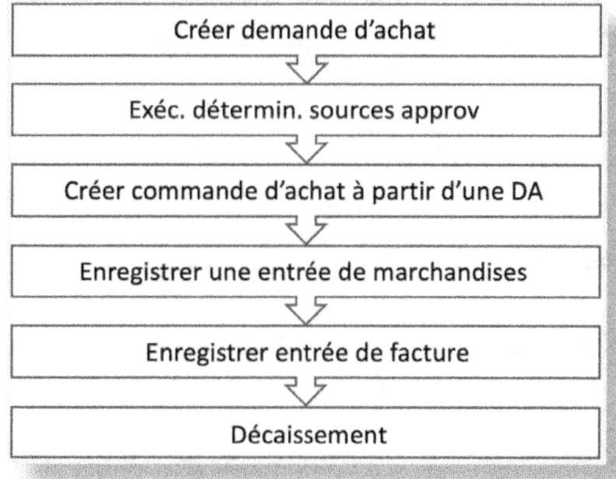

Figure 9.1 : Purchase-to-Pay – Synthèse du processus

9.1 Les données organisationnelles et données de base pour P2P

Comme nous l'avons décrit dans le chapitre 8, des données spécifiques du domaine des achats sont également requises dans SAP afin de représenter les achats. Les données organisationnelles suivantes sont utilisées dans le processus d'achat P2P :

- ▶ le périmètre analytique,
- ▶ la société,
- ▶ l'organisation d'achats,
- ▶ le groupe d'acheteurs,
- ▶ la division,
- ▶ le magasin.

S'appuyant sur les données organisationnelles, ces données de base sont nécessaires :

- ▶ le partenaire/fournisseur ;
- ▶ le numéro d'article (vues achats, planification, comptabilité) ;
- ▶ les comptes généraux pour les écritures d'entrée de marchandises et d'entrée de factures.

> **◉ Gestion des données de base**
>
> Dans la collection de vidéos « Processus dans SAP S/4HANA », à laquelle vous pouvez accéder via l'espace libre accès de notre plateforme d'apprentissage SAP, vous pourrez voir en images comment créer toutes les données de base requises ici. Nous expliquons dans la préface de ce livre comment accéder aux vidéos.

9.1.1 Le partenaire – fournisseur

Pour le processus suivant, nous avons créé un partenaire avec les rôles FOURNISSEUR (MM) et FOURNISSEUR (CF). La Figure 9.2 nous donne un aperçu des rôles disponibles.

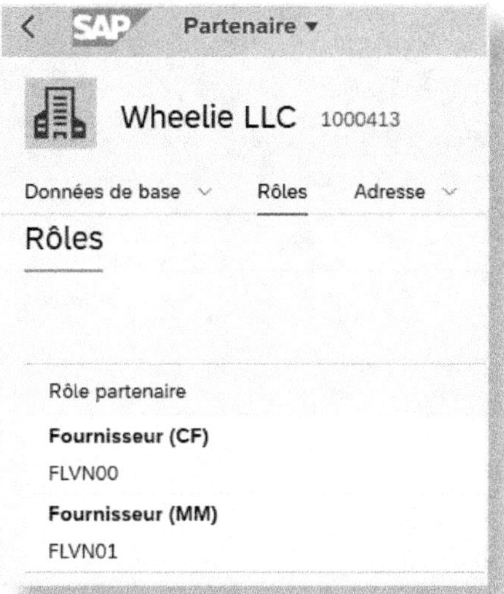

Figure 9.2 : Application « Partenaire » – Aperçu des rôles

En cliquant sur le bouton fléché > dans la marge droite de la table de synthèse des rôles partenaire, nous pouvons passer aux informations détaillées du rôle.

Une fois dans la vue de gestion des partenaires (Figure 9.3), nous accédons aux données relatives aux achats en cliquant sur ACHATS.

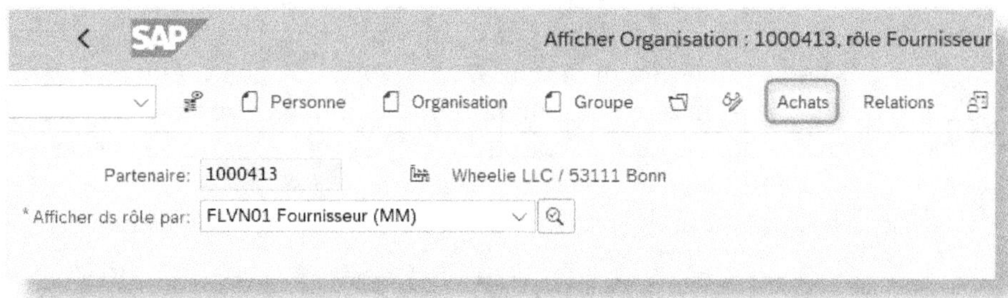

Figure 9.3 : Application « Partenaire » – Saut vers les données des achats

La vue des données de l'ORG. D'ACHATS nous offre de nombreuses informations détaillées, regroupées dans la partie inférieure de l'écran. Comme nous pouvons le voir sur la Figure 9.4, le FOURNISSEUR « Wheelie LLC » est créé pour l'ORGANISATION ACHATS M010. Plus bas sur l'écran, nous pouvons voir des informations détaillées sur les CONDITIONS qui sont utilisées pour les processus d'achat.

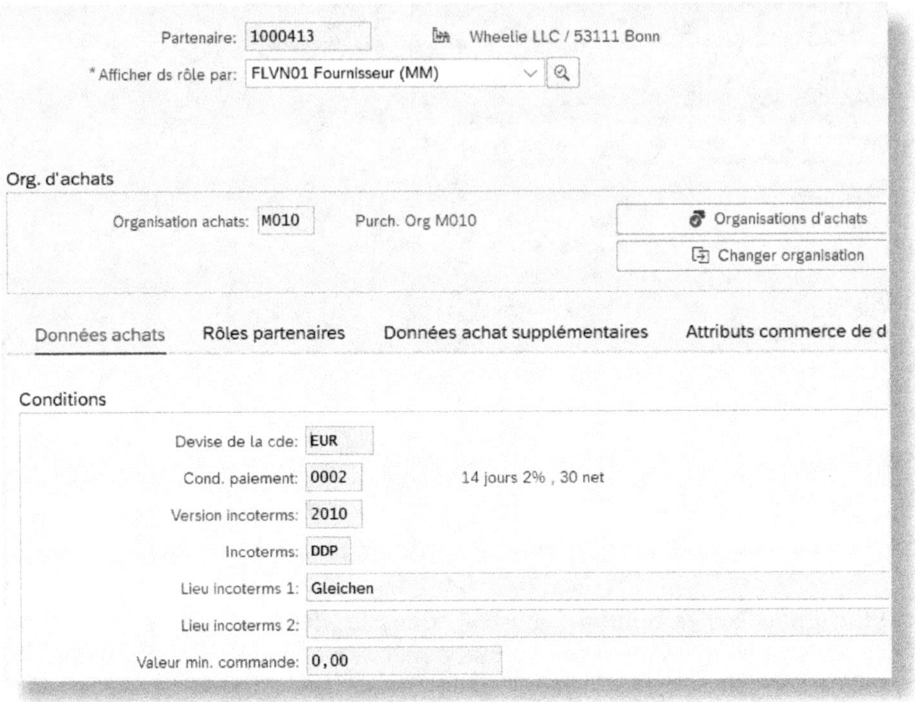

Figure 9.4 : Application « Partenaire » – Données de l'organisation d'achats

Outre les données de l'organisation d'achats, le partenaire doit également être créé en tant que fournisseur dans le domaine de la comptabilité. De retour dans la synthèse des partenaires, nous pouvons passer au rôle FOUR-NISSEUR (CF) en sélectionnant le rôle PARTENAIRE. Les sauts affichés dans la barre de menus sont ainsi modifiés. Comme nous pouvons le voir sur la Figure 9.5, nous cliquons sur le bouton SOCIÉTÉ pour accéder aux données comptables du fournisseur.

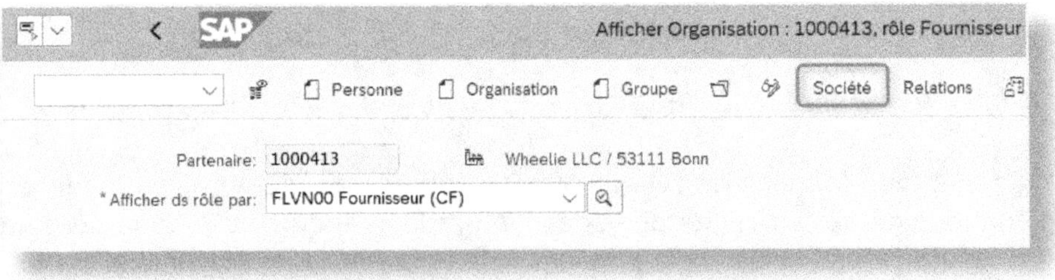

Figure 9.5 : Application « Partenaire » – Saut vers la société

La Figure 9.6 nous donne les paramètres importants pour la comptabilité fournisseur. Dans la moitié inférieure de l'écran, nous voyons les informations relatives à la tenue des comptes, affectées au fournisseur pour la SOCIÉTÉ M020.

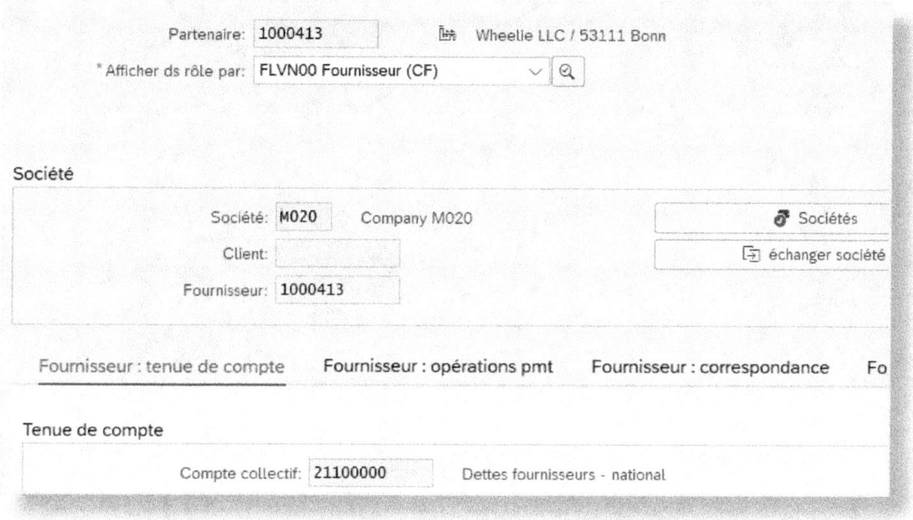

Figure 9.6 : Application « Partenaire » – Vue de la comptabilité

9.1.2 La base de données articles pour le processus d'achat

Pour représenter le processus d'achat, nous avons décidé de commander une roue de VTT (Mountain bike) auprès de notre fournisseur. Nous utilisons le numéro d'article MTB-WHEEL-01. Pour pouvoir représenter un processus d'achat complet dans le système, ces vues de la base de données article doivent exister :

▶ les données de base,

▶ les données d'achats,

▶ les données de planification,

▶ les données comptables,

▶ les données de calcul du coût de revient.

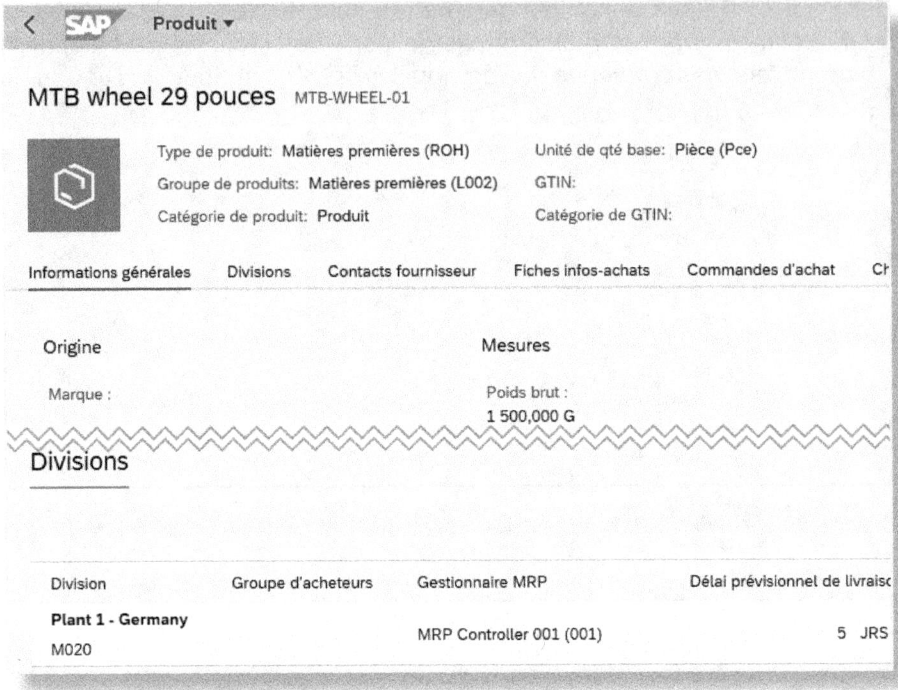

Figure 9.7 : Application « Gestion données de base produit » – Vue détaillée de l'article MTB-WHEEL-01

Sur la Figure 9.7, vous pouvez voir que notre article a déjà été créé pour la DIVISION M020.

9.1.3   La fiche infos-achats

Bien que l'objet de données de base Fiche infos-achats ne soit pas un module obligatoire dans le processus Purchase-to-Pay, nous en tenons tout de même compte afin d'assurer la gestion efficace des commandes d'achat. La *détermination des sources d'approvisionnement* dans S/4HANA se sert des fiches infos-achats pour sélectionner automatiquement les fournisseurs. Comme nous voulons également utiliser cette étape plus tard dans le système, nous créons une fiche infos-achats pour notre roue. Nous pouvons choisir différentes manières de le faire. Sur la Figure 9.8, nous avons d'abord navigué dans l'application Fiori « Gestion des fiches infos achats », puis cliqué sur le bouton indiqué pour créer une nouvelle fiche infos-achats.

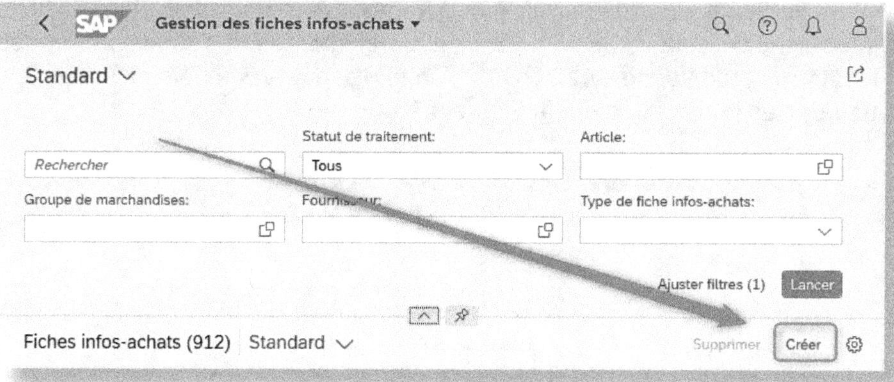

Figure 9.8 : Application « Gestion des fiches infos-achats » – Écran de synthèse

Une fois sur l'écran de la Figure 9.9, nous entrons les paramètres pertinents :

❶ TYPE DE FICHE INFOS-ACHATS : *Normal,*

❷ notre FOURNISSEUR/Partenaire,

❸ l'ORGANISATION D'ACHATS utilisée,

❹ ARTICLE : *le numéro de l'article,*

❺ DIVISION : *M020,*

❻ GROUPE D'ACHETEURS.

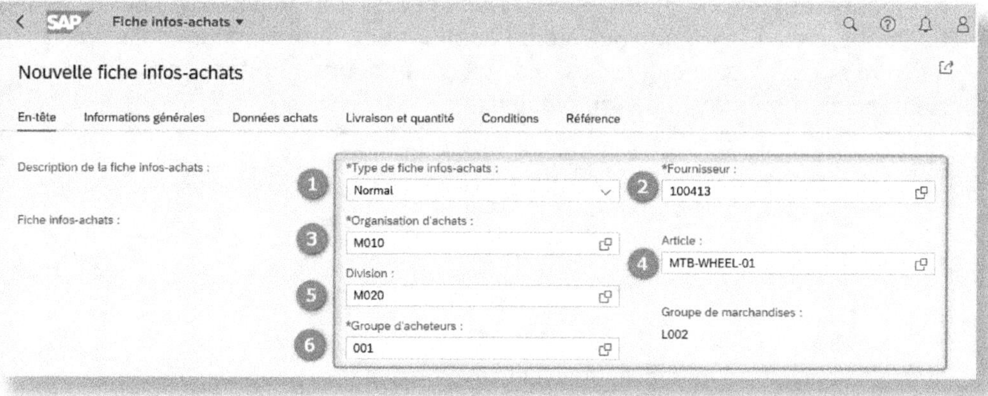

Figure 9.9 : Application « Gestion des fiches infos-achats » – Saut vers la création d'une nouvelle fiche infos-achats

Nous pouvons alors définir un grand nombre de paramètres dans la fiche infos-achats : cela va des groupes de marchandises du fournisseur et des incoterms au délai de livraison et à l'unité d'achat. Vous pouvez voir un extrait de ces paramètres sur la Figure 9.10.

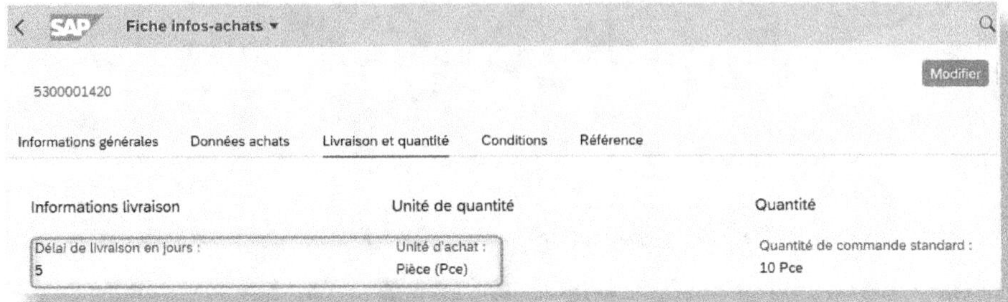

Figure 9.10 : Application « Gestion des fiche infos-achats » – Vue détaillée des données achats et des données de livraison

9.2   Les données altérables du processus Purchase-to-Pay

Cette partie est consacrée aux écritures dans le système S/4HANA, utilisées pour représenter les étapes du processus Purchase-to-Pay. Pour que vous compreniez mieux ce qu'est une *demande d'achat*, nous expliquerons d'abord les détails que l'on trouve dans ce document.

La demande d'achat (DA) peut être considérée comme une demande adressée aux Achats pour se procurer un article ou un service. Elle comprend également une date à laquelle la marchandise ou le service est requis. La demande d'achat n'est généralement pas créée par un utilisateur ; la plupart du temps, c'est le système qui la crée automatiquement au cours de la *planification des besoins en articles*. Il s'agit d'un document interne à SAP qui n'est pas communiqué aux fournisseurs.

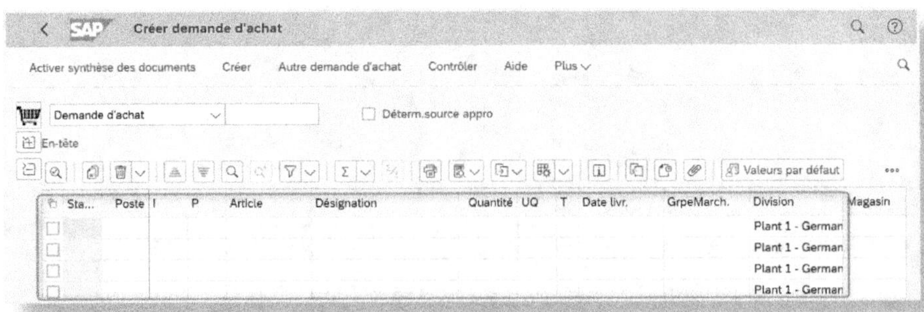

Figure 9.11 : Application « Créer demande d'achat »

La Figure 9.11 vous montre l'écran détaillé de l'application pour la création de demandes d'achat dans S/4HANA. La zone encadrée indique les informations sur le poste de la DA. Contrairement aux autres documents SAP, la plupart des informations pertinentes se trouvent directement dans les données du poste. L'en-tête de la DA ne contient que des informations textuelles.

Pour demander le réapprovisionnement d'un article donné, nous saisissons donc dans la zone du poste le numéro de l'article (ARTICLE), la QUANTITÉ requise, ainsi que l'unité de quantité (UQ), et la DIVISION. Certaines de ces données peuvent être prédéfinies via des paramètres utilisateur, voire des données de base au sein du système SAP.

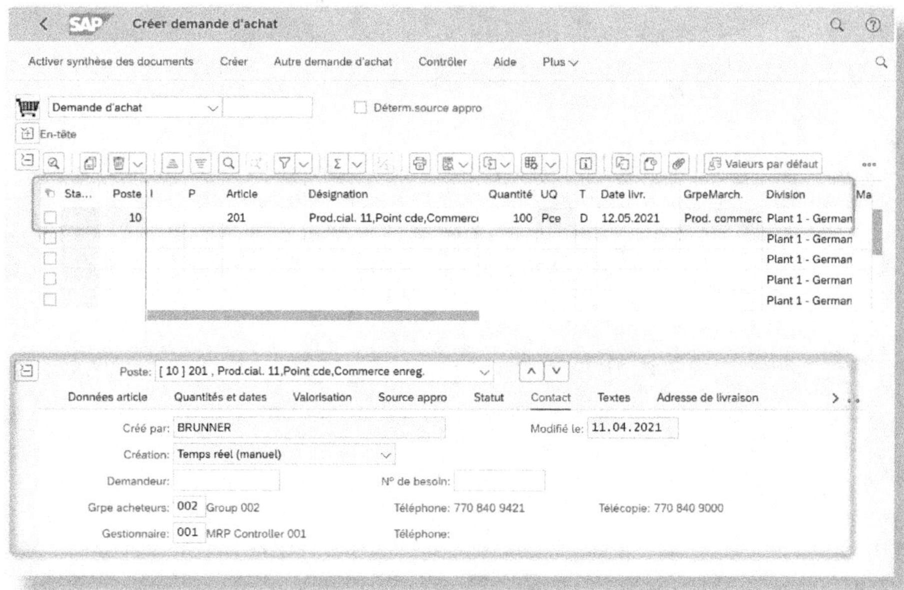

Figure 9.12 : Application « Créer demande d'achat » après saisie des données du poste

Les entrées décrites ci-dessus sont visibles sur la Figure 9.12. Après avoir saisi ces données, une fenêtre détaillée s'ouvre (encadrée en vert). Nous pouvons y voir à nouveau les informations issues de la table des postes, regroupées par onglets et dans un format plus lisible.

Après avoir sauvegardé ce document, nous pouvons voir la demande d'achat dans les différentes réserves de travail. Avant que cette demande ne soit envoyée à un fournisseur sous la forme d'une commande d'achat, diverses étapes sont encore nécessaires en fonction des caractéristiques du processus d'achat. Dans chaque cas, une source d'approvisionnement doit être affectée à la demande d'achat dans le système. Cela peut se faire automatiquement par la logique disponible dans S/4HANA ou manuellement par un utilisateur.

9.2.1 Créer une DA

La demande d'achat (DA) ou demande de besoin est la première étape dans de nombreuses définitions courantes du flux du processus Purchase to Pay. Dans la pratique, un utilisateur ne crée généralement pas la demande d'achat manuellement, mais elle est générée automatiquement par les exécutions de la planification des besoins en articles. Néanmoins, nous abordons ici la création manuelle d'une demande d'achat pour que vous cerniez mieux le document.

Pour ce faire, utilisons l'application « Créer demande d'achat – Étendu ». Elle est basée sur la transaction SAP GUI qui permet de créer des demandes d'achat. Comme indiqué sur la Figure 9.13, nous saisissons dans la table le numéro d'ARTICLE ❶, la QUANTITÉ souhaitée ❷ et la DIVISION ❸. Nous devons ensuite cliquer sur CRÉER pour sauvegarder le document.

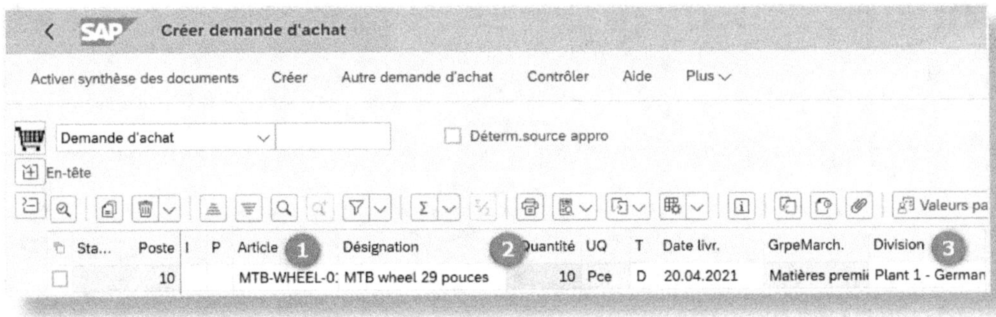

Figure 9.13 : Créer une demande d'achat

Pour créer une DA, il n'est pas nécessaire de définir tout de suite une source d'approvisionnement ; c'est pourquoi nous avons pu créer la DA sans spécifier de fournisseur.

> ⏵ **Création d'une demande d'achat (DA)**
>
> Dans la collection de vidéos « Processus dans SAP S/4HANA », à laquelle vous pouvez accéder via l'espace libre accès de notre plateforme d'apprentissage SAP, nous vous montrons comment créer une demande d'achat SAP S/4HANA. Nous expliquons dans la préface de ce livre comment accéder aux vidéos.

La demande d'achat existe maintenant dans le système et peut être analysée. Pour cela, nous disposons de plusieurs applications Fiori dans S/4HANA. Le suivi des demandes d'achat est particulièrement important dans la pratique car ces documents sont souvent créés automatiquement. L'application Fiori « Suivi des postes de demande d'achat » permet de suivre et d'afficher les documents sous forme graphique. Sur la Figure 9.14, nous remarquons en bas de l'écran la DEMANDE D'ACHAT précédemment créée. En cliquant sur la ligne affichée, nous pouvons, si nécessaire, également passer au document et y voir les détails.

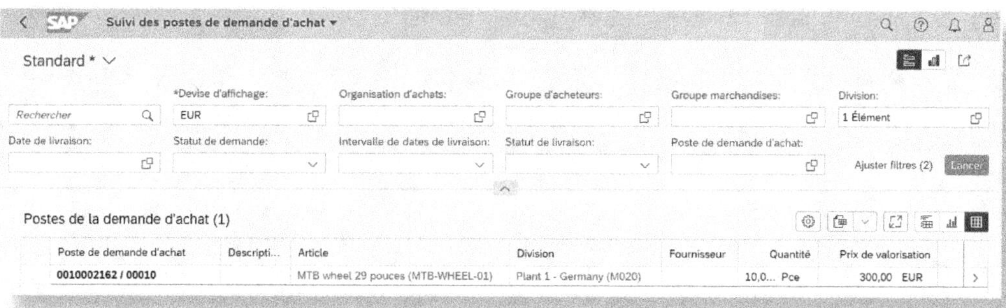

Figure 9.14 : Suivi d'une demande d'achat

9.2.2 Exécuter une détermination des sources d'approvisionnement

Lorsque l'on génère et traite des demandes d'achat, une source d'approvisionnement peut être attribuée à chacune d'entre elles. Cette opération s'effectue soit automatiquement par le système, soit manuellement par un utilisateur. En préparant notre exemple, nous avons créé une fiche infos-achats qui doit améliorer l'efficacité de la détermination des sources d'approvisionnement pour notre roue de vélo. Pour vérifier cela, nous pouvons utiliser une application Fiori qui sert à analyser les sources d'approvisionnement possibles : « Gestion des sources d'approvisionnement ». Nous pouvons y répertorier toutes les sources d'approvisionnement disponibles dans le système pour un même numéro d'article.

> ### ▶ Détermination des sources d'approvisionnement
>
> Dans la collection de vidéos « Processus dans SAP S/4HANA », à laquelle vous pouvez accéder via l'espace libre accès de notre plateforme d'apprentissage SAP, nous vous montrons comment exécuter une détermination des sources d'approvisionnement dans SAP S/4HANA. Nous expliquons dans la préface de ce livre comment accéder aux vidéos.

Comme nous pouvons le voir sur la Figure 9.15, nous trouvons ainsi notre fiche infos-achats. Le système SAP décrit également la PERTINENCE de cette entrée. En raison de nos données de base dans le domaine de l'approvisionnement, la pertinence de la fiche infos-achats déterminée par le système SAP n'est que faible pour la détermination des sources d'approvisionnement. Cependant, ne disposant d'aucune alternative pour notre article, nous utilisons tout de même cette source.

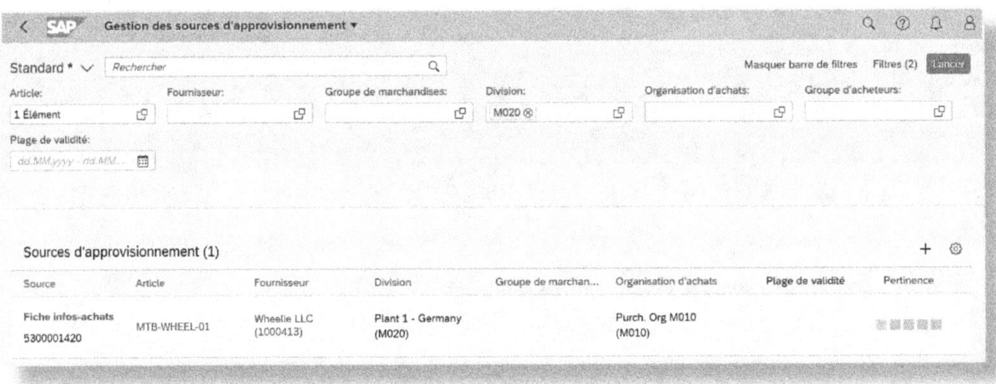

Figure 9.15 : Application « Gestion des sources d'approvisionnement »

Pour sélectionner la source d'approvisionnement de notre DA, nous recherchons l'application « Gestion des demandes d'achat » et y retrouvons notre DA. Dans notre exemple, nous avons simplement filtré, via la fonction de recherche, par le numéro de l'article utilisé et le STATUT DE TRAITEMENT ❶, comme nous pouvons le voir sur la Figure 9.16. Après avoir cliqué sur LAN-CER ❷, la demande d'achat s'affiche en bas de l'écran. Pour la traiter, nous cliquons sur le bouton représentant un crayon ❸.

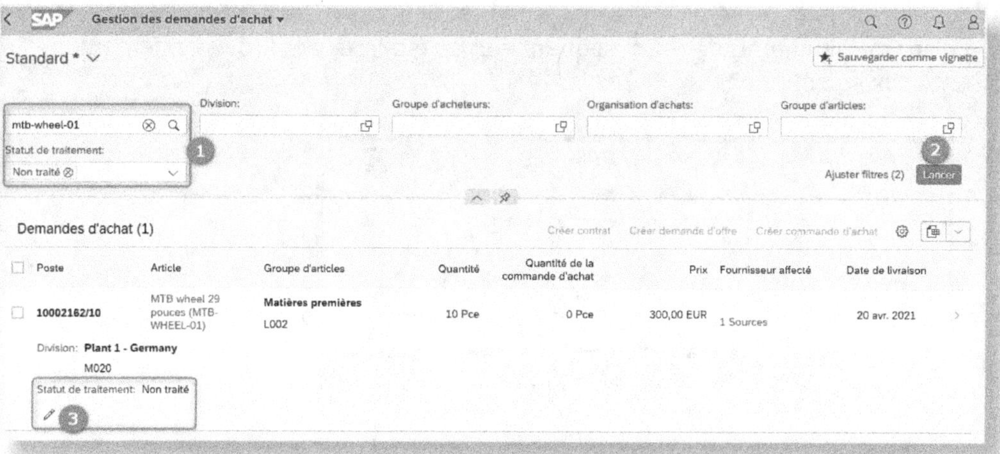

Figure 9.16 : Application « Gestion des demandes d'achat » – Sélection de la DA

Une fenêtre pop-up s'ouvre alors : dans la zone supérieure s'affiche la source d'approvisionnement possible trouvée. Le texte en bleu clair et souligné nous renvoie à un lien hypertexte (voir Figure 9.17). Cliquons alors sur la fonction de saut qui se cache derrière le texte 1 SOURCES D'APPROVISIONNEMENT, et une autre fenêtre pop-up s'ouvre.

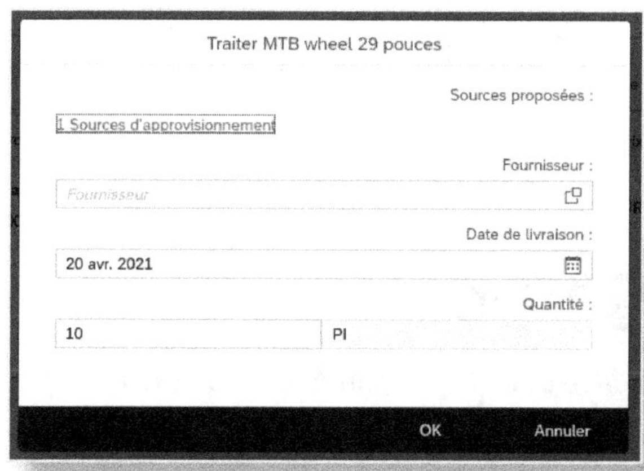

Figure 9.17 : Traiter une demande d'achat – Affichage d'une source d'approvisionnement

La pop-up suivante (Figure 9.18) nous montre la source d'approvisionnement souhaitée : notre fournisseur et la description de la source. Nous reconnaissons le numéro de la FICHE INFOS-ACHATS, que nous avons également consulté précédemment dans l'application « Gestion des sources d'approvisionnement ». En cliquant sur la source d'approvisionnement, nous la sélectionnons.

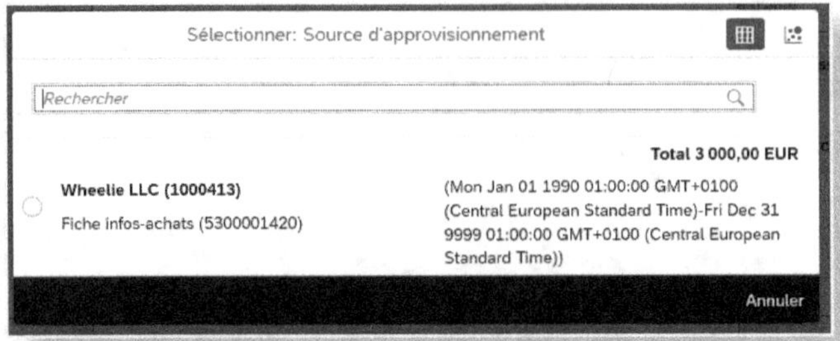

Figure 9.18 : Traiter une demande d'achat – Sélection d'une source d'approvisionnement

Si la sélection a fonctionné, la source d'approvisionnement sera reprise dans notre demande d'achat. Dans la fenêtre de la Figure 9.19, la valeur dans le champ FOURNISSEUR est déjà renseignée. Nous pouvons donc confirmer le dialogue en cliquant sur OK.

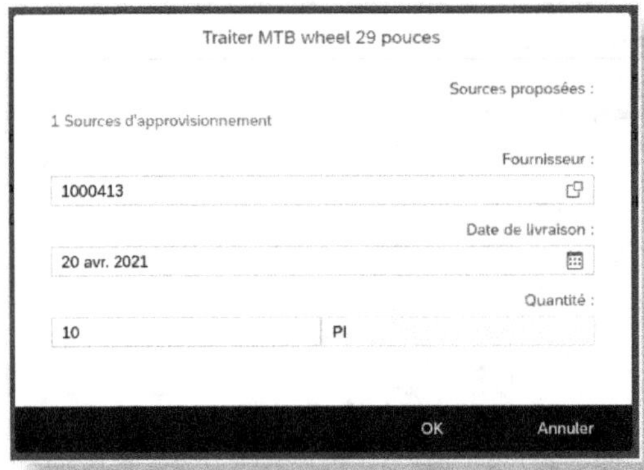

Figure 9.19 : Traiter une demande d'achat – Confirmation d'une source d'approvisionnement

De retour sur l'écran des résultats de l'application « Gestion des demandes d'achat », nous voyons que la demande d'achat affiche un FOURNISSEUR AF-FECTÉ (Figure 9.20). Des informations supplémentaires nous indiquent que cette DA n'avait qu'une seule source d'approvisionnement à choisir. L'étape du processus d'affectation des sources d'approvisionnement est mainte-nant terminée.

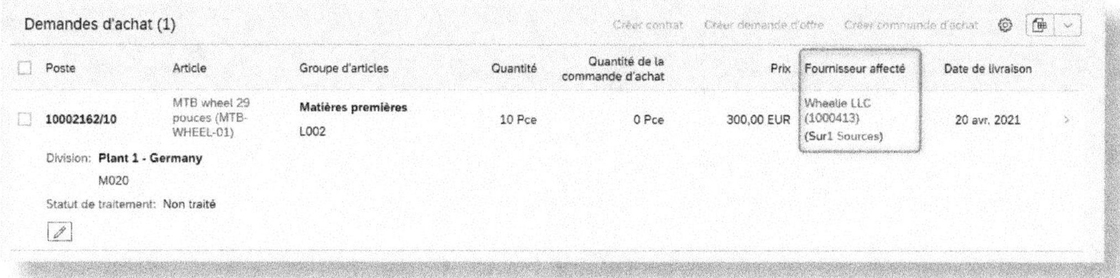

Figure 9.20 : Traiter une demande d'achat – Synthèse après l'affectation de la source d'approvisionnement

9.2.3   La création d'une commande d'achat à partir d'une DA

Dans l'exemple donné dans ce livre, nous poursuivons la création de la commande d'achat à partir de notre demande d'achat. Nous avons déjà créé une DA et affecté la source d'approvisionnement. Ces étapes ne sont pas obligatoires pour créer une commande d'achat dans S/4HANA : cela peut également se réaliser sans DA en recherchant simplement l'application « Créer demande d'achat » et en y saisissant directement les données.

> ● **Création d'une commande d'achat à partir d'une DA**
>
> Dans la collection de vidéos « Processus dans SAP S/4HANA », à laquelle vous pouvez accéder via l'espace libre accès de notre plateforme d'apprentissage SAP, nous vous montrons comment créer une commande d'achat à partir d'une DA dans SAP S/4HANA. Nous expliquons dans la préface de ce livre comment accéder aux vidéos.

Du point de vue du système, nous nous trouvons toujours dans l'application Fiori de gestion des demandes d'achat. Nous avons filtré l'écran des résultats d'après notre DA. Comme nous pouvons le constater d'après le STATUT DE TRAITEMENT de la Figure 9.21, cette DA n'a pas encore été reprise dans une commande d'achat. Nous la sélectionnons en cochant la case ❶, puis cliquons sur le bouton CRÉER COMMANDE D'ACHAT ❷.

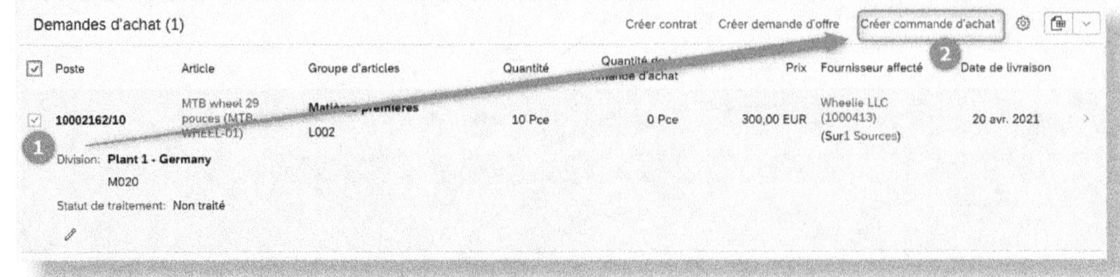

Figure 9.21 : Gestion des demandes d'achat – Création d'une commande d'achat

Dans la boîte de dialogue suivante (Figure 9.22), toutes les zones nécessaires sont déjà renseignées. Cela est dû, d'une part, au fait qu'elles ont été copiées de la DA et, d'autre part, aux données de base supplémentaires qui ont été entièrement gérées dans notre processus d'achat. Nous pouvons donc créer la commande d'achat sans avoir à effectuer de traitement manuel, en cliquant sur le bouton SAUVEGARDER dans le coin inférieur droit de l'écran.

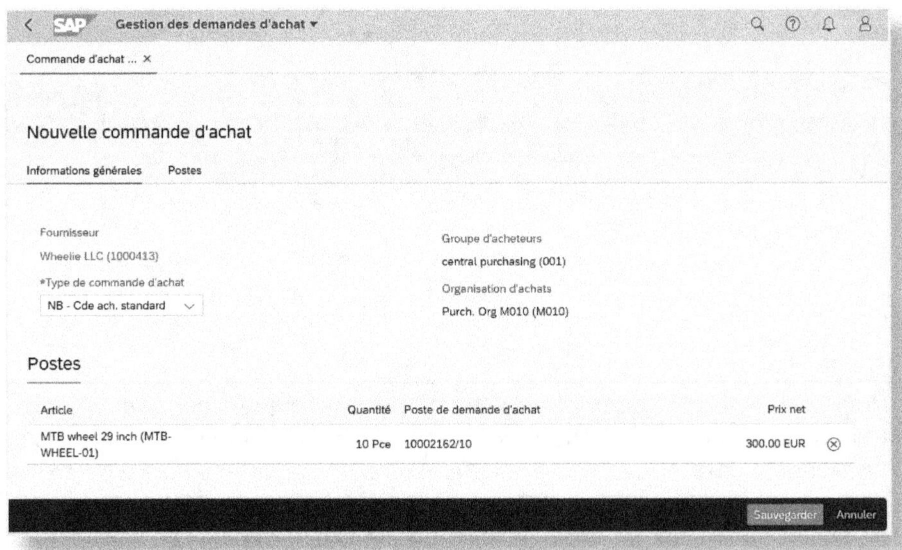

Figure 9.22 : Créer une commande d'achat – Écran de synthèse

La commande d'achat est maintenant correctement créée. Dans notre exemple, cette étape du processus est à présent terminée. Dans les faits, la manière dont la commande d'achat est transmise au fournisseur reste à déterminer. Cette opération peut s'effectuer manuellement par les employés ou être déclenchée automatiquement lors de la sauvegarde de la commande d'achat.

9.2.4 Enregistrer une entrée de marchandises

Dès que les marchandises commandées arrivent dans le magasin, l'étape suivante du processus d'achat et de paiement Purchase-to-Pay est exécutée. Dans la pratique, sa forme concrète dépend à nouveau fortement du modèle de gestion et des exigences logistiques. Dans notre exemple simplifié, nous allons montrer un enregistrement d'entrée de marchandises manuel via l'application Fiori. Pour cela, sélectionnons l'application Fiori « Enregistrement d'entrée de marchandises pour une commande d'achat » depuis notre catalogue d'applications (Figure 9.23).

Figure 9.23 : Application Fiori « Enregistrement d'entrée de marchandises pour une commande d'achat » – Sélection de la vignette

> **▶ Enregistrement d'entrée de marchandises pour une commande d'achat**
>
> Dans la collection de vidéos « Processus dans SAP S/4HANA », à laquelle vous pouvez accéder via l'espace libre accès de notre plateforme d'apprentissage SAP, nous vous montrons comment créer une entrée de marchandises pour une commande d'achat dans SAP S/4HANA. Nous expliquons dans la préface de ce livre comment accéder aux vidéos.

Une fois dans l'application, nous saisissons le numéro de la commande d'achat pour lequel nous voulons enregistrer l'entrée de marchandises (EM). Dès que le numéro est saisi, S/4HANA lit les informations de la commande d'achat et les affiche en bas de l'écran, ce que vous pouvez voir sur la Figure 9.24.

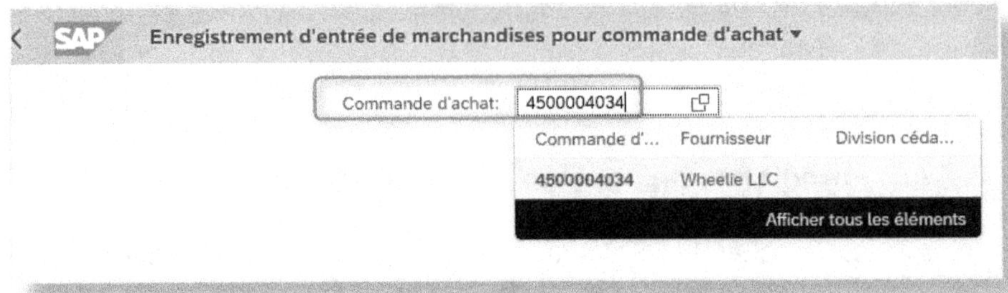

Figure 9.24 : Enregistrement d'entrée de marchandises pour une commande d'achat – Sélection du document

L'écran suivant dans l'enregistrement de l'EM s'adapte à la taille de la fenêtre du navigateur. Par conséquent, la Figure 9.25 peut sembler un peu différente en fonction de la taille de votre fenêtre. Ici, vous devez sélectionner les POSTES à enregistrer, puis ENREGISTRER l'entrée de marchandises.

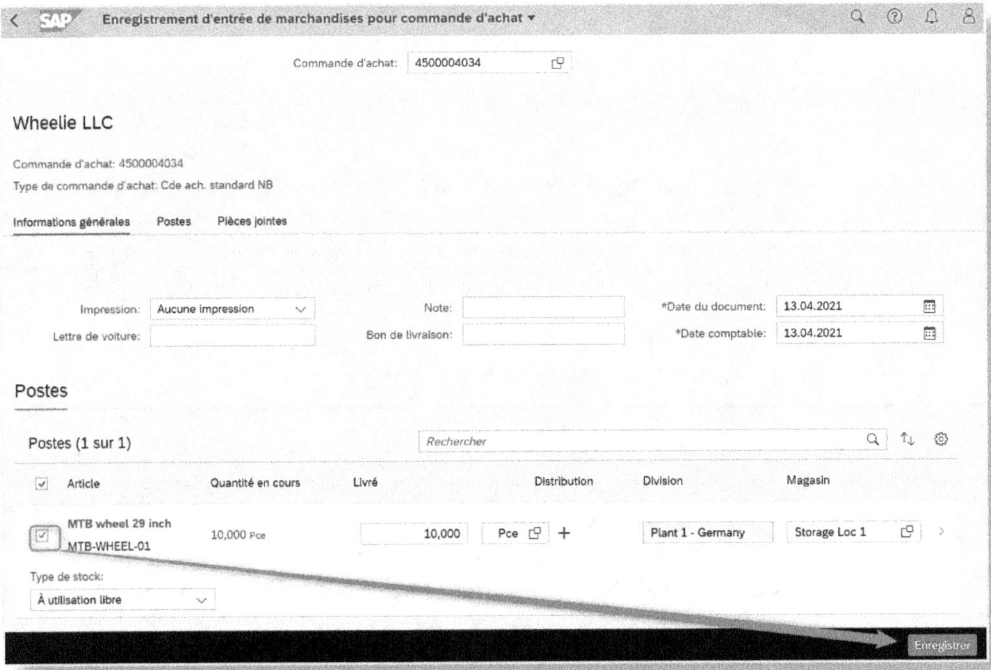

Figure 9.25 : Enregistrement d'entrée de marchandises – Activation des postes

Si l'enregistrement de l'entrée de marchandises a fonctionné, nous obtenons un message de confirmation et le numéro du document article généré. Comme nous pouvons le voir sur la Figure 9.26, un saut vers les documents article nous est également proposé. Nous utilisons cette option : OUVRIR DANS SYNTHÈSE DES DOCUMENTS ARTICLE.

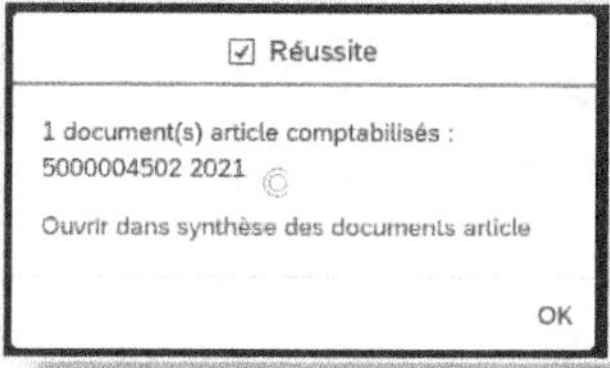

Figure 9.26 : Enregistrement d'entrée de marchandises – Saut vers les documents article

Sur la Figure 9.27, nous voyons le document article qui a été généré par notre enregistrement d'entrée de marchandises. Dans la partie inférieure, nous trouvons le POSTE DU DOCUMENT ARTICLE avec notre numéro d'ARTICLE.

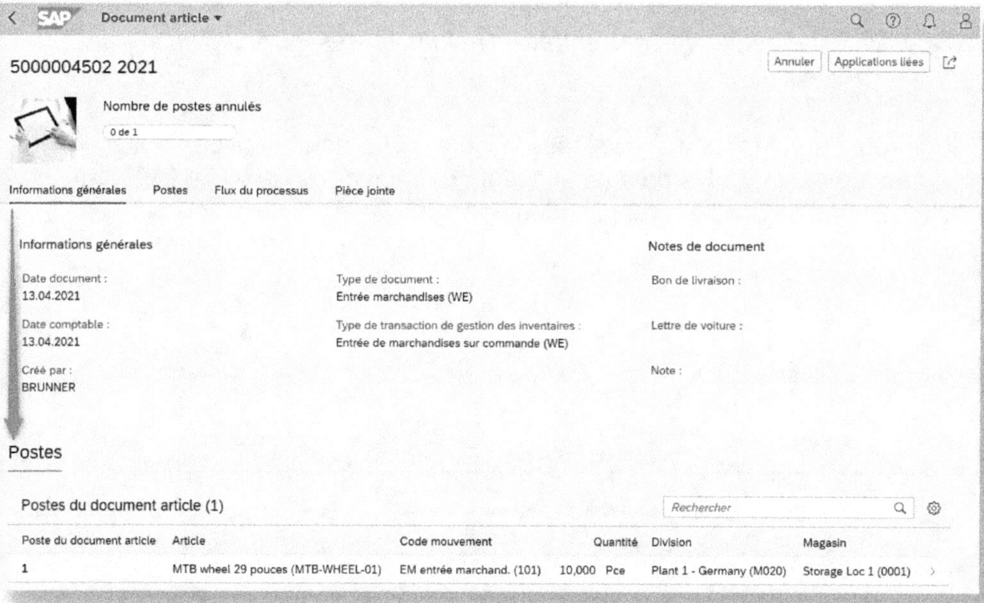

Figure 9.27 : Enregistrement d'entrée de marchandises – Affichage du document article

Les lecteurs avisés auront reconnu, même sans remarque de notre part, que le document article propose à nouveau un onglet FLUX DU PROCESSUS. En faisant défiler l'écran vers le bas, nous arrivons à l'affichage du flux du processus, que nous connaissons déjà du chapitre 8. Nous voyons sur la Figure 9.28 le FLUX DU PROCESSUS de l'entrée des marchandises.

Flux du processus

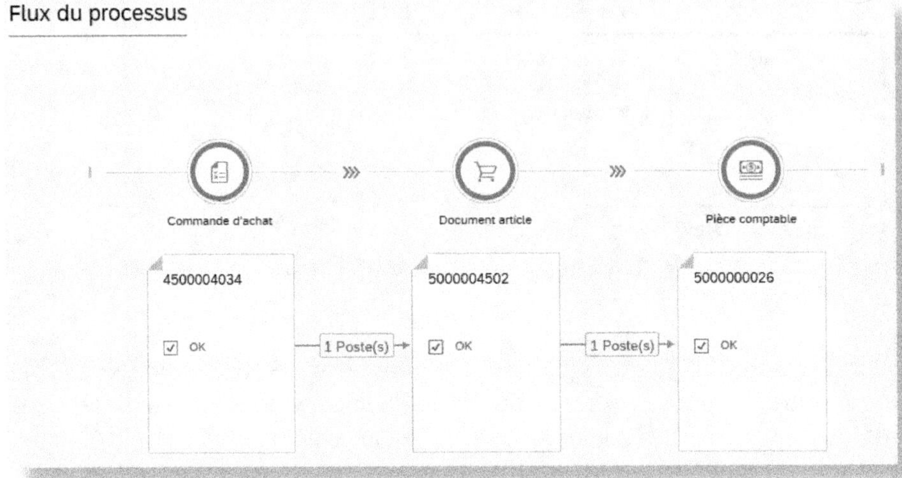

Figure 9.28 : Enregistrement d'entrée de marchandises – Document article, flux du processus

Une fois dans le flux du processus (Figure 9.29), nous pouvons observer les documents de plus près en cliquant sur la PIÈCE COMPTABLE ❶. Nous choisissons de passer à l'application GESTION D'ÉCRITURES AU JOURNAL ❷.

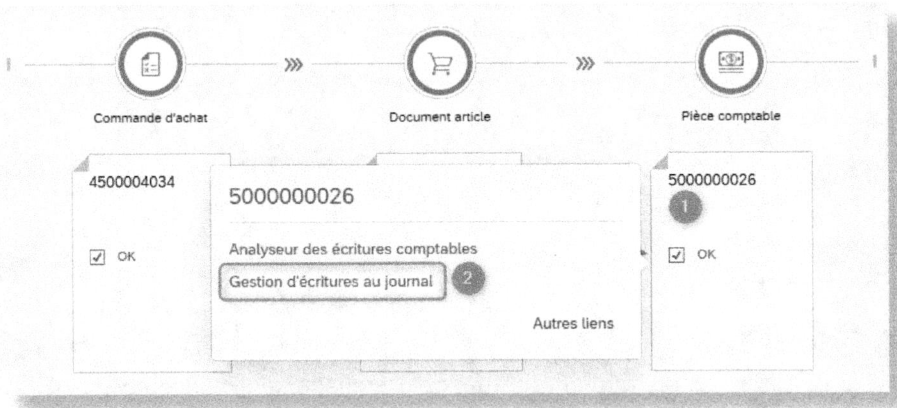

Figure 9.29 : Enregistrement d'entrée de marchandises – Saut vers la pièce comptable

L'application correspondante s'ouvre. L'affichage nous est déjà familier ; dans la partie inférieure se trouvent les POSTES individuels qui ont été automatiquement saisis lors de l'enregistrement de l'entrée de marchandises (voir Figure 9.30). Ici, nous trouvons principalement deux lignes de postes : une écriture sur le compte de stock et une sur le compte de compensation entrée de marchandises/entrée de factures (compte EM/EF).

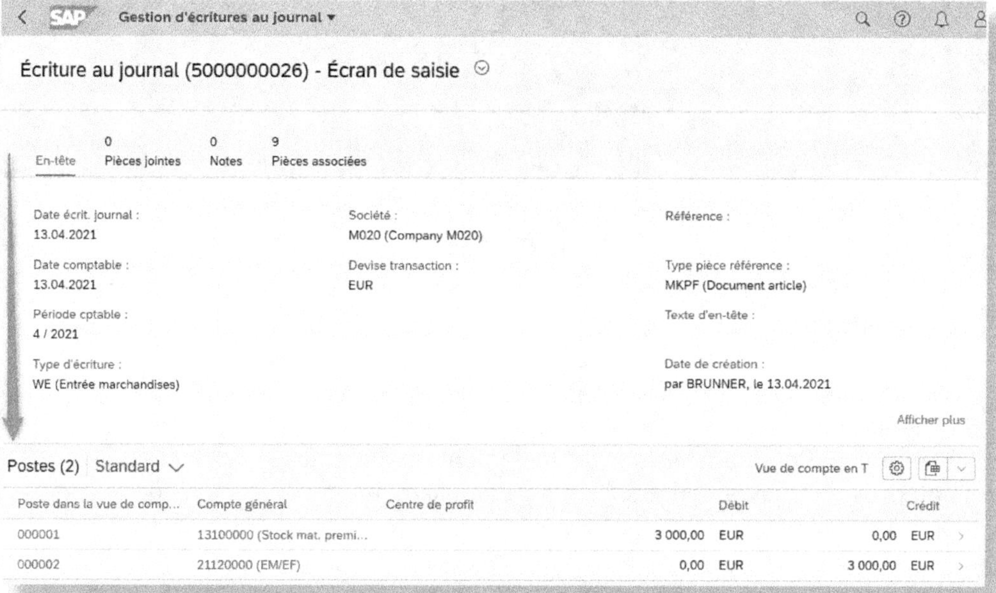

Figure 9.30 : Enregistrement d'entrée de marchandises – Affichage de l'écriture au journal

L'affichage des PIÈCES ASSOCIÉES dans l'écriture au journal, que l'on peut reconnaître dans la zone encadrée de la Figure 9.31, permet également d'approfondir les analyses du processus. Dans le chapitre sur la gestion des commandes, nous avons déjà vu la liste de TYPE DE PIÈCE apparaissant dans la partie inférieure de l'écran. Après en avoir développé les lignes, nous voyons toutes les pièces générées précédemment dans l'ordre inverse :

- ▶ les écritures au journal FI,

- ▶ le document d'entrée de marchandises dans la gestion des articles,

- ▶ la commande d'achat associée,

- ▶ la demande d'achat déclenchée à l'origine.

Figure 9.31 : Enregistrement d'entrée de marchandises – Pièces associées à l'écriture au journal

Nous avons à présent terminé l'étape de l'enregistrement de l'entrée de marchandises. Si l'on considère le processus d'entrée de marchandises dans la pratique, des messages sont également générés ici pour l'impression, notamment pour des étiquettes ou éventuellement des bons de réception.

9.2.5 Enregistrer une entrée de facture

La dernière étape logistique du processus d'achat Purchase-to-Pay est l'enregistrement de la facture fournisseur. Des outils tiers pour l'analyse de texte des factures fournisseur sont aussi souvent utilisés afin d'obtenir le plus haut degré possible d'automatisation lors de l'enregistrement de factures. Cependant, nous restons fidèles à notre approche et examinons la procédure manuelle.

> ▶ **Enregistrer une entrée de facture**
>
> Dans la collection de vidéos « Processus dans SAP S/4HANA », à laquelle vous pouvez accéder via l'espace libre accès de notre plateforme d'apprentissage SAP, nous vous montrons comment créer l'entrée de facture pour une commande d'achat dans SAP S/4HANA. Nous expliquons dans la préface de ce livre comment accéder aux vidéos.

Cherchons l'application Fiori « Création de facture fournisseur » dont vous pouvez voir la vignette sur la Figure 9.32.

Figure 9.32 : Application Fiori « Création de facture fournisseur » –
Affichage de la vignette

À partir du moment où nous avons sélectionné la vignette, le système pré-renseigne certains champs en fonction des options utilisateur. Nous renseignons les champs suivants dans l'écran de la Figure 9.33 :

❶ Date de facture ;

❷ Auteur de la facture : donc dans notre cas, le fournisseur ;

❸ Société ;

❹ Date comptable ;

❺ Montant brut facture, c'est-à-dire TVA incluse ;

❻ le numéro de la Commande d'achat.

Plus bas sur l'écran, nous obtenons une liste des informations sur les postes de facture, les taxes et, encore plus bas et non représentées ici, les conditions de paiement (Figure 9.34).

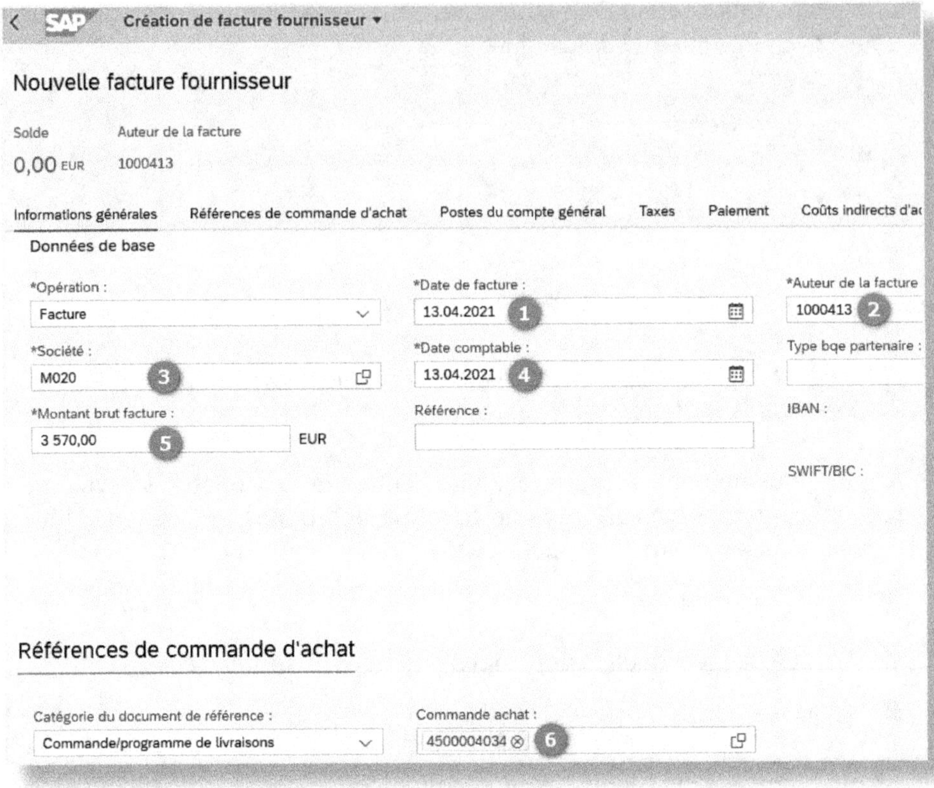

Figure 9.33 : Création de facture fournisseur – Données pré-renseignées

Figure 9.34 : Création de facture fournisseur – Données du poste

En cliquant sur le bouton COMPTABILISER dans le coin inférieur droit de l'écran, la facture fournisseur est créée. Dans notre exemple, l'opération a été exécutée correctement : nous obtenons le message de confirmation que nous voyons sur la Figure 9.35. Dans un premier temps, les factures fournisseur sont bloquées pour paiement dans notre système, afin que la facture soit contrôlée par un service distinct selon le principe de la double vérification. Nous confirmons le dialogue par OUI.

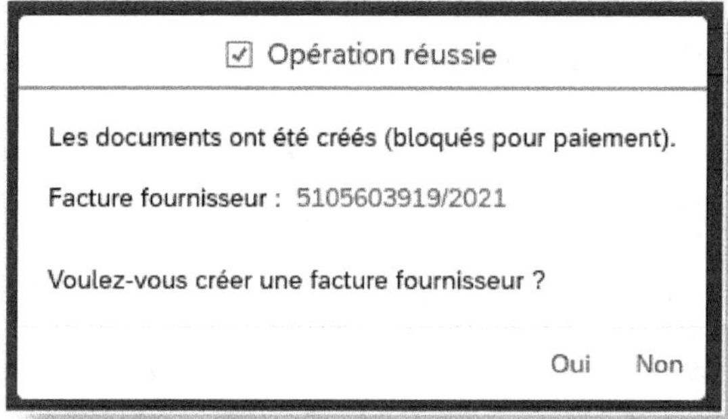

Figure 9.35 : Création de facture fournisseur – Confirmation

Nous pouvons maintenant vérifier à nouveau la commande d'achat en appelant l'application Fiori « Gestion des commandes d'achat » et en recherchant notre document. Comme nous pouvons le voir sur la Figure 9.36, la commande est actuellement affichée comme n'étant pas en retard, ce que nous pouvons constater par le nombre de postes en retard de paiement, qui est toujours de 0.

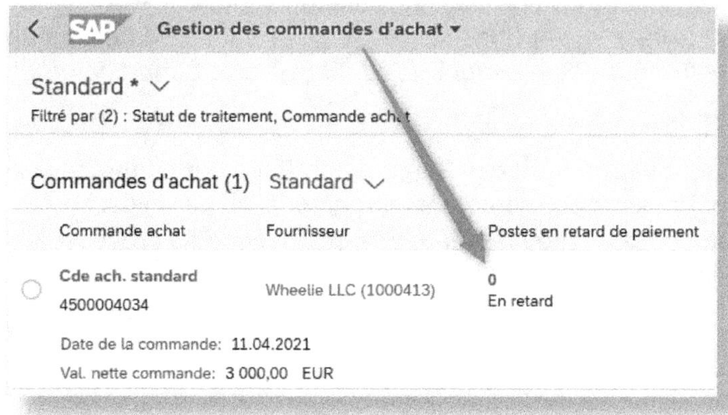

Figure 9.36 : Gestion des commandes d'achat – Affichage par entrée de facture

En cliquant sur la ligne de résultat comportant la commande d'achat, nous pouvons naviguer encore plus loin dans le document en sélectionnant le POSTE DE COMMANDE D'ACHAT (Figure 9.37).

Figure 9.37 : Gestion des commandes d'achat – Saut vers le poste de commande d'achat

Dans le poste de la commande, nous passons ensuite tout à droite au niveau des onglets dans la zone FLUX DU PROCESSUS. Comme vous pouvez le voir sur la Figure 9.38, le flux du processus s'affiche sous forme graphique après la saisie de la facture fournisseur. Nous pouvons constater que la FACTURE FOURNISSEUR est actuellement la dernière étape de la chaîne de processus.

Les étapes logistiques du processus Purchase-to-Pay sont clôturées une fois la facture fournisseur correctement enregistrée. À partir de ce moment-là, le domaine de la finance reprend la responsabilité du processus.

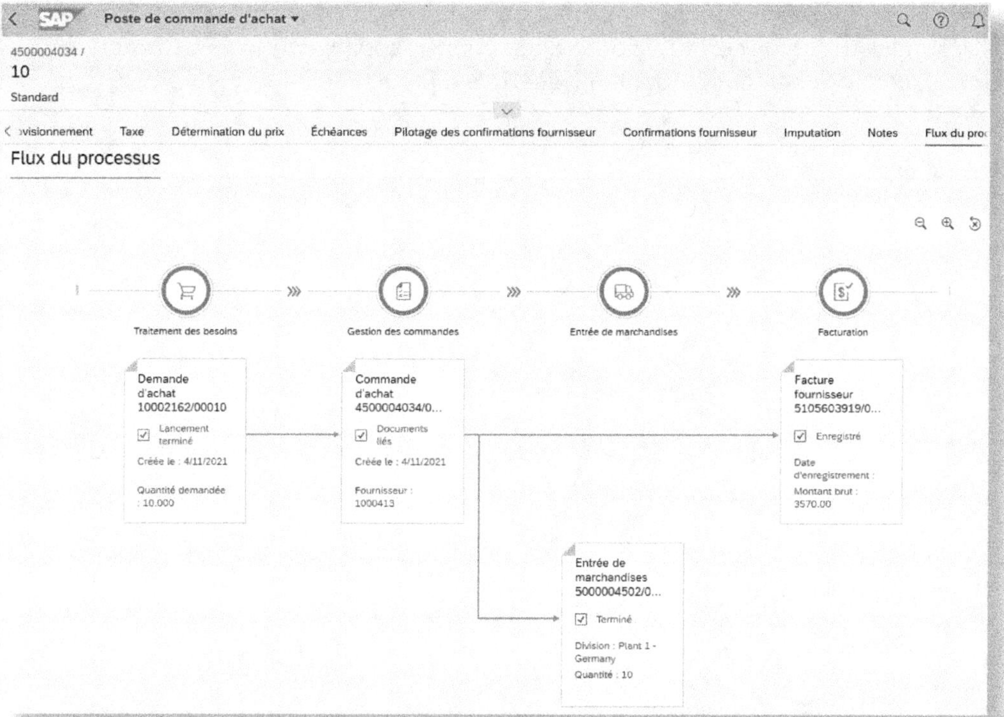

Figure 9.38 : Gestion des commandes d'achat – Flux du processus, poste de commande d'achat

9.2.6   Le décaissement

La dernière étape du processus Purchase-to-Pay est le décaissement au fournisseur. Cette opération de gestion suggère aussi d'automatiser le processus pour en accroître l'efficacité ; les décaissements sont ainsi généralement traités de manière semi-automatique, voire automatique.

> **▶ Comptabilisation des décaissements**
>
> Dans la collection de vidéos « Processus dans SAP S/4HANA », à laquelle vous pouvez accéder via l'espace libre accès de notre plateforme d'apprentissage SAP, nous vous montrons comment créer un décaissement dans SAP S/4HANA. Nous expliquons dans la préface de ce livre comment accéder aux vidéos.

Dans notre exemple, nous examinons le paiement manuel de la facture fournisseur. Pour ce faire, nous recherchons l'application Fiori « Comptabiliser décaissements », dont la vignette est présentée sur la Figure 9.39.

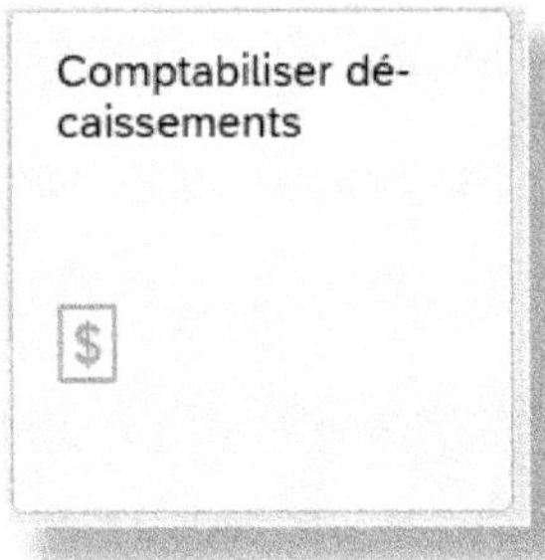

Figure 9.39 : Application Fiori « Comptabiliser décaissements » – Affichage de la vignette

Une fois dans la vue de l'application visible sur la Figure 9.40, renseignez les champs suivants :

❶ SOCIÉTÉ ;

❷ DATE COMPTABLE ;

❸ DATE ÉCRIT. JOURNAL ;

❹ COMPTE GÉNÉRAL ;

❺ MONTANT ;

❻ numéro du fournisseur.

Ensuite, nous sélectionnons le bouton ❼ AFFICHER POSTES. Suite à cela, nous pouvons voir que le SOLDE dans la partie supérieure droite de l'écran est mis à jour. Le poste non soldé s'affiche également dans la partie inférieure de l'écran. Après cela, nous pouvons reprendre le poste non soldé en cliquant sur le bouton ❽ RAPPROCHER.

Si le montant du poste non soldé sélectionné concorde avec celui saisi dans la zone COORDONNÉES BANCAIRES, le SOLDE dans le coin supérieur droit de l'écran doit passer au vert et afficher 0,00 EUROS. Si tel est le cas, nous pouvons comptabiliser le décaissement en cliquant sur le bouton Comptabiliser.

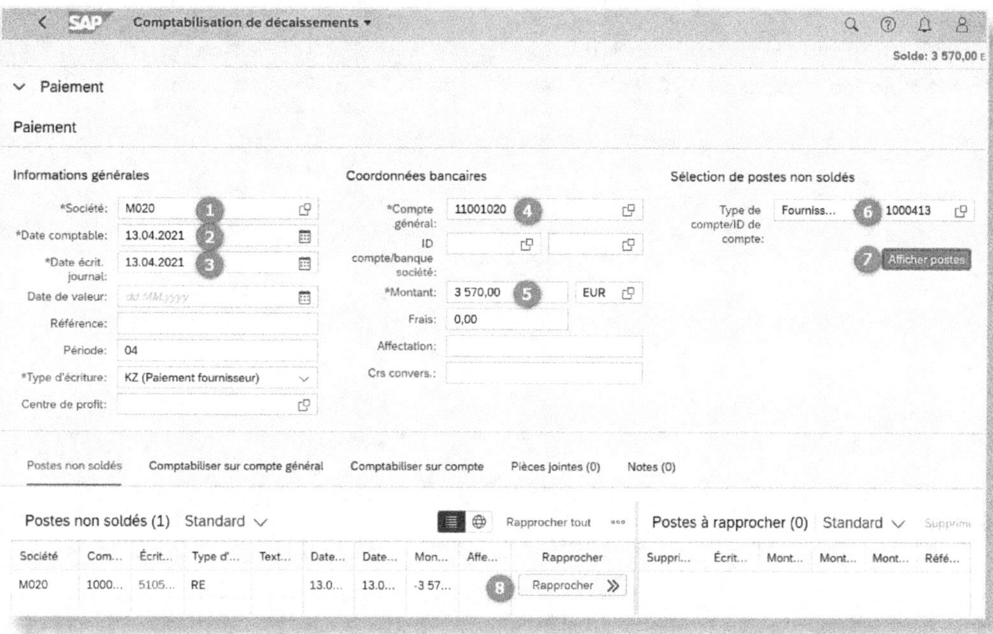

Figure 9.40 : Comptabilisation de décaissements – Saisie des informations générales

Nous obtenons ensuite le message de confirmation que nous voyons sur la Figure 9.41. De là, nous passons à l'affichage de la pièce avec le bouton AFFICHER.

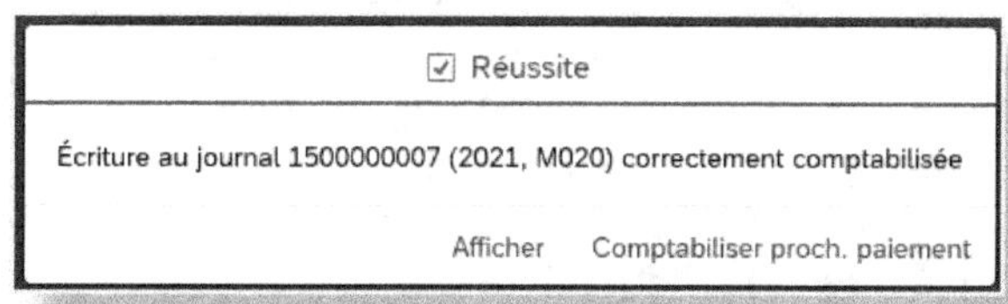

Figure 9.41 : Comptabilisation de décaissements – Saut vers l'affichage de l'écriture au journal

Nous accédons maintenant à l'application pour gérer les écritures au journal et voyons la pièce de décaissement que nous avons créée (Figure 9.42).

Figure 9.42 : Comptabilisation de décaissements – Affichage de l'écriture au journal

Le processus d'achat est désormais terminé. Nous avons parcouru l'ensemble du processus de gestion de bout en bout, de la création de la demande d'achat au décaissement dans le système. Nous sélectionnons donc à nouveau l'application pour gérer les commandes d'achat, et naviguons vers la zone des postes de commande d'achat et vers le FLUX DU PROCESSUS. Les étapes nécessaires sont les mêmes que sur les captures d'écran des Figure 9.36, Figure 9.37, et Figure 9.38. Arrivés à ce stade, nous cliquons sur la FACTURE FOURNISSEUR ❶, puis sur la pièce ❷ affichée en bleu, comme nous pouvons le voir sur la Figure 9.43.

Revenons ensuite à l'écriture au journal, que nous avons déjà vue à plusieurs reprises. Là, nous choisissons pour la première fois le saut vers les ÉCRITURES AU JOURNAL FI (voir Figure 9.44).

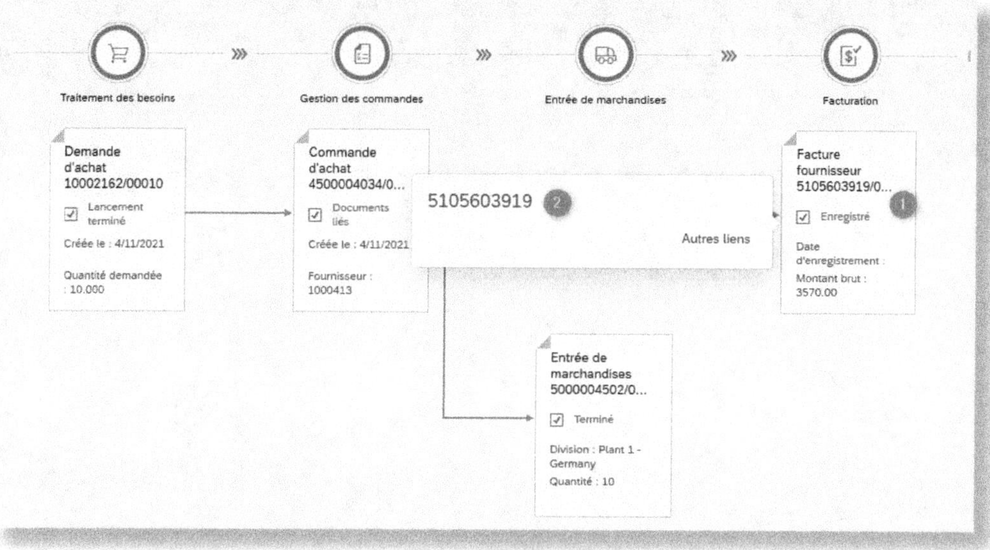

Figure 9.43 : Gestion des commandes d'achat – Flux du processus après paiement

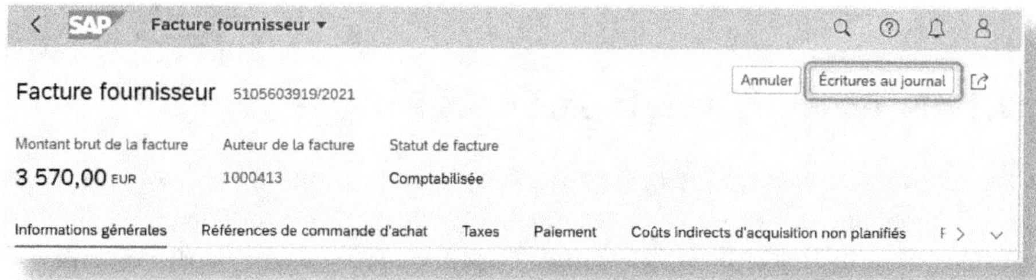

Figure 9.44 : Facture fournisseur – Saut vers les écritures au journal

Nous arrivons maintenant à la vue de la facture fournisseur, du point de vue de la finance. Les icônes visibles sur la Figure 9.45 nous donnent une vue comptable du processus d'achat. Les étapes du processus qui nous concernent sont :

▶ la commande d'achat validée ;

▶ la facturation validée (DISPONIBLE POUR...) ;

▶ la pièce comptable, qui a été transférée ;

▶ le rapprochement du poste non soldé.

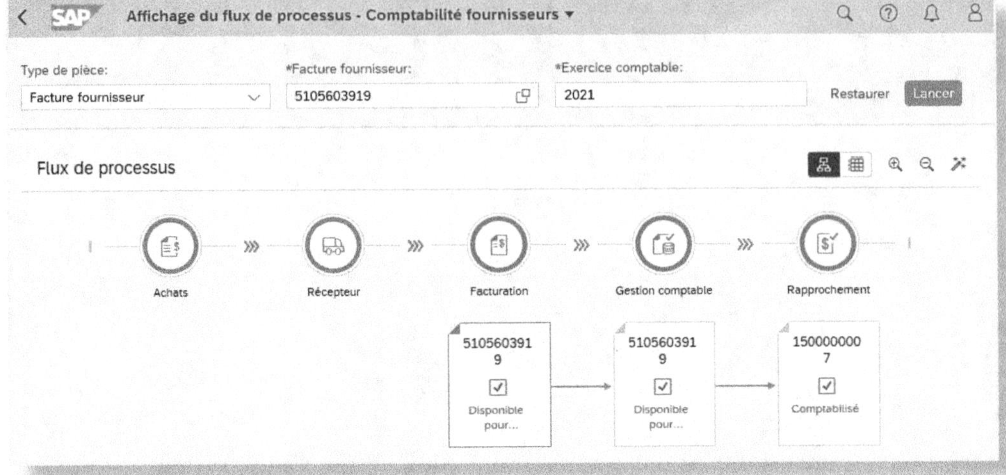

Figure 9.45 : Flux du processus – Comptabilité fournisseurs

Comme nous pouvons le voir grâce au flux du processus sur la Figure 9.45, notre processus d'achat est maintenant clôturé. Les processus, tant logistiques que comptables, sont terminés.

9.3 Le reporting dans le processus P2P

Le système S/4HANA offre une variété de fonctionnalités de reporting et d'analyse par le biais des différentes applications Fiori. Certaines d'entre elles donnent déjà, dans les vignettes de la barre de lancement Fiori, un aperçu de l'état d'avancement des processus. Dans cette partie, nous présentons certaines applications Fiori qui peuvent vous fournir une vision approfondie des processus d'achat.

9.3.1 L'analyse des achats pour demandes d'achat

Le menu Fiori pour les analyses des achats pour demandes d'achat fournit déjà, avec les vignettes disponibles, des ratios importants pour le suivi des DA. Comme vous pouvez le voir sur la Figure 9.46, le DÉLAI D'APPROBATION MOYEN DE LA DEMANDE D'ACHAT ou la DURÉE DU CYCLE DEMANDE D'ACHAT À COMMANDE, par exemple, sont analysés.

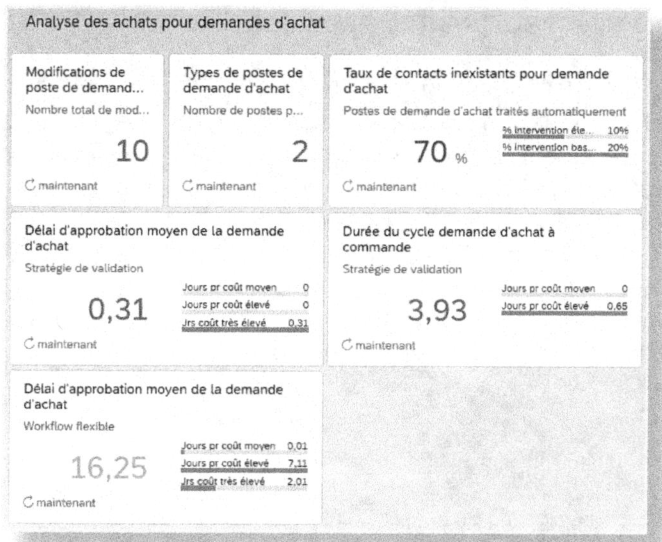

Figure 9.46 : Analyse des achats pour demandes d'achat

En cliquant sur les vignettes, nous pouvons naviguer plus loin dans les analyses. Par exemple, si nous voulons voir plus de détails sur les 70 % de postes de DA traités automatiquement, nous sélectionnons la vignette TAUX DE CONTACTS INEXISTANTS POUR DEMANDE D'ACHAT 70 % en haut à droite. Une fois dans l'application, un diagramme des DA, regroupées par groupes d'acheteurs, nous est présenté. Les barres colorées nous indiquent la manière dont le taux de contacts est réparti (Figure 9.47).

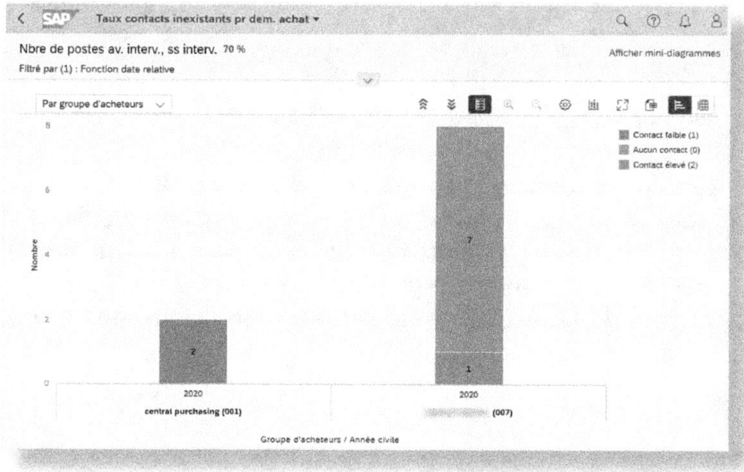

Figure 9.47 : Analyses des achats pour demandes d'achat – Affichage des taux de contacts

9.3.2 L'analyse des achats pour commandes d'achat

Comme nous l'avons montré précédemment pour les demandes d'achat, les analyses des achats pour commandes d'achat permettent également de visualiser les pièces créées dans le système SAP. Sur la Figure 9.48, vous pouvez voir le tableau de bord comprenant quelques ratios importants pour les commandes d'achat. Vous y trouvez, entre autres, les Postes de commande d'achat en retard ou l'Écart des dépenses depuis le début de l'année dernière.

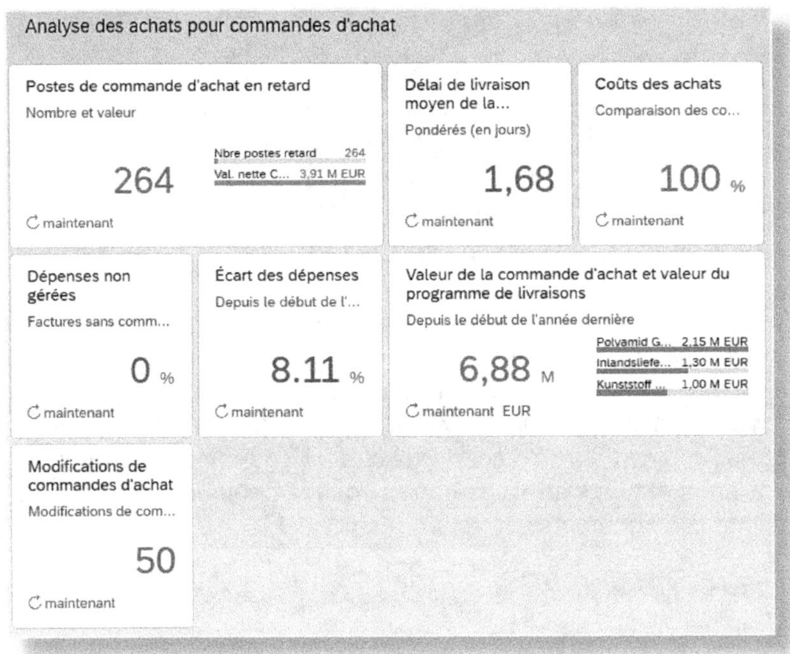

Figure 9.48 : Analyses des achats pour commandes d'achat

Si un aperçu détaillé de l'analyse des Postes de commande d'achat en retard nous intéresse, nous pouvons sélectionner la vignette en cliquant dessus. Dans le graphique qui est alors calculé, nous pouvons voir la liste des postes de commande en retard, regroupés par fournisseur. Pour cela, une valeur de commande est également associée comme autre dimension, comme nous pouvons le voir sur la Figure 9.49.

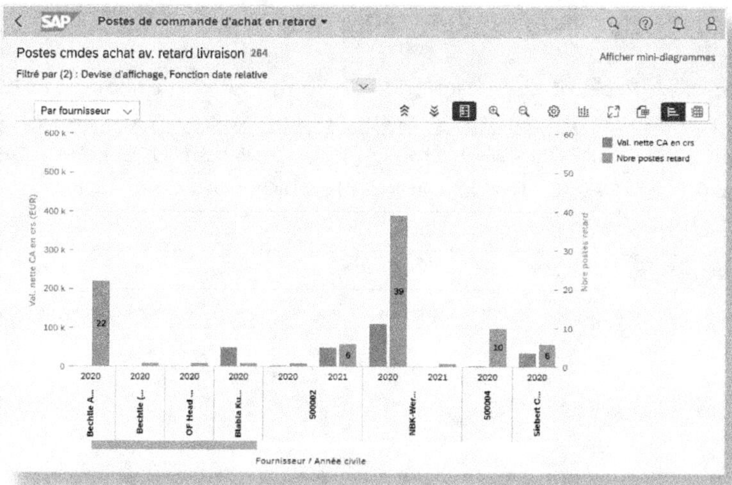

Figure 9.49 : Analyse des achats pour commandes d'achat – Postes de commande d'achat en retard

Pour examiner de plus près le calcul du DÉLAI DE LIVRAISON MOYEN DE LA COMMANDE D'ACHAT, nous pouvons passer à l'analyse détaillée à partir de la barre de lancement (Figure 9.48). Une fois que nous y sommes, le système affiche le délai de livraison, regroupé par fournisseur, et ajoute à nouveau des valeurs de commande d'achat (dans le cas présent, les montants de l'entrée de marchandises). Vous pouvez en voir un extrait sur la Figure 9.50.

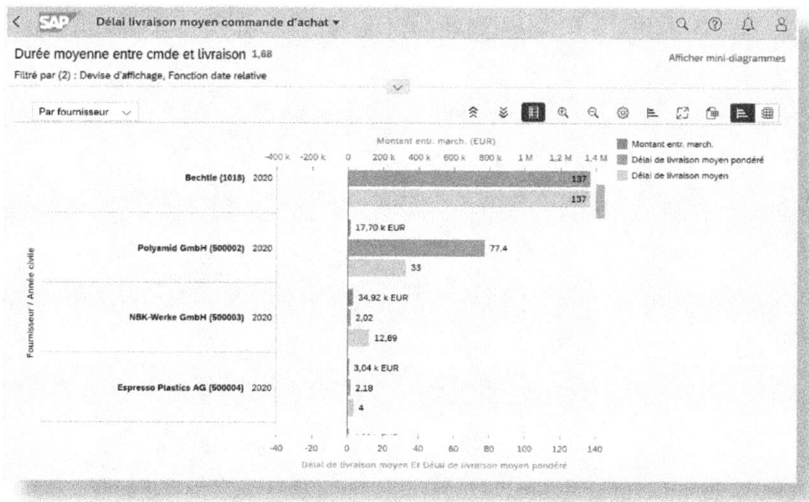

Figure 9.50 : Analyses des achats pour commandes d'achat – Délai de livraison moyen

9.3.3   L'analyse des achats pour reporting

Il est également intéressant de se pencher sur le menu Fiori de l'ANALYSES DES ACHATS POUR REPORTING. Comme nous pouvons le voir sur la Figure 9.51, les applications Fiori SYNTHÈSE DES APPROVISIONNEMENTS, ÉCART DE PRIX D'ARTICLE ou COÛTS DES ACHATS sont disponibles pour cela.

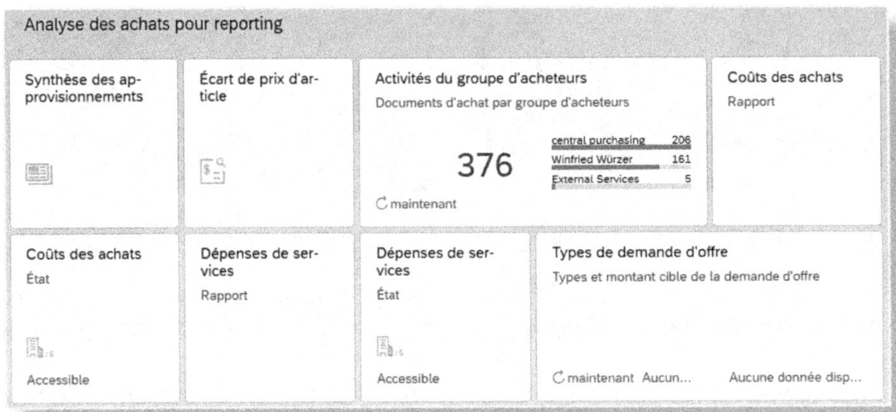

Figure 9.51 : Analyses des achats pour reporting

L'application d'analyse SYNTHÈSE DES APPROVISIONNEMENTS, dont nous voyons le contenu sur la Figure 9.52, est particulièrement instructive. Dans la partie supérieure, nous y trouvons une variété d'autres options d'analyse, qui peuvent être filtrées par données organisationnelles ou données de base.

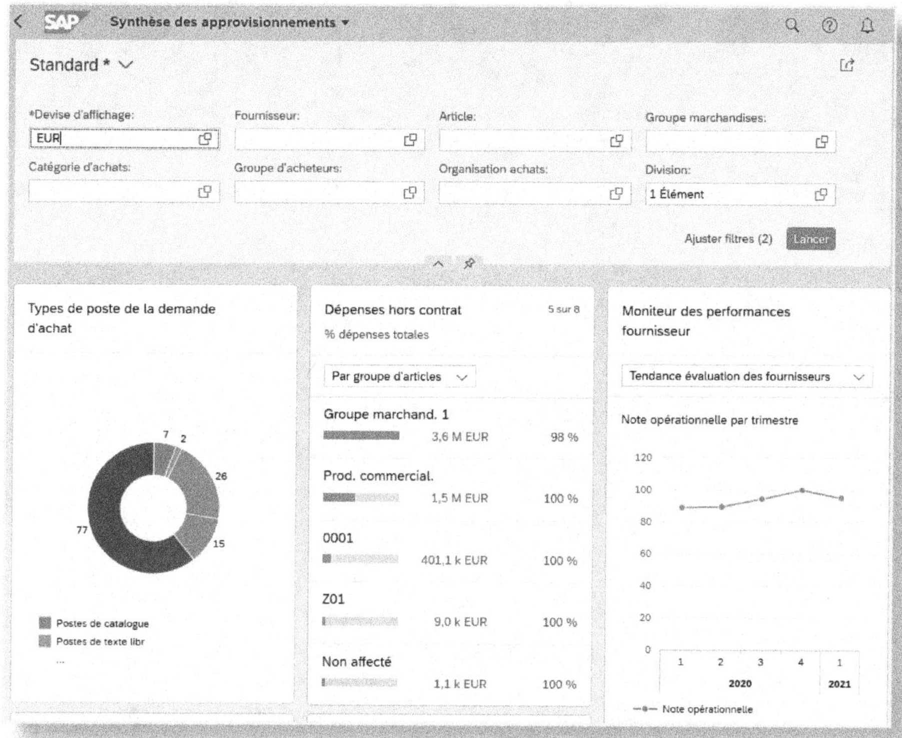

Figure 9.52 : Analyses des achats pour reporting – Synthèse des approvisionnements

9.3.4 Le reporting avec intégration dans la comptabilité financière

La zone de la barre de lancement ANALYSE POUR COMPTABILITÉ FOURNIS-SEURS fournit de nombreuses visualisations de données différentes dans le domaine des achats, comme nous pouvons le voir sur la Figure 9.53.

Figure 9.53 : Analyse pour comptabilité fournisseurs

Si nous cliquons sur l'application Fiori UTILISATION DES ESCOMPTES, nous voyons comment cette utilisation a évolué au cours des périodes, comme la Figure 9.54 le montre. Nous pouvons remarquer ici que, sur deux périodes, nous n'avons utilisé que 33,75 % et 83,33 % des escomptes. Des possibilités d'optimisation financière de nos processus s'offrent ainsi à nous.

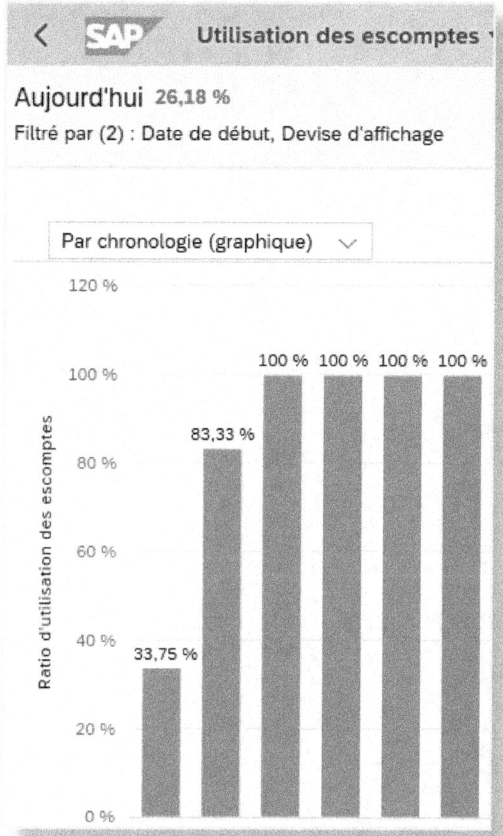

Figure 9.54 : Utilisation des escomptes – Vue détaillée

Ceci conclut le chapitre sur le processus Purchase-to-Pay. À partir des données organisationnelles et des données de base, nous vous avons présenté en détail les différentes étapes du processus, de la demande d'achat et l'enregistrement de l'entrée de marchandises, à la saisie de la facture fournisseur et au paiement final, en passant par la détermination de la source et la commande. Pour terminer, nous vous avons également présenté quelques options d'analyse importantes.

10 Forecast-to-Fulfill dans S/4HANA

Ce chapitre est consacré au processus de bout en bout dans le domaine de la production et de la planification de la production. Dans les définitions courantes, ce processus de gestion s'étend de la création de la planification de la production à la constitution du stock des articles destinés à la livraison sortante.

Les étapes suivantes sont regroupées dans le processus de gestion intégratif Forecast-to-Fulfill (F2F) :

- ▶ la création (automatique) de besoins ;
- ▶ la planification des besoins en articles : Création d'ordres planifiés ;
- ▶ la conversion de l'ordre planifié en ordre de fabrication ;
- ▶ le lancement de l'ordre de fabrication ;
- ▶ les confirmations de l'ordre de fabrication ;
- ▶ les mouvements de stock pour l'ordre de fabrication (EM + SM) ;
- ▶ le décompte de l'ordre de fabrication.

Par rapport aux autres processus de gestion intégrés, Forecast-to-Fulfill est certainement celui qui offre le plus de flexibilité de traitement dans le système. Dans le domaine de la planification de la production et de la fabrication, les besoins existants des entreprises peuvent être traités dans le détail. Par conséquent, les diverses options pour la conception de processus dans SAP S/4HANA sont également polyvalentes. Cet ouvrage est consacré aux processus de base qui vous permettront d'entrer dans le monde de la planification et de la gestion de la production. Le point final du processus Forecast-to-Fulfill dans ce livre correspond à la clôture de l'ordre de fabrication. Pour voir les étapes du processus illustrant la chaîne de documents, veuillez consulter la Figure 10.1.

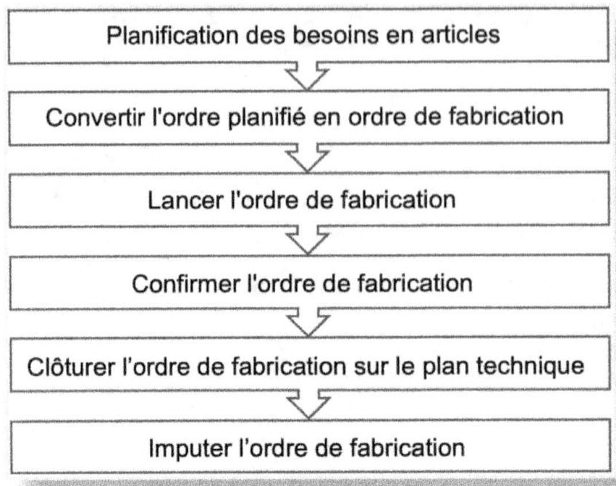

Figure 10.1 : Forecast-to-Fulfill – Synthèse du processus

10.1 Les données organisationnelles et données de base pour F2F

Dans les processus de gestion décrits précédemment, nous avons déjà évoqué la plupart des données organisationnelles utilisées dans Forecast-to-Fulfill (F2F). Celles qui nous intéressent particulièrement sont :

- ▶ le périmètre analytique,
- ▶ la société,
- ▶ la division,
- ▶ le magasin,
- ▶ l'unité de planification.

S'appuyant sur ces données organisationnelles, les objets de données de base suivants sont requis pour notre processus de fabrication :

- ▶ la base de données articles (les données de base, la vue MRP, la préparation du travail comprenant notamment la version de fabrication) ;
- ▶ la nomenclature ;
- ▶ la gamme ;
- ▶ le poste de travail ;

▶ les comptes généraux, centres de coûts, types d'activités et le prix pour le calcul du coût de revient.

> **▶ Gestion des données de base**
>
> Dans la collection de vidéos « Processus dans SAP S/4HANA », à laquelle vous pouvez accéder via l'espace libre accès de notre plateforme d'apprentissage SAP, vous trouverez des vidéos sur la création de toutes les données de base requises ici. Nous expliquons dans la préface de ce livre comment accéder aux vidéos.

10.1.1 La base de données articles

Pour la production, utilisons l'exemple de l'article MTB-BIKE-29 dont nous nous sommes déjà servis. Nous vérifions les données en nous rendant dans l'application Fiori « Gestion des données de base produit », dans laquelle nous cliquons sur la DIVISION M020 pour accéder aux données spécifiques à la division (Figure 10.2).

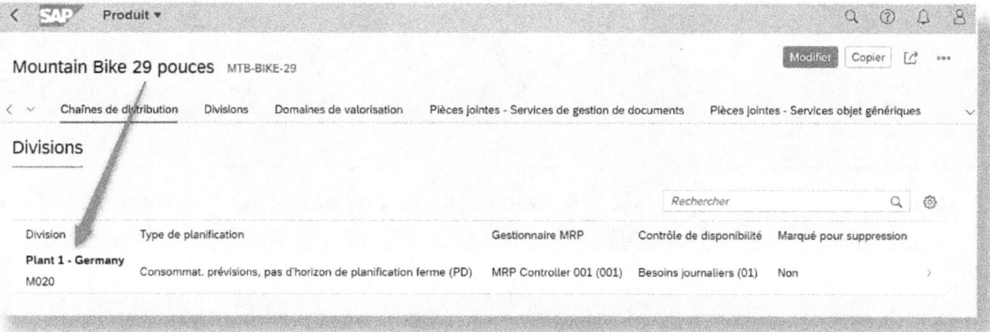

Figure 10.2 : Application « Gestion des données de base produit » – Saut vers la vue de la division

Au niveau de la division, les données pertinentes pour planifier et gérer la production sont définies dans la base de données articles. La plupart se trouvent dans les zones DONNÉES DE PLANIFICATION ❶ ou DONNÉES DE TAILLE DE LOT ❷, toutes deux visibles sur la Figure 10.3.

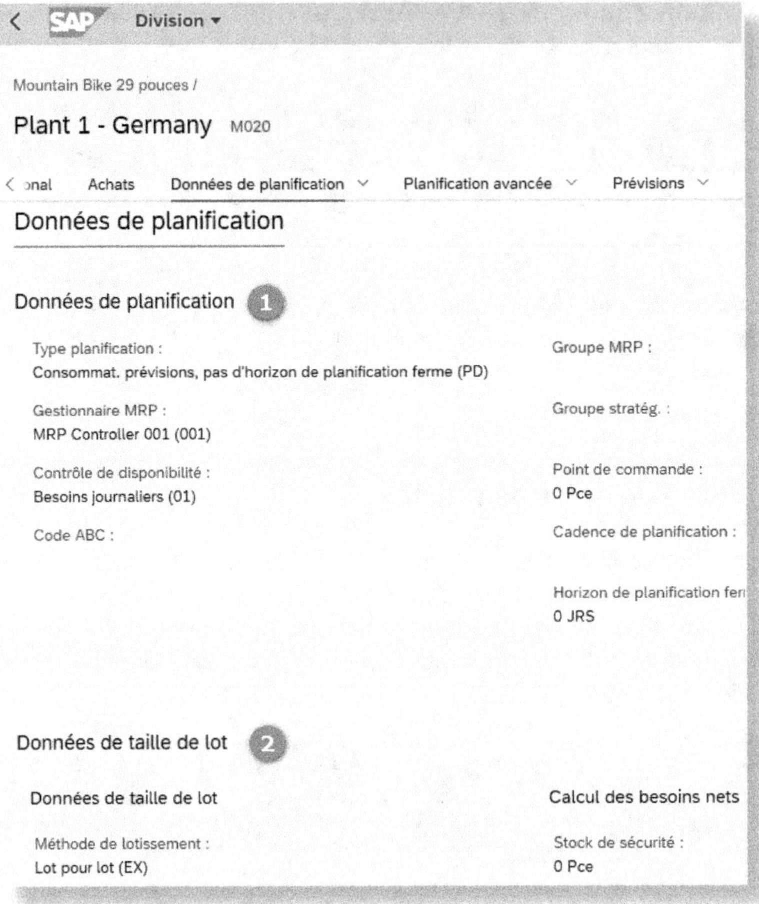

Figure 10.3 : Application « Gestion des données de base produit » – Vue de la division, données de planification

> **! Version de fabrication obligatoire dans S/4HANA**
>
> Avec l'introduction de S/4HANA, les versions de fabrication sont désormais un objet obligatoire qui doit être créé pour la production. Elles renseignent sur la période de validité, les tailles de lot et les gammes et nomenclatures liées. Dans la pratique, n'oubliez pas l'étape de contrôle pour valider les versions de fabrication.

10.1.2 La nomenclature

La nomenclature est un objet de données de base d'une grande importance dans le domaine de la fabrication qui donne un aperçu des composants nécessaires à la production d'un article. Ceux-ci sont, par exemple, des matières premières externes ou des assemblages, qui sont, à leur tour, définis par des nomenclatures distinctes. La nomenclature est utilisée dans la planification des besoins, la fabrication et l'approvisionnement, ainsi que pour le calcul du coût de revient des produits.

Comme la plupart des objets de données de base SAP, la nomenclature se caractérise par un élément d'en-tête, et un ou plusieurs postes. Dans notre exemple simplifié, l'article MTB-BIKE-29 possède une nomenclature avec deux postes : les articles MTB-FRAME-01 et MTB-WHEEL-01.

Pour afficher notre nomenclature, nous allons dans l'application Fiori « Gestion de la nomenclature », puis sélectionnons notre numéro d'article, comme nous l'avons illustré sur la Figure 10.4.

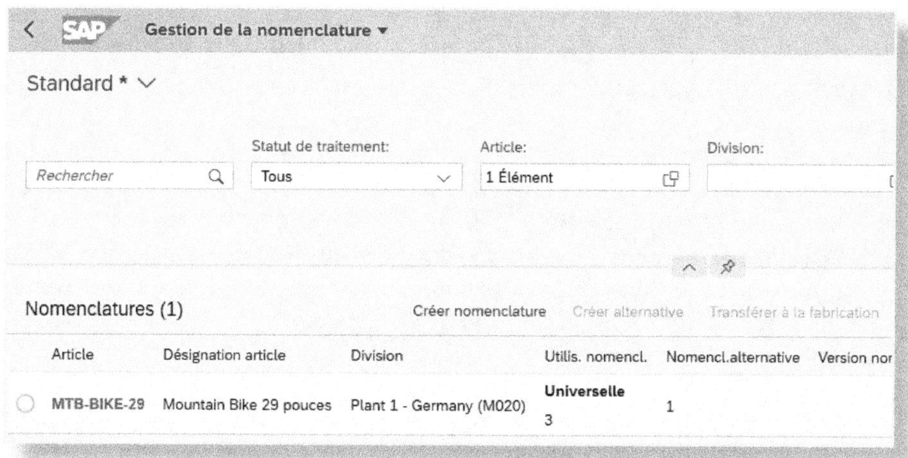

Figure 10.4 : Application « Gestion de la nomenclature » – Écran de sélection

En cliquant sur la ligne de résultat, nous passons à la nomenclature. Une fois dans l'onglet COMPOSANTS, nous voyons déjà les deux composants listés (Figure 10.5).

Figure 10.5 : Application « Gestion de la nomenclature » – Synthèse des composants

10.1.3 La gamme

La gamme est un autre objet de données de base important, nécessaire pour produire des articles fabriqués en interne. Elle fournit des informations structurées sur les opérations devant être effectuées pour fabriquer un article. Ces opérations précisent également le lieu où le traitement doit avoir lieu, ce qui est défini par un autre objet de données de base : le poste de travail. Le lien entre les gammes (ce qui doit être fait et la durée de l'opération) et les postes de travail (où cela est fait et le montant du taux horaire) est particulièrement important pour le calcul du coût de revient dans la comptabilité analytique. Ces informations permettent de calculer les coûts réels des ordres de fabrication individuels ainsi que de présenter des résultats pour les coûts totaux d'un produit dans le cadre du calcul du coût de revient par produit.

Dans notre exemple qui se veut simple, illustré par la Figure 10.6, la gamme de l'article MTB-BIKE-29 ne contient qu'une seule opération. En pratique, et en fonction de la complexité, un grand nombre d'opérations différentes, devant être effectuées sur différents postes de travail, peut être représenté.

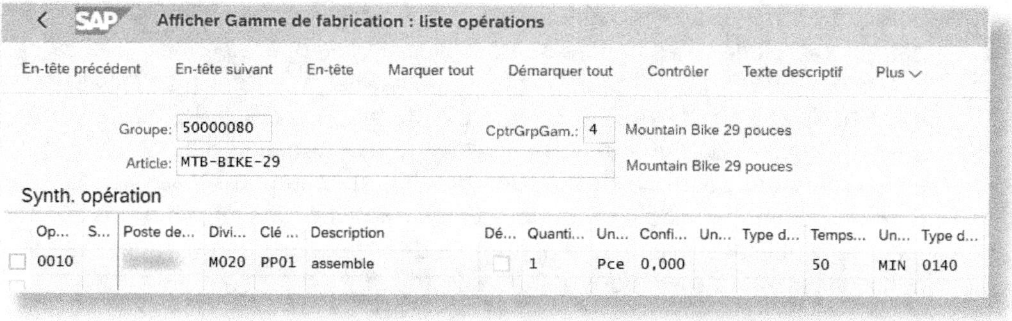

Figure 10.6 : Application « Afficher gamme de fabrication » – Liste des opérations

10.1.4 Le poste de travail

Le poste de travail est un objet de données de base central pour le pilotage de l'atelier dans un système SAP. Il doit être affecté à chaque opération. Les valeurs par défaut des opérations sont aussi reprises principalement du poste de travail. Par conséquent, la gestion de ses données est particulièrement importante pour contrôler efficacement la production. Sur la Figure 10.7, vous pouvez voir une capture d'écran des DONNÉES DE BASE du poste de travail que nous utiliserons dans notre exemple. Les autres vues y sont également mises en évidence.

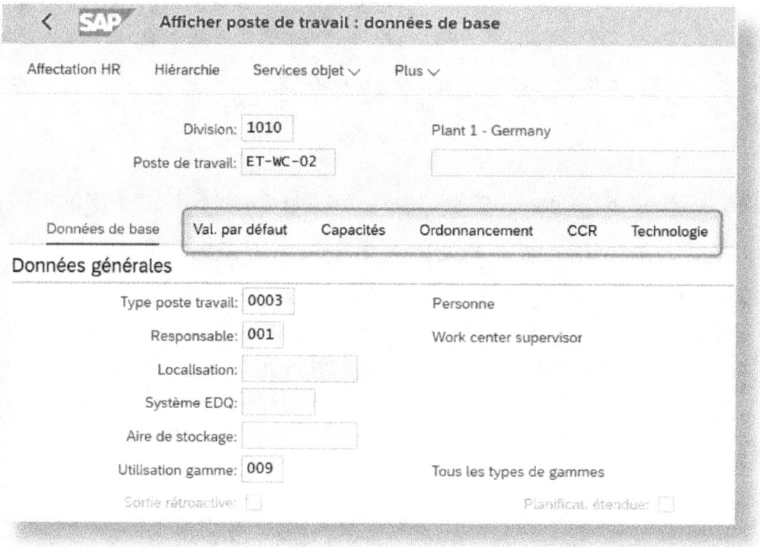

Figure 10.7 : Application « Afficher poste de travail » – Vue des données de base

L'intégration dans la comptabilité analytique se fait par le biais des paramètres du CCR dans les postes de travail, dont vous pouvez en voir une partie sur la Figure 10.8. Chaque poste de travail est affecté à un PÉRIMÈTRE ANALYTIQUE et à un CENTRE DE COÛTS. De cette façon, l'origine des coûts peut être déterminée. En outre, le TYPE D'ACTIVITÉ sert à définir les activités réalisées dans un poste de travail. Des prix, ou en d'autres termes des taux horaires, peuvent être définis pour ces types d'activité. Ces informations sont à leur tour utilisées pour le calcul du coût de revient des commandes client individuelles, mais aussi pour le CCR par produit.

Poste de travail: ET-WC-02

| Données de base | Val. par défaut | Capacités | Ordonnancement | CCR | Technologie |

Validité

Date de début: 29.04.2019   Date de fin: 31.12.9999

Lien avec les centre de coûts/types d'activité

Périmètre analytique: A000   Controlling Area A000

Centre de coûts: 10101301   Production 1 (DE)

Synthèse activités

Texte activ. rempl.	Type d'activité	Unité ...	Co...	Formule	Désignation formule	Salaire rendem.
Configuration	3			SAP001	Prod.: Tps préparat.	Temps de changem
Temps machine	1			SAP002	Prod. : Tps machine	Temps machine
Main-d'oeuvre	11			SAP003	Prod.:Tps main-oeuv.	Temps main-d'oeuv

Figure 10.8 : « Afficher poste de travail » – Vue du CCR

10.1.5 Les autres données de base dans les modules adjacents

Afin d'utiliser pleinement le processus Forecast-to-Fulfill, d'autres objets de données de base, figurant dans les modules adjacents, sont également nécessaires. Vous en trouverez une description détaillée dans les vidéos fournies avec ce livre. Le module SAP PP interagit également avec les objets suivants :

- ▶ les comptes généraux,
- ▶ les natures comptables,
- ▶ les centres de coûts,
- ▶ les types d'activités (dont le prix).

10.2 Les données altérables du processus Forecast-to-Fulfill

Dans cette partie, nous décrivons le fonctionnement schématique du système pour notre exemple : la production d'un article fabriqué en interne. Nous nous appuierons sur une séquence d'applications exécutées manuellement afin de montrer toutes les étapes disponibles dans le système. Nous ne tiendrons pas compte explicitement des particularités ou des automatisations propres à chaque secteur.

10.2.1 La planification des besoins en composants

La première étape de notre processus de gestion intégratif est la *détermination des besoins*. En pratique, nous identifierions les besoins dans le système par le biais de notre planification de la production ou des commandes client existantes. Si nous ne disposons pas d'un stock suffisant de l'article souhaité que nous pouvons utiliser librement, la planification des besoins en articles de SAP S/4HANA peut nous aider en créant ce que l'on appelle des « éléments de couverture des besoins ». L'écart entre le stock à utilisation libre et le besoin réel des clients est couvert par de nouvelles entrées planifiées. Celles-ci représentent des futures entrées de marchandises, ce qu'on appelle souvent un *ordre planifié*. Si l'article est fabriqué en interne, un ordre de fabrication est créé à partir de l'ordre planifié au cours du pilotage de l'atelier. Pour les articles externes, l'ordre planifié est généralement converti en une demande d'achat (DA) ou en une commande d'achat.

Généralement, cette planification des besoins en articles (MRP) s'exécute automatiquement, une ou plusieurs fois par jour, dans le système. Dans notre exemple, nous pouvons également ordonnancer manuellement un cycle MRP. Pour ce faire, nous naviguons vers l'application Fiori du même nom, dont nous voyons la vignette sur la Figure 10.9.

*Figure 10.9 : Application Fiori « Ordonnancement des cycles MRP » –
Affichage de la vignette*

Une fois dans l'application, nous cliquons sur l'icône Plus pour créer un nouveau cycle MRP, ce qui nous amène à la vue NOUVEAU JOB (voir Figure 10.10). En haut de l'écran, vous pouvez modifier le NOM DU JOB et, plus bas, les OPTIONS DE PLANIFICATION. Dans notre exemple, nous choisissons une planification unique, c'est-à-dire une EXÉCUTION INDIVIDUELLE, tel que l'on peut le voir sur la Figure 10.10. Nous avons également coché la case LANCER IMMÉDIATEMENT.

> ### 👉 MRP Live dans S/4HANA
>
> Avec l'introduction de S/4HANA, une nouvelle version du cycle MRP a également été fournie. Elle offre des performances nettement supérieures à celles de la version disponible dans SAP ERP. De ce fait, la planification des besoins peut être exécutée beaucoup plus souvent. Les gestionnaires MRP disposent ainsi d'une meilleure base pour prendre des décisions, et peuvent suivre plus efficacement le rapprochement de la demande et du stock.

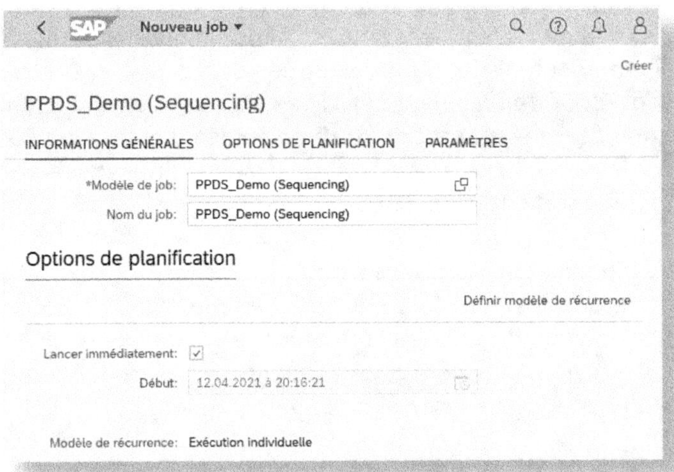

Figure 10.10 : Ordonnancement des cycles MRP – Options de planification

Plus bas sur l'écran, des paramètres supplémentaires sont définis, comme nous pouvons le voir sur la Figure 10.11. Pour nous assurer que nous ne modifions que les données de notre exemple, nous limitons l'exécution à la DIVISION ❶ que nous utilisons et au numéro d'ARTICLE ❷. Nous cochons la case CALCULBESOINRÉGÉNÉR. ❸, puis cliquons sur le bouton PLANIFIER ❹ pour finir.

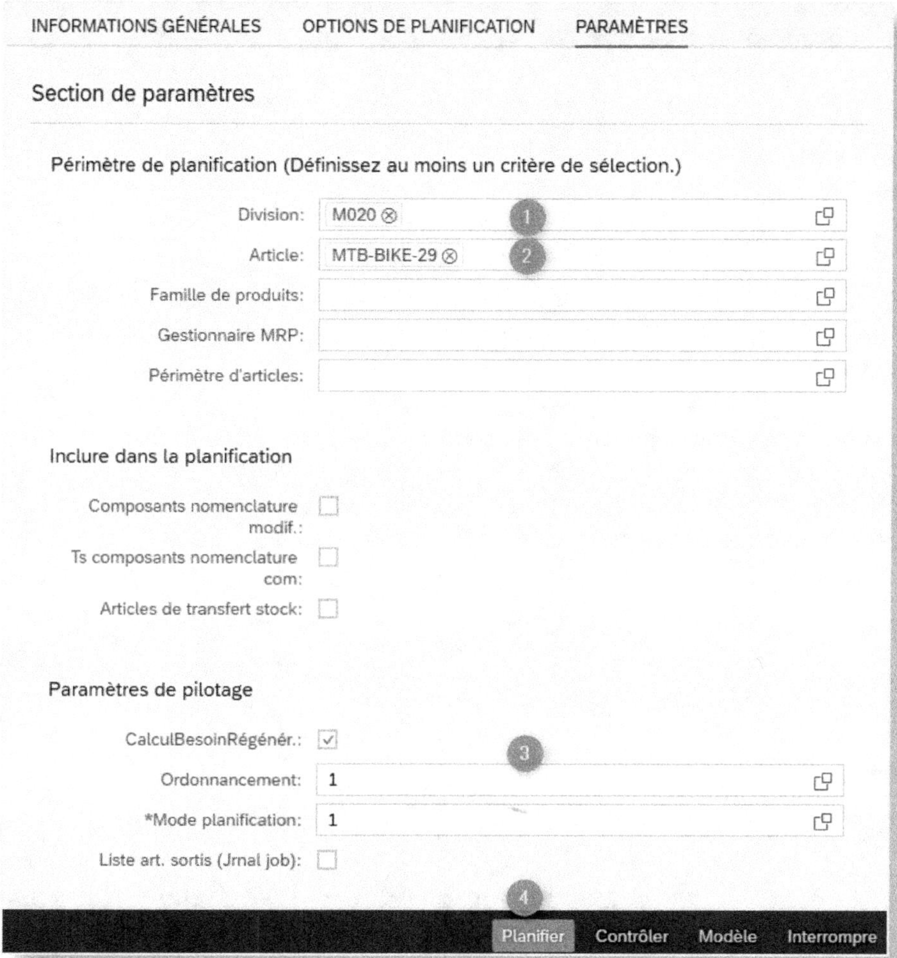

Figure 10.11 : Ordonnancement des cycles MRP – Paramètres d'exécution

Vous pouvez vérifier dans le journal du job si l'exécution du MRP s'est déroulée correctement.

L'application Fiori « Contrôle de la couverture article » fournit plusieurs synthèses graphiques qui permettent d'afficher l'état des stocks et des en-cours. L'icône de l'application est visible sur la Figure 10.12. Ne vous laissez pas tromper par la description : après avoir lancé l'application, le titre « Gestion de la couverture articles » s'affiche. Cependant, vous êtes toujours dans l'application Fiori « Contrôle de la couverture article ».

Figure 10.12 : Application Fiori « Contrôle de la couverture article » – Affichage de la vignette

Si nous ouvrons l'application et nous concentrons sur le numéro d'article qui nous intéresse, nous obtenons, comme sur la Figure 10.13, une liste tabulaire des entrées et des sorties individuelles. Nous y trouvons les ordres planifiés générés par notre cycle MRP, dans la colonne ÉLÉMENT DE PLANIFICATION.

Date	Élément de planification	Actions	Informations supplémentaires	Rescheduling	Quantité	Disponible
	Stock		Aucun stock de sécurité		1 900 Pce	1 900 Pce
01.04.2021	BIP LSF		Production sur stock sans réf.		-2 000 Pce	-100 Pce
15.04.2021	ORDPLA 2578	Traiter ∨	Prod. sur stock	📅	100 Pce	0
03.05.2021	ORDPLA 2579	Traiter ∨	Prod. sur stock		1 000 Pce	1 000 Pce
03.05.2021	BIP LSF		Production sur stock sans réf.		-1 000 Pce	0

Figure 10.13 : Gestion de la couverture articles – Vue tabulaire

L'application Fiori « Gestion des ordres planifiés » permet également de créer un ordre planifié. Elle peut être utilisée si les ordres planifiés doivent être créés directement, c'est-à-dire sans cycle MRP préalable. Comme illustré sur la Figure 10.14, vous pouvez modifier un ordre planifié existant ❶ ou CRÉER UN ORDRE ❷.

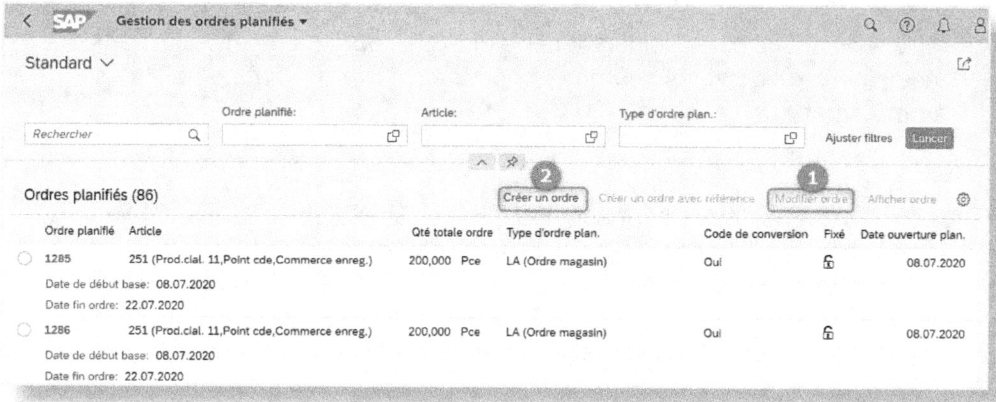

Figure 10.14 : Application Fiori « Gestion des ordres planifiés » – Écran des résultats

> **▶ Création manuelle d'un ordre planifié**
>
> Dans la collection de vidéos « Processus dans SAP S/4HANA », à laquelle vous pouvez accéder via l'espace libre accès de notre plateforme d'apprentissage SAP, nous vous montrons comment créer manuellement un ordre planifié. Nous expliquons dans la préface de ce livre comment accéder aux vidéos.

10.2.2 La conversion de l'ordre planifié en ordre de fabrication

Après avoir créé l'ordre planifié, la prochaine étape du pilotage de l'atelier consiste à créer un ordre de fabrication. L'application de contrôle de la couverture article décrite ci-dessus nous offre la possibilité de convertir un ordre planifié existant en un ordre de fabrication.

> **☞ Application Fiori « Contrôle de la couverture article »**
>
> L'application de contrôle de la couverture article joue un rôle central pour de nombreuses entreprises, car elle permet d'avoir une vue d'ensemble de l'état des besoins d'un article. Les utilisateurs SAP expérimentés peuvent déjà reconnaître les parallèles avec la transaction « MD04 État dynamique des stocks » de SAP ERP, de par son apparence et son nom. Tous les éléments de planification pertinents pour un article peuvent

être suivis dans cette application. De plus, des options de pilotage sont également disponibles (comme la suppression ou le traitement des commandes).

Comme point de départ pour convertir l'ordre planifié, nous utilisons l'écran des résultats de l'application présentée précédemment pour le contrôle de la couverture article, visible sur la Figure 10.13. Nous cliquons ici sur le menu contextuel d'un ORDPLA ❶ (ordre planifié), puis sélectionnons l'option CONVERTIR ❷, comme illustré sur la Figure 10.15.

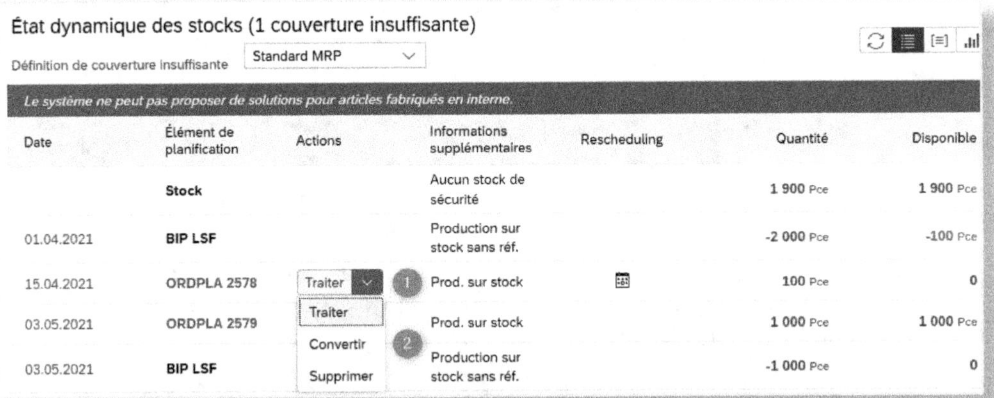

Figure 10.15 : Contrôle de la couverture article – Conversion d'un ordre planifié

▶ Création d'un ordre de fabrication

Dans la collection de vidéos « Processus dans SAP S/4HANA », à laquelle vous pouvez accéder via l'espace libre accès de notre plateforme d'apprentissage SAP, vous trouverez également un exemple de création d'un ordre de fabrication. Nous expliquons dans la préface de ce livre comment accéder aux vidéos.

Dans la fenêtre pop-up suivante, que nous voyons sur la Figure 10.16, nous vérifions que l'option CONVERTIR EN ORDRE FABRICATION est activée ❶, et confirmons le dialogue en cliquant sur OK ❷.

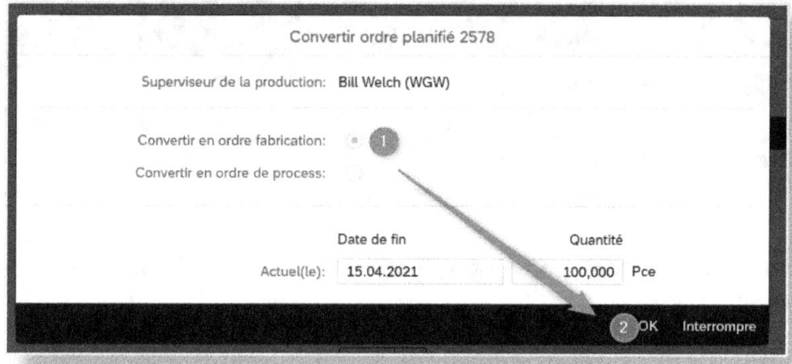

Figure 10.16 : Contrôle de la couverture article – Création d'un ordre de fabrication

Si l'ordre a été créé, la ligne de l'état dynamique des stocks sera mise à jour et le nouvel ordre de fabrication apparaîtra. Dans notre cas, nous pouvons maintenant voir l'entrée sur la Figure 10.17.

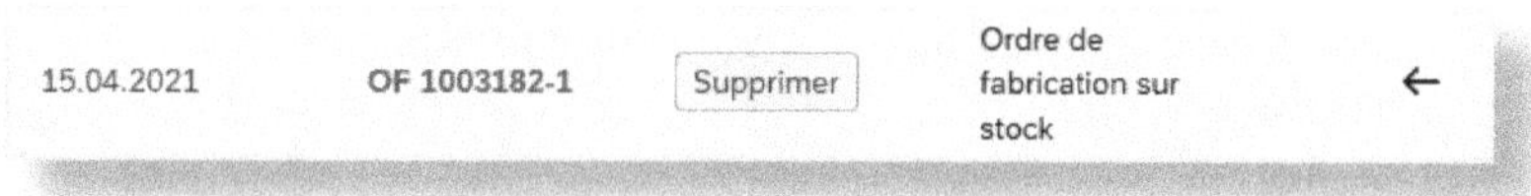

Figure 10.17 : Contrôle de la couverture article – Ordre de fabrication créé

Nous avons donc créé un ordre de fabrication en convertissant un ordre planifié existant. Une alternative à ce procédé consisterait à créer directement l'ordre de fabrication, ce qui est possible via l'application « Créer ordre de fabrication ».

10.2.3 Le lancement de l'ordre de fabrication

Pour les besoins de notre exemple, une fois l'ordre de fabrication créé, il doit d'abord être lancé. Ce n'est qu'à ce moment-là que la suite des processus de fabrication se déclenchera.

Selon les paramètres du système, ce lancement peut également avoir lieu automatiquement lors de la sauvegarde de la commande client ou par un job en arrière-plan avec des horizons temporels définis. Pour notre exemple, cependant, nous allons le traiter manuellement.

> **▶ Lancement d'un ordre de fabrication**
>
> Dans la collection de vidéos « Processus dans SAP S/4HANA », que nous avons mentionnée à plusieurs reprises, nous expliquons également comment lancer un ordre de fabrication.

Nous ouvrons donc l'application Fiori « Gestion des ordres de fabrication » que nous voyons sur la Figure 10.18.

Figure 10.18 : Application Fiori « Gestion des ordres de fabrication » – Affichage de la vignette

Une fois dans l'application, nous sélectionnons notre ordre de fabrication ❶. En bas de l'écran, sur la Figure 10.19, le résultat est déjà affiché. Nous sélectionnons la ligne ❷, puis cliquons sur le bouton LANCER ❸.

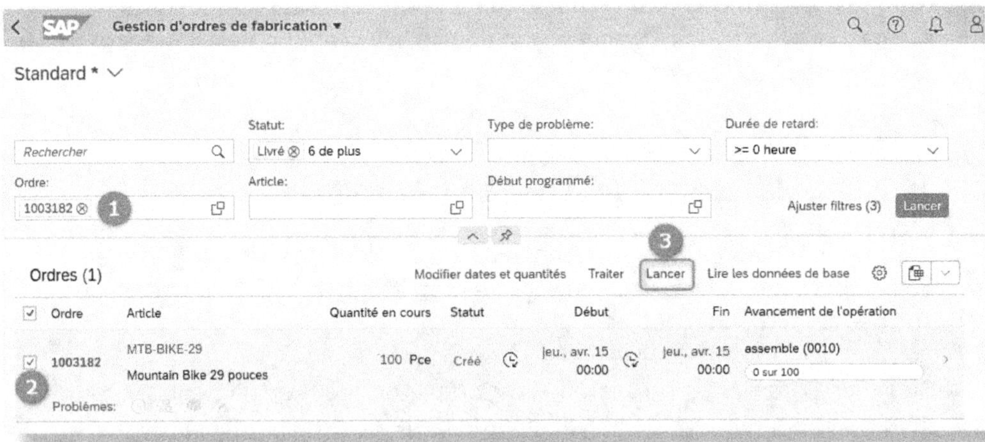

Figure 10.19 : Gestion des ordres de fabrication – Écran des résultats et lancement

Si le lancement a été effectué correctement et sans erreur, la zone STATUT dans la liste des ordres de fabrication change et n'affiche désormais plus CRÉÉ, mais LANCÉ, ce que nous pouvons voir sur la Figure 10.20.

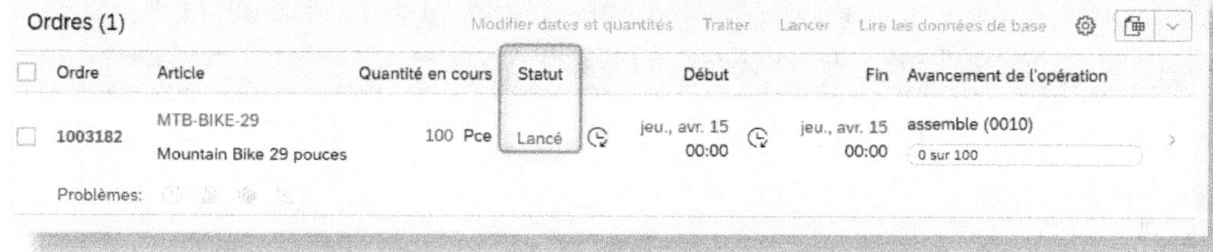

Figure 10.20 : Gestion des ordres de fabrication – Statut Lancé

En cliquant sur le numéro de l'ordre de fabrication marqué en bleu, nous accédons à la vue détaillée de l'objet. Outre les informations de l'en-tête de la commande qui se trouvent dans la partie supérieure, la liste des composants, incluant le contrôle de disponibilité ❶, et l'affichage des opérations ❷ sont particulièrement utiles. Nous pouvons en voir un extrait sur la Figure 10.21.

Figure 10.21 : Gestion des ordres de fabrication – Vue détaillée des composants et opérations

10.2.4 La confirmation d'un ordre de fabrication

L'ordre de fabrication est désormais lancé et la production peut commencer. En pratique, un autre système extérieur à SAP ERP est souvent utilisé pour le pilotage de l'atelier, afin de traiter les ordres de fabrication et de saisir les confirmations. Les usines de fabrication et/ou les machines utilisées y sont souvent intégrées afin que les données de ces installations puissent être utilisées pour les confirmations.

Pour notre exemple, nous masquons les options d'extension et nous concentrons sur les applications Fiori existantes dont nous disposons.

> **▶ Confirmation d'un ordre de fabrication**
>
> Dans la collection de vidéos « Processus dans SAP S/4HANA », que nous avons mentionnée à plusieurs reprises, nous expliquons également comment confirmer un ordre de fabrication.

Nous nous rendons donc dans l'application Fiori « Gestion des opérations de production » que nous voyons sur la Figure 10.22. Nous cliquons sur l'application pour sélectionner le résultat au niveau des OPÉRATIONS, comme nous l'indique aussi le sous-titre.

Figure 10.22 : Application Fiori « Gestion des opérations de production » – Affichage de la vignette

Arrivés dans l'application, nous saisissons notre numéro d'ordre de fabrication, puis cliquons sur le bouton LANCER pour exécuter la sélection (Figure 10.23).

Nous pouvons accéder à la vue détaillée en cliquant sur l'opération affichée. Comme nous pouvons également le voir sur la Figure 10.24, dans la partie supérieure de l'écran, la liste des COMPOSANTS affectés, y compris l'analyse de la couverture de stock (COUVERTURE), est affichée. Nous constatons à la barre verte que les quantités requises des composants sont entièrement disponibles. En dessous, nous pouvons voir un aperçu des OPÉRATIONS

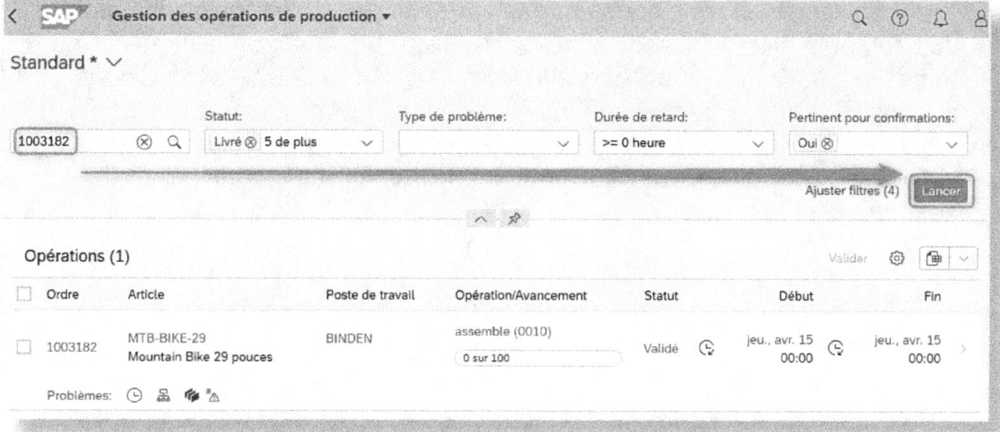

Figure 10.23 : Gestion des opérations de production – Exécution de la sélection

possibles dans notre ordre de fabrication. Pour ajouter une confirmation, nous cliquons sur le bouton CONFIRMER OPÉRATION en haut à droite de l'application pour passer à l'application de confirmation.

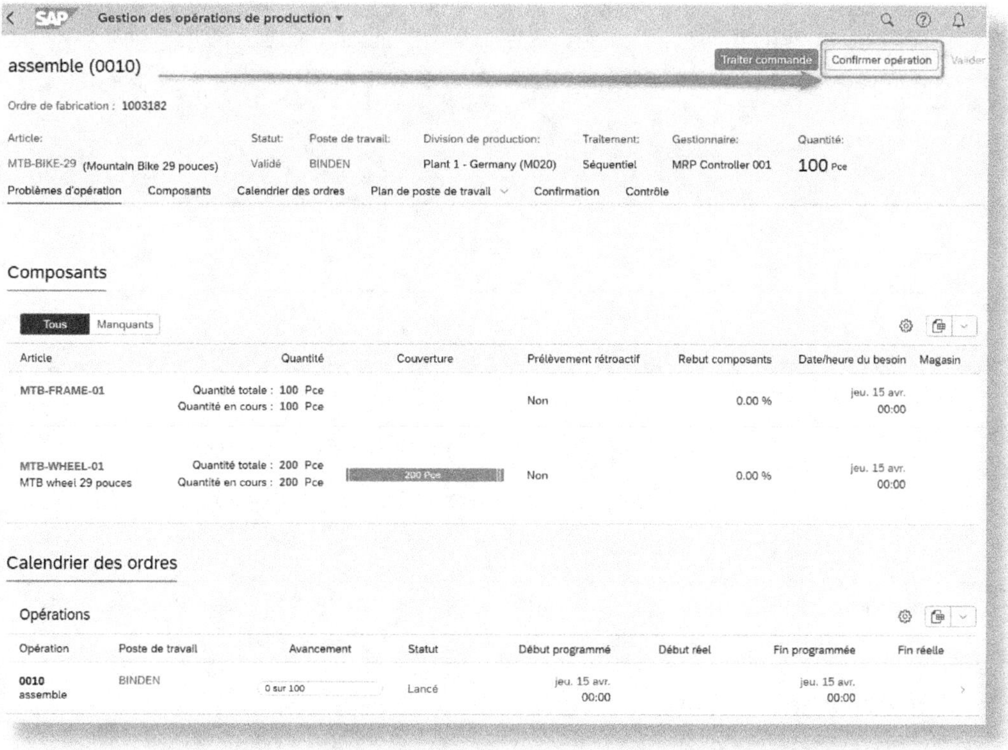

Figure 10.24 : Confirmation d'opérations de production – Vue détaillée et saut vers « Confirmer opération »

Arrivés à l'écran suivant, nous entrons le RENDEMENT que nous avons produit ❶, puis dans les champs des ACTIVITÉS, nous entrons également le temps que nous avons consacré à la production. Dans notre exemple, nous n'avons saisi que le TEMPS MACHINE ❷, comme nous pouvons le voir sur la Figure 10.25. Plus bas dans la marge de l'écran, vous pouvez sauvegarder la confirmation en cliquant sur le bouton SAUVEGARDER (qui n'est pas visible sur notre capture d'écran).

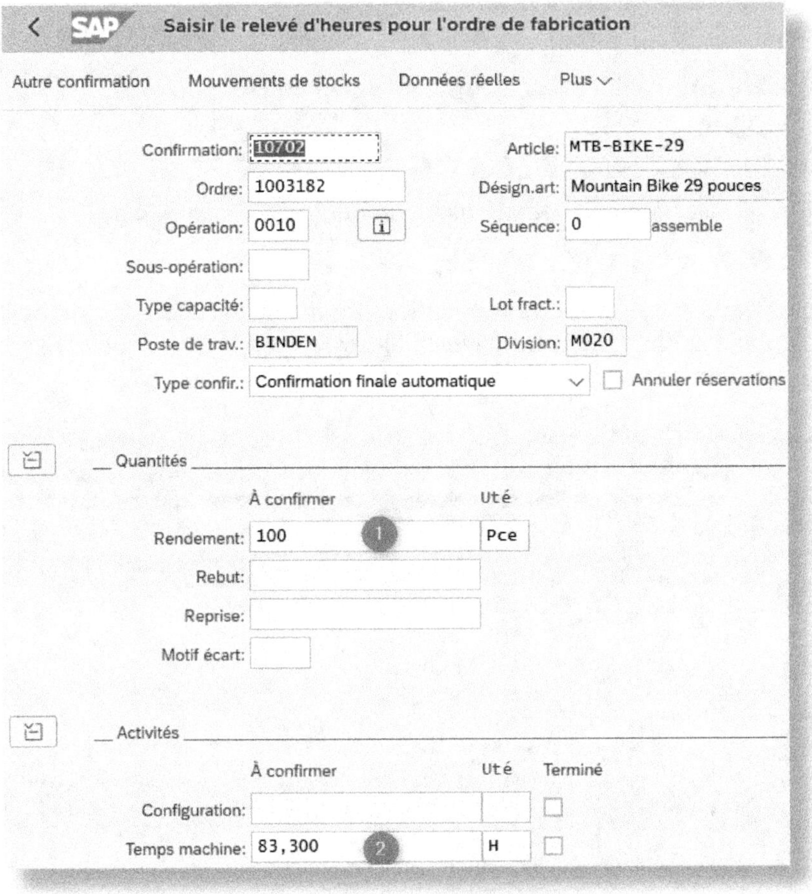

Figure 10.25 : Enregistrement de la confirmation de l'ordre de fabrication

Selon les paramètres du système, les mouvements de stock peuvent être enregistrés automatiquement pour confirmer l'ordre de fabrication. Tel est le cas dans notre exemple. Vous avez également la possibilité de saisir manuellement les entrées et sorties de marchandises à l'aide de certaines applications.

Si nous regardons à nouveau notre ordre de fabrication dans l'application « Gestion d'ordres de fabrication » (accès et sélection sur la Figure 10.18 et/ou Figure 10.19), nous remarquons déjà dans les informations d'en-tête que le statut est LIVRÉ, comme nous le voyons également sur la Figure 10.26.

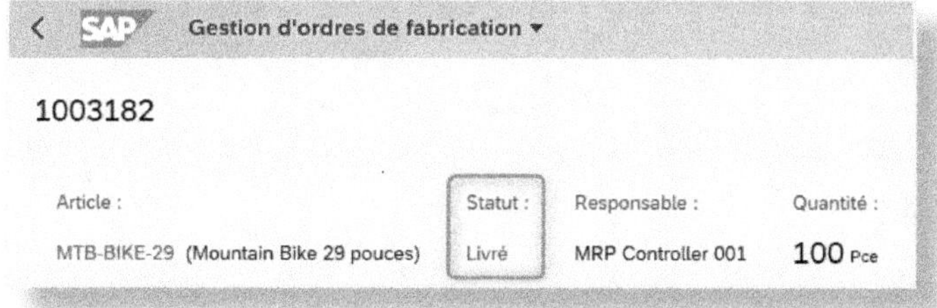

Figure 10.26 : Gestion d'ordres de fabrication – Statut Livré

Plus bas dans l'application, nous pouvons également constater via l'AVAN-CEMENT des opérations (notre commande client ne compte qu'une seule opération) que la quantité totale a le statut CONFIRMÉ, ce que nous pouvons voir sur la Figure 10.27.

Figure 10.27 : Gestion d'ordres de fabrication – Opération confirmée

10.2.5 Clôturer techniquement un ordre de fabrication

Une fois que la production des articles d'un ordre de fabrication est termi-née, l'ordre peut être clôturé au niveau technique. Ainsi, plus aucune modi-fication logistique de l'ordre de fabrication n'est autorisée ; l'ordre ne peut plus être enregistré et clôturé qu'au niveau des coûts. Le statut « clôturé techniquement » est généralement représenté par l'abréviation « TECO ».

L'étape de la clôture technique s'exécute généralement à l'aide d'un job d'arrière-plan. Nous pouvons également le faire manuellement, à partir d'une application Fiori. Pour ce faire, nous recherchons l'application « Planification de l'exécution de clôture technique d'un ordre de fabrication », dont nous voyons la vignette sur la Figure 10.28.

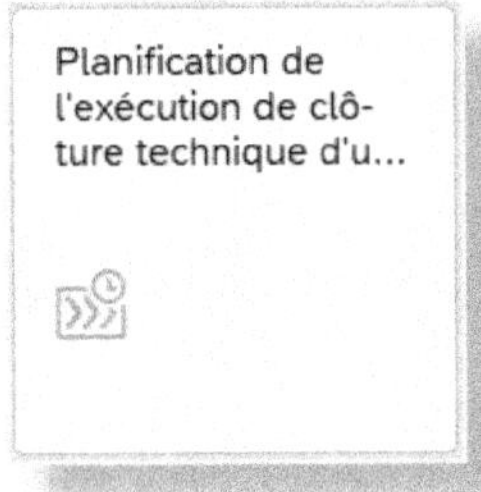

Figure 10.28 : Application Fiori pour l'activation du statut TECO d'ordres de fabrication – Affichage de la vignette

Cette étape n'est toutefois pas obligatoire pour déterminer les écarts et décompter un ordre de fabrication.

10.2.6 Décompter un ordre de fabrication

Pour clôturer l'ordre de fabrication au niveau de la finance et après avoir terminé les activités logistiques, vous devez effectuer un décompte. Ce dernier se compose, au minimum, des étapes suivantes :

- ▶ la détermination des écarts,
- ▶ le décompte de l'ordre de fabrication,
- ▶ la clôture au niveau commercial.

Les exigences spécifiques de l'entreprise peuvent nécessiter des étapes de vérification supplémentaires. Dans tous les cas, la détermination des écarts et le décompte ultérieur suffisent à couvrir les étapes de base dans SAP.

> **⊙ Décompter et clôturer un ordre de fabrication**
>
> Dans la dernière vidéo de la collection « Processus dans SAP S/4HANA » publiée en parallèle de ce livre, nous vous montrons comment décompter et clôturer un ordre de fabrication.

Dans la version actuelle 2020 de S/4HANA, SAP ne propose malheureusement pas encore d'applications Fiori SAPUI5 pour le décompte des ordres de fabrication. Par conséquent, nous devons passer par les applications que nous connaissons déjà de SAP ERP. Pour rester sur le même type de navigation, consistant à sauter vers des applications plus approfondies, nous ne chercherons pas l'analyse des écarts directement dans le navigateur Fiori, mais nous y naviguerons en passant par l'ordre de fabrication.

Nous nous rendons dans l'application pour traiter les ordres de fabrication, que nous connaissons déjà des Figure 10.18 et Figure 10.19. Ensuite, nous cliquons sur le numéro de l'ORDRE ❶, marqué en bleu, pour ouvrir le menu contextuel et passer à l'application « Ordre de fabrication » (cliquez sur ❷ puis sur ❸), comme illustré sur la Figure 10.29.

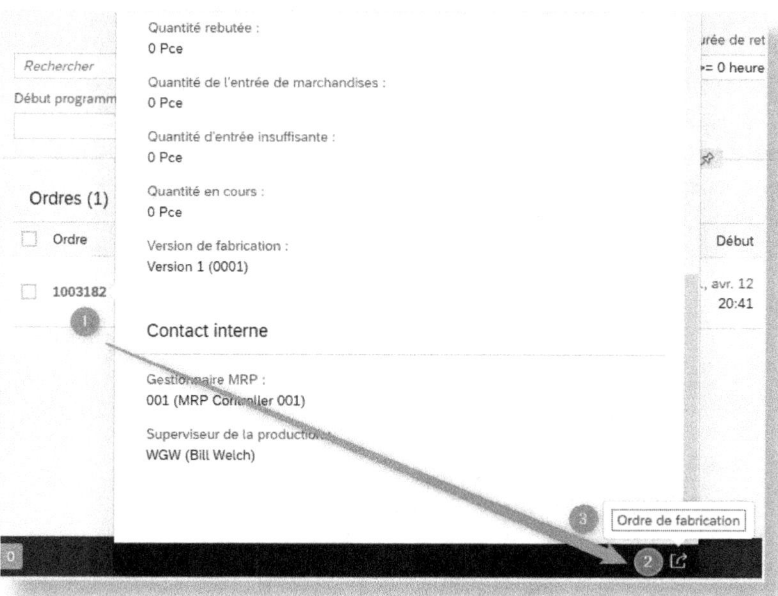

Figure 10.29 : Gestion d'ordres de fabrication – Saut vers l'ordre de fabrication

L'application maintenant ouverte diffère de celle intitulée « Gestion d'ordres de fabrication » dans la mesure où elle offre plus d'options de saut. Nous cliquons sur le numéro de l'ORDRE DE FABRICATION affiché en bleu ❶, et arrivons à nouveau à un menu contextuel. Selon les paramètres du système, d'autres sauts s'affichent déjà ici. Si tel n'est pas le cas, nous pouvons les faire apparaître avec le bouton AUTRES LIENS ❷, tel qu'illustré sur la Figure 10.30.

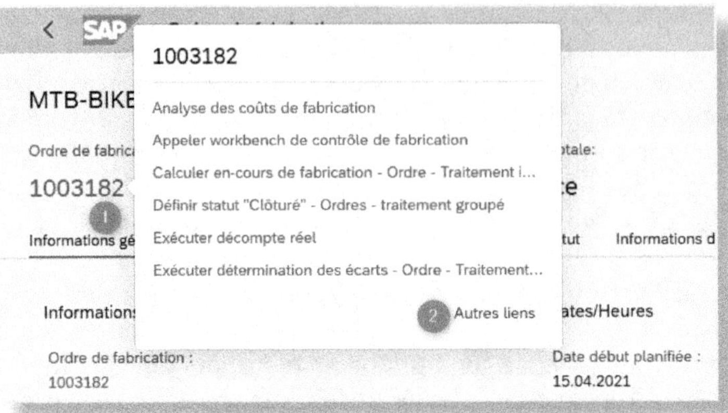

Figure 10.30 : Ordres de fabrication – Saut vers Exécuter détermination des écarts – Document individuel

Si vous ne voyez pas la fonction EXÉCUTER DÉTERMINATION DES ÉCARTS – ORDRE – TRAITEMENT... dans le menu contextuel de la Figure 10.30, veuillez d'abord la sélectionner dans la liste de liens affichée sur la Figure 10.31. Nous utiliserons également la fonction EXÉCUTER DÉCOMPTE RÉEL pour l'étape suivante. Vous pouvez donc activer ce lien dès à présent. Les sauts devraient alors ressembler à ce que nous voyons sur la Figure 10.30.

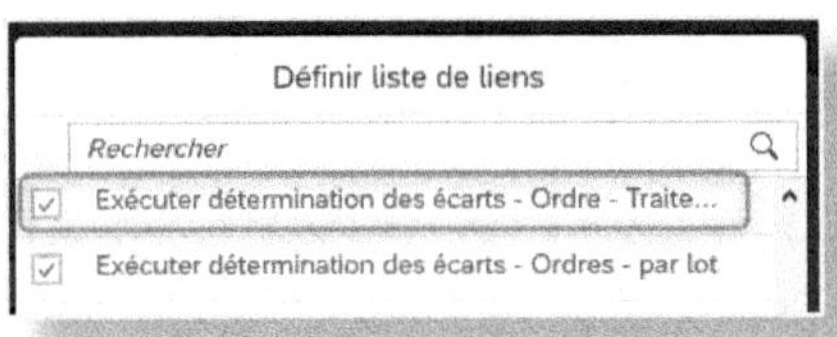

Figure 10.31 : Ordres de fabrication – Définir la liste de liens – Détermination des écarts

Sélectionnons à présent EXÉCUTER DÉTERMINATION DES ÉCARTS pour le document individuel, comme sur la Figure 10.32.

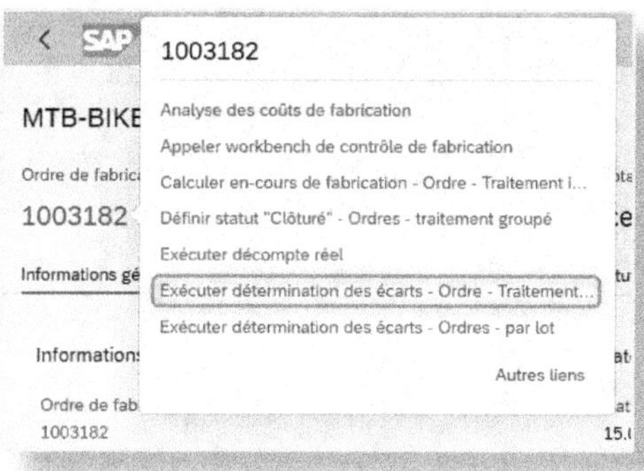

Figure 10.32 : Ordres de fabrication – Saut vers Exécuter détermination des écarts

Nous accédons maintenant à l'application SAP ERP (Figure 10.33). Nous y sélectionnons la PÉRIODE à décompter (le reste des données devrait être proposé automatiquement), décochons la case TEST, puis cliquons sur EXÉCUTER.

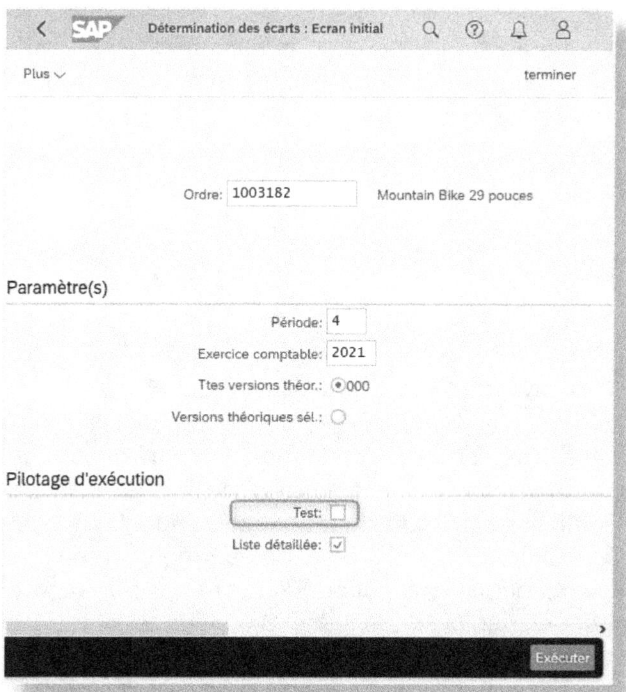

Figure 10.33 : Détermination des écarts, ordres de fabrication

Une liste détaillée de l'analyse des écarts nous est ensuite présentée, comme nous pouvons le voir sur la Figure 10.34. L'analyse des écarts a montré que le coût réel de production (colonne COÛTS RÉELS) est inférieur au coût prévu dans la colonne CTS THÉORIQUES. Pour vérifier plus en détail à quoi est dû cet écart, nous pouvons également analyser les natures comptables utilisées en cliquant sur les boutons NATURES COMPTABLES ou CATÉG. ÉCARTS.

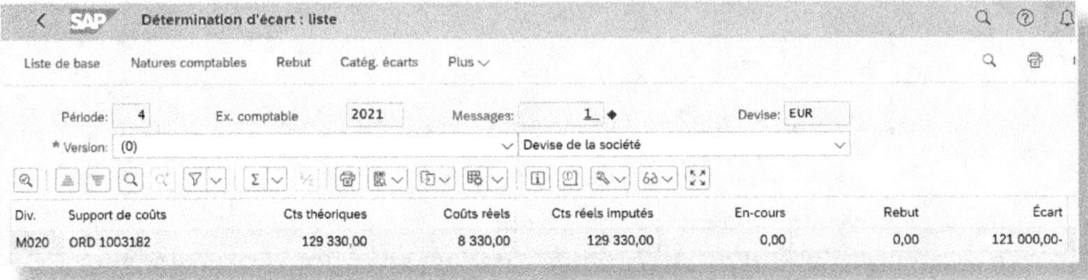

Figure 10.34 : Analyse des écarts – Liste détaillée

Autrement, il est aussi possible de rechercher l'application permettant de déterminer les écarts directement dans la barre de lancement. Vous pouvez voir sur la Figure 10.35 la vignette Fiori correspondante.

Figure 10.35 : Détermination des écarts – Affichage de la vignette

Après avoir déterminé les écarts, l'ordre de fabrication peut être décompté. Pour cette étape aussi, nous restons fidèles à notre manière de procéder et naviguons à partir de l'application « Ordres de fabrication ». En cliquant sur le numéro de l'ORDRE DE FABRICATION, nous revenons au menu contextuel (Figure 10.36). Nous sélectionnons la fonction EXÉCUTER DÉCOMPTE RÉEL ❶. Si elle n'est pas encore disponible dans le menu contextuel, vous pouvez l'ajouter en cliquant sur le bouton AUTRES LIENS ❷.

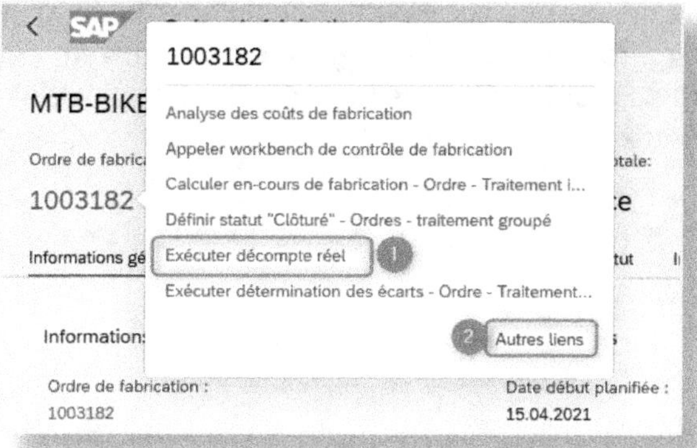

Figure 10.36 : Gestion d'ordres de fabrication – Saut vers le décompte réel

Dans la vue affichée sur la Figure 10.37, toutes les zones requises devraient être pré-renseignées. Si ce n'est pas le cas, nous entrons :

❶ le numéro de l'ORDRE,

❷ la PÉRIODE D'IMPUTATION,

❸ l'EXERCICE COMPT.,

❹ le TYPE DE TRAITEMENT.

N'oubliez pas de décocher la case TEST.

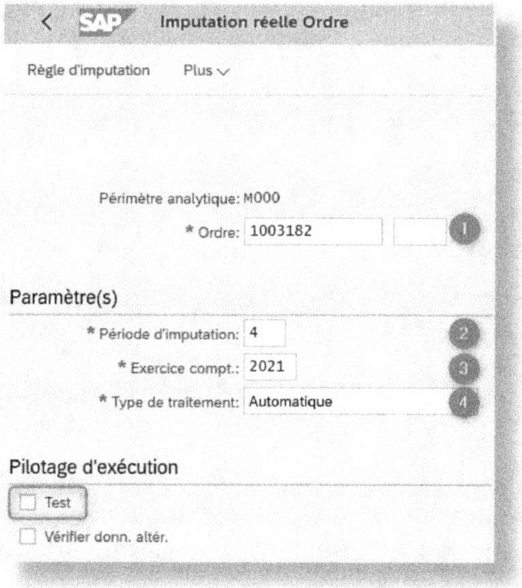

Figure 10.37 : Imputation réelle Ordre – Masque de sélection

Après l'exécution correcte du décompte, nous obtenons un aperçu du journal que nous voyons sur la Figure 10.38. Le message le plus important est encadré sur la capture d'écran. En cliquant sur le bouton LISTES DÉTAILLÉES, nous passons au niveau de liste suivant.

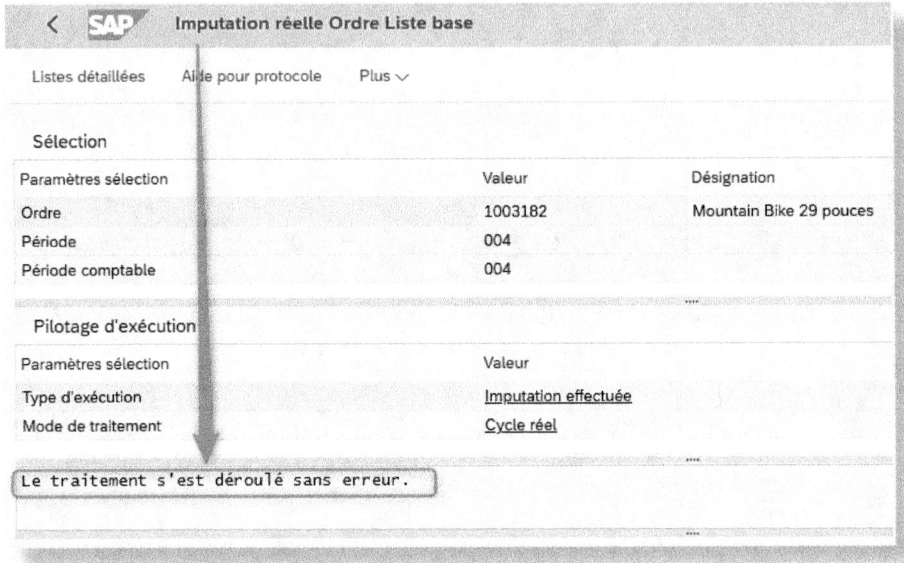

Figure 10.38 : Imputation réelle Ordre – Journal

Sur la Figure 10.39, nous voyons la liste détaillée qui nous donne des informations sur les écarts décomptés. Si nous cliquons ici sur le bouton PIÈCES COMPTABLES, nous entrons encore plus dans les détails du décompte.

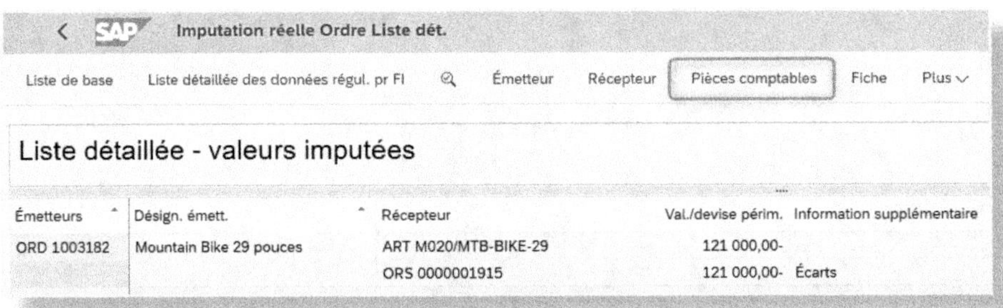

Figure 10.39 : Imputation réelle Ordre – Liste détaillée

Sur la Figure 10.40, nous voyons la fenêtre pop-up comportant la sélection des pièces comptables. Cliquons sur la PIÈCE COMPTABLE tout en haut de la table.

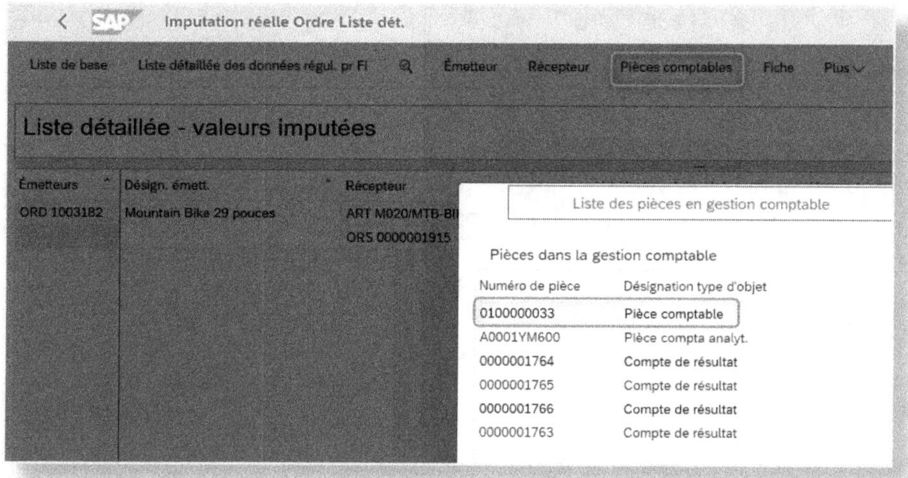

Figure 10.40 : Imputation réelle Ordre – Saut vers les pièces comptables

La pièce comptable générée est à présent affichée, comme nous pouvons le voir sur la Figure 10.41. Les lignes d'écriture qui s'y trouvent et les comptes utilisés diffèrent selon les paramètres du système. Dans notre cas, des écarts de prix, définis par la détermination des écarts, ont également été enregistrés.

Sté	pos	CC	Compte	Désignation	Montant	Devise	TV
M020	1	81	55100000	Activ.divis.OrdreFab	121 000,00	EUR	
	2	93	52570000	Gains écart product.	121 000,00-	EUR	V0
	3	40	52570000	Gains écart product.	121 000,00	EUR	V0
	4	50	99000060	DÉVIATION STRUCT	121 000,00-	EUR	

Figure 10.41 : Imputation réelle Ordre – Pièce comptable

Le décompte est maintenant terminé. Les coûts ont été enregistrés dans les supports de coûts saisis dans la *règle de décompte* du système.

Une alternative à la procédure de décompte que nous venons de décrire existe : au lieu de sauter vers l'application de l'ordre de fabrication, le décompte individuel peut s'effectuer en appelant directement l'application. Vous pouvez voir l'application Fiori « Exécuter imputation des valeurs réelles » disponible à cet effet sur la Figure 10.42. Les étapes suivantes sont les mêmes que celles du processus décrit ci-dessus.

Figure 10.42 : Imputation réelle des valeurs réelles, ordre de fabrication – Affichage de la vignette

La dernière étape de notre processus Forecast-to-Fulfill consiste à clôturer l'ordre de fabrication. Nous retournons à l'application de traitement des ordres de fabrication que nous voyons sur la Figure 10.43. De là, nous sautons vers la boîte de dialogue de traitement en cliquant sur le bouton TRAITER.

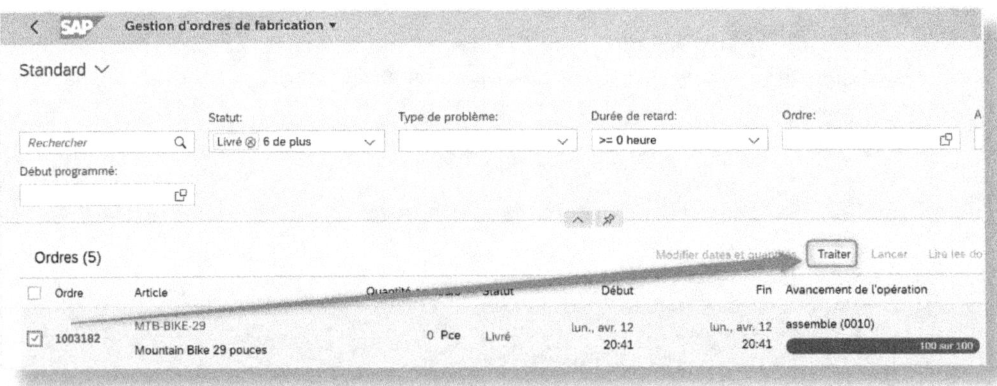

Figure 10.43 : Gérer un ordre de fabrication

Nous accédons ensuite à une transaction comprenant des options de traitement plus nombreuses, visible sur la Figure 10.44. Nous sélectionnons, en haut dans le menu, la zone PLUS ❶, et développons le sous-menu du point FONCTIONS ❷. Cliquons ensuite sur CLÔTURER ❸.

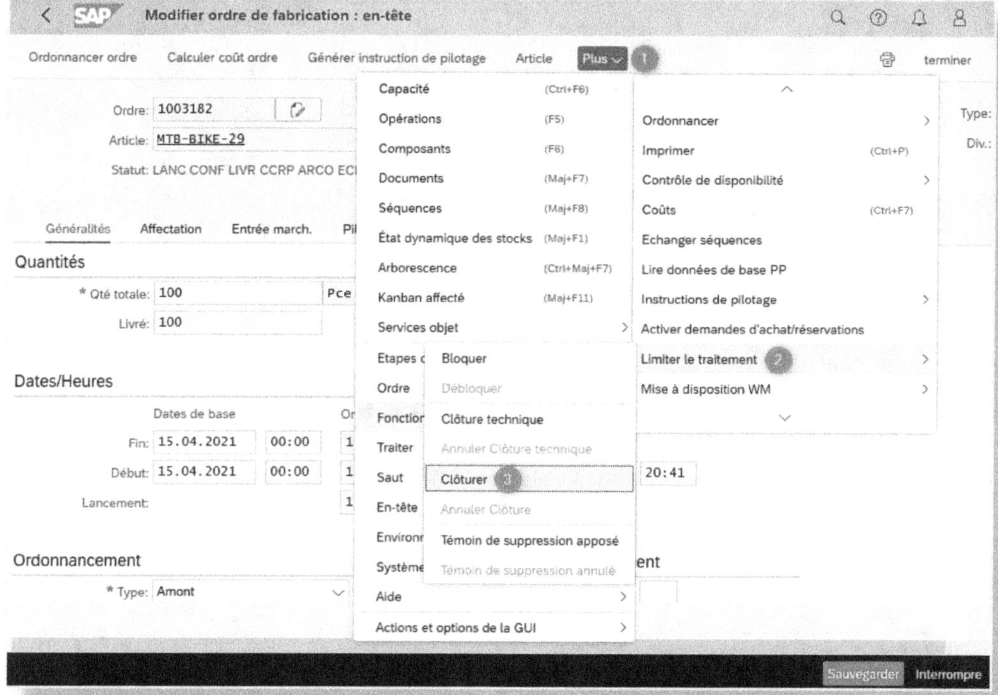

Figure 10.44 : Gérer un ordre de fabrication – Sélection de la fonction Clôturer

Si la clôture s'est effectuée correctement, nous voyons s'afficher le statut « Clôturé » avec l'abréviation CLOT dans la partie supérieure de l'ordre de fabrication (Figure 10.45).

Figure 10.45 : Gérer un ordre de fabrication – Statut CLOT

L'ordre de fabrication est maintenant clôturé sur le plan logistique et comptable. Par conséquent, aucune autre action n'est à réaliser pour ce document.

10.3 Le reporting dans le processus F2F

L'ensemble du processus Forecast-to-Fulfill est soutenu par une large gamme d'applications analytiques Fiori. Pour la grande majorité des étapes décrites dans ce processus de gestion intégré, il existe également des rapports adaptés. Dans les pages qui suivent, vous trouverez une brève présentation de quelques-unes des applications les plus intéressantes.

10.3.1 L'analyse des stocks et la couverture des besoins

L'application Fiori « Synthèse d'analyse des stocks », se trouvant dans le domaine du même nom Synthèse d'analyse des stocks et illustrée sur la Figure 10.46, convient parfaitement pour effectuer une analyse des stocks plus approfondie.

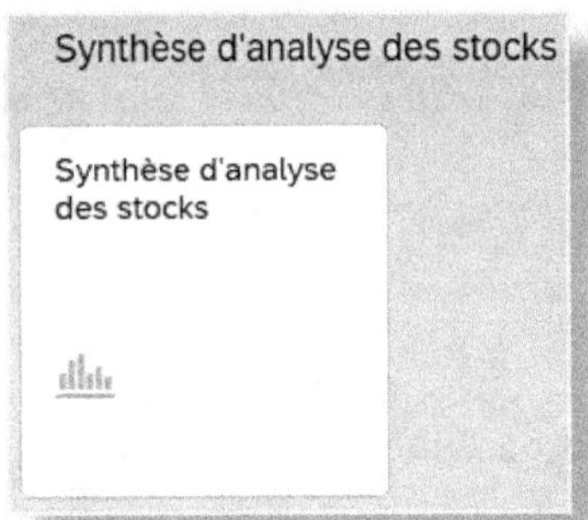

Figure 10.46 : Synthèse d'analyse des stocks

Une fois dans l'application, différentes perspectives sur les stocks vous sont proposées. Sur la Figure 10.47, vous trouverez deux analyses notables : d'une part, les articles après augmentation de la valeur sans imputation de la consommation (à gauche), et d'autre part, les articles sans imputation de la consommation (à droite).

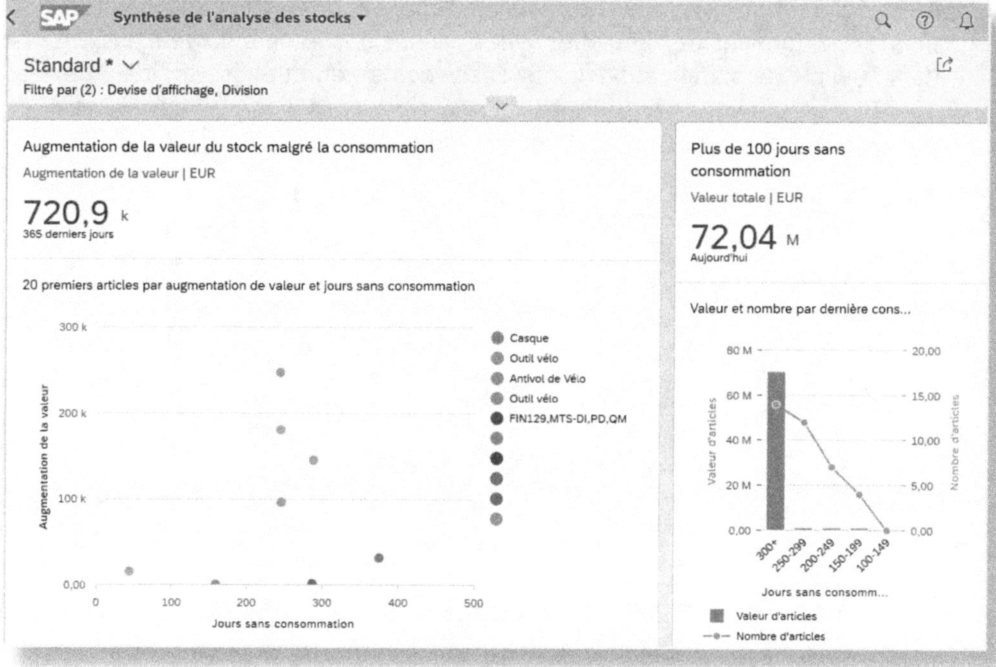

Figure 10.47 : Synthèse de l'analyse des stocks – Vue détaillée

Les applications comprises sur la Figure 10.48 permettent de faire le suivi de la planification des articles. Ici, vous pouvez créer directement les BIP, ou besoins indépendants prévisionnels, et déterminer la COUVERTURE ARTICLE ou les BESOINS INTERNES NON COUVERTS.

Figure 10.48 : Prévision de la demande et planification des articles

Il est également intéressant d'observer l'application « Affichage des problèmes de données de base MRP ». Les causes des erreurs survenues pendant le cycle de planification y sont analysées et regroupées. Sur la Figure 10.49, nous pouvons voir que les deux premiers articles ne peuvent pas être planifiés en raison de l'absence de nomenclature valide.

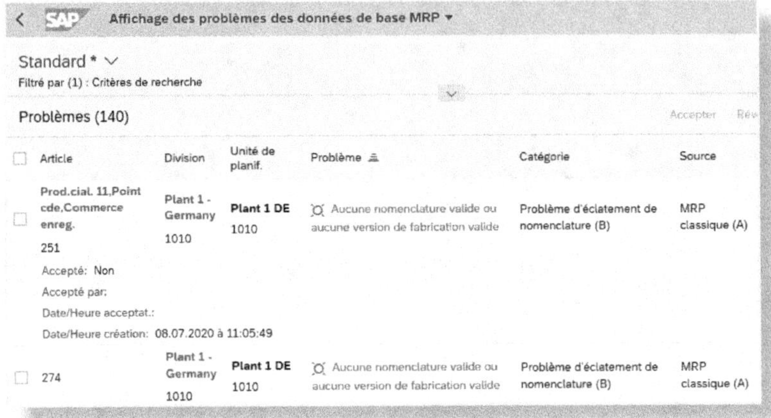

Figure 10.49 : Affichage des problèmes des données de base MRP

10.3.2 Planification et exécution de la production

Le menu Fiori PLANIFICATION ET EXÉCUTION DE LA PRODUCTION combine des applications de gestion et de conversion d'ordres planifiés, avec des applications d'analyse utiles, comme nous le voyons sur la Figure 10.50.

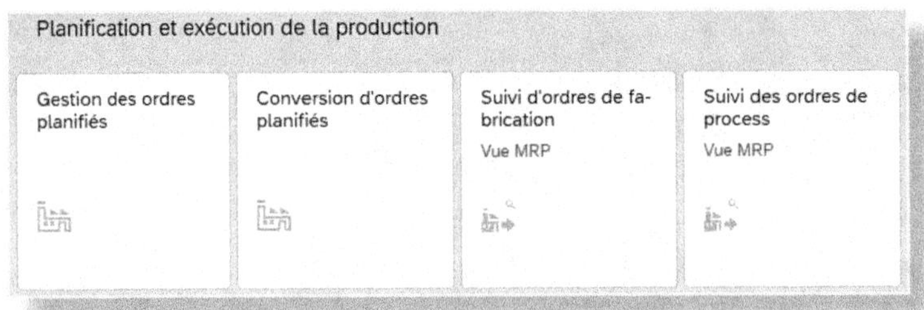

Figure 10.50 : Planification et exécution de la production

En particulier, l'application « Suivi des ordres de process » nous donne un aperçu rapide et pratique sur les ordres de process en retard. Sur la Figure 10.51, nous voyons l'exemple d'un ordre présentant un RETARD de 67 jours.

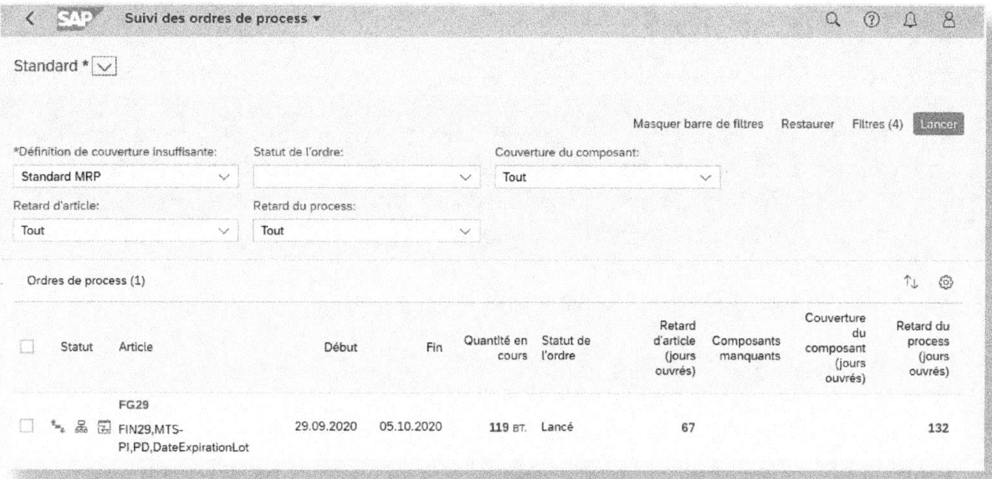

Figure 10.51 : Suivi des ordres de process

En plus de l'ordonnancement, le menu SURVEILLANCE DE L'EXÉCUTION DE LA PRODUCTION vous fournit de nombreux ratios au niveau de la production. La Figure 10.52 vous donne un aperçu des applications qu'il contient. Une évaluation en fonction de la CAUSE DU REBUT ou de la SURCONSOMMATION DE COMPOSANTS est particulièrement intéressante dans la pratique.

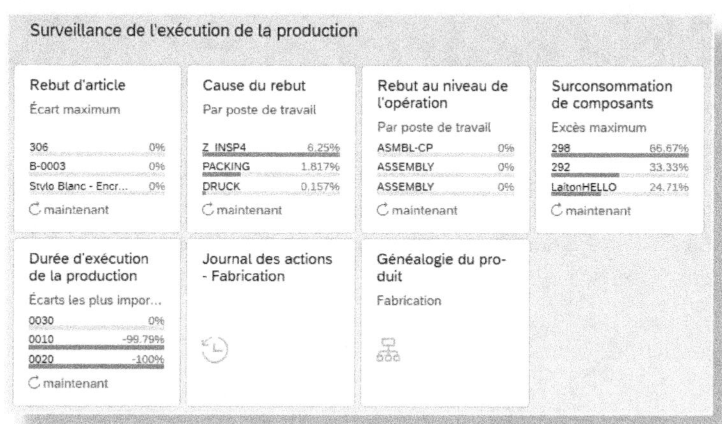

Figure 10.52 : Surveillance de l'exécution de la production

Nous arrivons non seulement à la fin de notre présentation du processus « Forecast-to-Fulfill », mais également à la fin du livre. Il est donc temps d'en venir à la conclusion.

11 Conclusion

Nous avons désormais appris à connaître les principaux processus de gestion intégrés et à les reproduire dans SAP S/4HANA à l'aide des applications Fiori. Nous avons examiné le cycle d'approvisionnement, les ventes et l'expédition, et enfin la planification et gestion de la production. Nous avons également montré, dans chaque cas, comment s'effectue l'intégration avec les composantes de la comptabilité financière et du contrôle de gestion.

Les connaissances acquises peuvent vous servir de base pour approfondir les processus de gestion correspondants. Par cette présentation des processus de gestion, nous vous invitons à examiner plus en détail leur contenu. Vous avez franchi la première étape et amorcé votre introduction à S/4HANA.

Si vous vous demandez maintenant comment transformer votre environnement système avec S/4HANA, il vous suffira de consulter notre bibliothèque en ligne sur http://et.training.

Par ailleurs, si vous souhaitez approfondir les différents modules, vous trouverez dans les pages suivantes des références à d'autres livres de notre programme sur S/4HANA.

Vous venez de finir ce livre.

A À propos des auteurs

Sebastian Brunner travaille en tant que consultant senior SAP et fournit aux clients une assistance complète dans le domaine de la gestion de la chaîne d'approvisionnement. Ses diplômes en gestion d'entreprise, contrôle de gestion et gestion stratégique lui permettent d'adopter une approche de conseil élargie, axée sur les processus interdépartementaux.

Il a démarré sur SAP S/4HANA en 2014, lors de l'introduction des produits Simple Finance, puis, plus tard en 2015, avec Simple Logistics. Depuis lors, il se consacre aux processus de transformation numérique dans SAP S/4HANA.

En plus de son travail de consultant SAP, Sebastian Brunner organise des ateliers, conférences et formations tout en enseignant dans le secteur universitaire.

Mettez-vous en réseau avec Sebastian Brunner sur Xing ou LinkedIn !

Martin Munzel travaille dans l'environnement SAP depuis plus de 20 ans, et a acquis une grande expérience du terrain en occupant différents postes de consultant et de conseiller en interne. Il a réalisé avec succès des projets SAP en Europe, en Asie et en Amérique du Nord et intervient régulièrement lors de conférences internationales SAP.

Martin Munzel est cofondateur et directeur général d'Espresso Tutorials, une maison d'édition toute récente publiant des ouvrages de référence sur SAP. Avant d'entamer sa carrière professionnelle, il a étudié la gestion d'entreprise et l'informatique de gestion en Allemagne (Göttingen, Paderborn) et au Royaume-Uni (Nottingham).

Après des études de sciences économiques, **Philipp Reichhardt** a débuté sa carrière dans une société internationale de conseil en informatique. Il y a accompagné divers projets d'introduction de SAP S/4HANA, particulièrement sur les finances et le contrôle de gestion. Il se consacre également à la nouvelle interface utilisateur SAP « Fiori » et aux possibilités de la plate-forme SAP Cloud.

Depuis 2020, il travaille en tant que consultant indépendant en informatique.

B Index

Performance 46
Pièce comptable 131, 144, 182
Pièce de décaissement 191
Pilotage des sorties 139
Plan comptable 96
Plan comptable du groupe 97
Plan comptable national 97
Plan comptable opérationnel 97
Planification des articles 80
Planification des besoins 79
Planification des besoins en
    articles 80, 170, 211
Point d'expédition 72
Poste de travail 79, 84, 86, 208, 209
Poste du document commercial
    121
Poste non soldé 147
Postes individuels 144
PP 79
Prélèvement 126, 128
Prix 113
Processus de bout en bout 115
Processus de gestion 106

R

R/2 12
R/3 12
Réceptionnaire 74
Recette de base 88
Référence client 120
Relation partenaire 57
Rendement 222
Répartition des quotas 65
Répertoire des sources d'approvi-
    sionnement 63
Retard de paiement 160
Rôle 28
Rôle d'autorisation 26, 39
Rôle partenaire 55

S

S/4HANA 15
S/4HANA Finance 15
SAP Cloud Integration Gateway 52
SAP Fiori 26
SAP GUI 12, 23
SAP SE 11
SAPUI 26
Schéma des données manquantes
    120
SD 69
Secteur d'activité 72
Segment 96
Shell Bar 25
Simple Finance 15
Société 53, 72, 96
Sortie de marchandises 128, 129,
    135
Source d'approvisionnement 65,
    174
Sous-ensemble 83
SRM 50
Statut 219
Stratégie de lancement 21
Suivi des commandes clients 158
Surconsommation de composants
    237
Système ERP 11

T

Table de totaux 94
Taxes 144
Thème 24, 25
Transaction 23
Type d'activité 85, 106, 113, 210
Type de document 70
Type de document de vente 120
Type de poste 84

U

Unité d'oeuvre 113

V

C Clause de non-responsabilité

Cette publication contient des références aux produits de SAP SE.

SAP, R/3, SAP NetWeaver, Duet, PartnerEdge, ByDesign, SAP BusinessObjects Explorer, StreamWork et les autres produits et services SAP mentionnés, ainsi que leurs logos respectifs, sont des marques ou marques déposées de SAP SE en Allemagne et dans d'autres pays.

Business Objects et le logo de Business Objects, BusinessObjects, Crystal Reports, Crystal Decisions, Web Intelligence, Xcelsius, et les autres produits et services Business Objects mentionnés, ainsi que leurs logos respectifs, sont des marques ou marques déposées de Business Objects Software Ltd. Business Objects est une entreprise du groupe SAP.

Sybase et Adaptive Server, iAnywhere, Sybase 365, SQL Anywhere, et les autres produits et services Sybase mentionnés, ainsi que leurs logos respectifs, sont des marques ou marques déposées de Sybase, Inc. Sybase est une entreprise du groupe SAP.

SAP SE n'est ni l'auteur ni l'éditeur de cette publication, et n'est pas responsable de son contenu. Le groupe SAP ne saurait être tenu responsable d'erreurs ou omissions relatives au contenu. Les seules garanties concernant les produits et services du groupe SAP sont celles présentées dans les déclarations expresses de garantie accompagnant, le cas échéant, lesdits produits et services. Rien de ce qui est contenu dans cet ouvrage ne saurait constituer une garantie supplémentaire.

Les autres livres d'Espresso Tutorials

Tom King :

La valorisation des stocks et le ledger articles dans SAP S/4HANA®

▶ Apprenez à valoriser dans des devises parallèles, avec ou sans prix de transfert
▶ Définissez des devises et utilisez-les dans le ledger articles
▶ Apprenez à valoriser avec le coût standard, le coût moyen pondéré et le coût réel
▶ Étudiez les méthodes de valorisation du bilan

http://5476.espresso-tutorials.com

Kees van Westerop :

La Nouvelle Comptabilité des immobilisations dans SAP S4/HANA®

▶ Les fonctions de la Comptabilité des immobilisations SAP dans SAP S/4HANA avec des exemples de SAP Fiori
▶ Le cycle de vie complet d'une immobilisation dans SAP
▶ Les différences entre la Comptabilité des immobilisations "classique" et la nouvelle dans SAP S/4HANA
▶ L'intégration de la Comptabilité des immobilisations avec les autres modules SAP

http://5478.espresso-tutorials.com

Robin Schneider :

Guide pratique Partenaire SAP® (Business Partner) : Fonctions et intégration à SAP S/4HANA®

- ▶ Le concept du partenaire SAP
- ▶ L'intégration de SAP Business Partner dans l'ERP SAP et SAP S/4HANA
- ▶ La synchronisation du partenaire SAP et l'intégration client-fournisseur (CVI)
- ▶ Un aperçu des paramètres du Customizing et de la gestion des données de base

http://5504.espresso-tutorials.com

Karlheinz Weber :

Vos premiers pas avec la comptabilité financière (FI) dans SAP S/4HANA®

- ▶ Fusion de la gestion comptable externe et interne
- ▶ Processus de la comptabilité géné-rale et des comptabilités auxiliaires (comptes clients, fournisseurs)
- ▶ Nouvelle comptabilité des immobili-sations intégrée et optimisée (FI-AA)
- ▶ Le Journal universel comme sourcecentrale de données pour Embedded Analytics

http://5510.espresso-tutorials.de

Jörg Weißmann :

Guide pratique : Administration des ventes (SD) dans SAP S/4HANA®

▶ SAP HANA, S/4HANA, Fiori en bref

▶ Exemple pratique de la commande au document de facturation

▶ Analyse des erreurs dans les différentes phases du processus de vente

▶ Conseils et astuces d'un expert SD chevronné

http://5511.espresso-tutorials.com

Dmitry Kuznetsov :

Vos premiers pas avec SAP S/4HANA® Embedded Analytics

▶ Découvrez SAP S/4HANA Embedded Analytics

▶ Examinez les KPI, rapports, le mandant multidimensionnel

▶ Apprenez à créer vos propres KPI et rapports

▶ Choisissez des requêtes analytiques personnalisées

http://5534.espresso-tutorials.de

9 783945 170540